有度

一切皆有法　一切皆有度

律师之道

从入行到进阶

君合律师事务所 著

北京大学出版社

序　　言

君合律师事务所主任　华晓军律师

时光如梭,转眼间我们迎来了《律师之道(三):从入行到进阶》。在过去数年中,伴随着中国经济的高速增长,中国的法律服务行业迎来了巨大的发展机遇,全国执业律师总人数增长至近 70 万人,有学识、有能力、有经验的优秀律师人数显著增加,法律服务市场的供求关系发生了深刻的变化,从供方市场转入需方市场,由此也愈发要求律师人才具备更高的素质和能力,以在激烈的市场竞争中站稳脚跟并脱颖而出。《律师之道(三):从入行到进阶》就在这样的背景下应运而生!

君合律师事务所成立于 1989 年,以其卓越的服务水准和出色的工作业绩赢得了客户的高度赞誉和专业机构的广泛认可,并被国内外业界公认为中国最优秀和最可信赖的大型综合性律师事务所之一。

拥有一支高素质的律师队伍是君合向客户提供高质量法律服务的基本保证,也是事务所始终保持强大的竞争实力的关键。三十多年来,我们不断摸索、总结和优化,搭建了完备的人才培养体系,通过项目带教、专业培训和知识分享等方式的有效整合,培养了一大批专业纯熟、能力出众的律师。君合律师在业界被公认为训练有素,拥有处理各种大型、复杂交易所需的丰富知识和经验,他们的快速成长不仅源于自身的勤奋和努力,更得益于君合全面、系统的人才培养体系。

作为中国律师行业的先行者,君合在做好自身业务的同时,也把带动行业进步作为自己的社会责任。出版"律师之道"系列图书,与法学院校学生和业内同行分享君合人才培养体系的积淀和精髓,便是君合践行社会责任的一种方式。本系列第一本书《律师之道:新律师的必修课》初版于2010年,在彼时君合律师基础培训课件的基础上整理而成。甫一面世,即受到广大读者,特别是有志于律师行业的学子们的热烈欢迎,为他们打开了一扇进入律师行业的大门,历经数载仍作为"新律师的必修课"而备受追捧。2011年,我们又出版了系列书籍《律师之道(二):资深律师的11堂业务课》。此书重点介绍律师的专业技能,不仅适合专业律师阅读,也适合有志于从事民商事业务的年轻律师和法学院学子们阅读。2016年,为顺应业务发展和市场变化,我们对《律师之道:新律师的必修课》进行了改版,在初版的基础上进行了内容更新,并扩编了三个章节,以使本书更符合时代对"新律师的必修课"的新要求。

当前中国法律服务市场发展迅速,市场规模不断扩大,专业化程度不断提高,国际化发展趋势愈发明显,对新入行律师的知识和技能也提出了更高的要求。为此,我们决定推出《律师之道(三):从入行到进阶》,将我们最新的知识结晶和经验总结分享给读者,为那些立志以律师作为终身职业的学子们和初入行者提供与时俱进的专业指导,在打开入行大门之后再为他们开辟一条职业进阶的快车道。

本书由君合律师事务所的合伙人和资深律师撰写,由合伙人张薇律师统稿,由知识管理部提供资料并协助整理,在此对他们的付出一并表示感谢!

律师之道（三）
从入行到进阶

目 录

新手入行秘笈

01 技术之外的那些事
何侃（合伙人）

一、对职业定位的理解 ／004

二、自我定位 ／004

三、律师事务所的结构 ／005

四、律师的发展路径 ／006

五、知识、经验、判断 ／007

六、平衡的艺术 ／009

七、归属感与领导力 ／010

八、信任的重要性 ／011

九、表达自己 ／012

十、情商 ／013

02 新人生存之道
刘宁（合伙人）

一、勤勉 / 017

二、审慎 / 019

三、细致 / 020

四、服务精神 / 021

五、独立思考 / 023

六、诚信 / 024

03 与客户沟通的艺术
赵征（合伙人）

一、沟通中的要点（"痛点"） / 030

二、了解客户 / 033

三、做好事先准备 / 037

四、如何应对突发情况 / 039

五、其他场景 / 041

04 如何准备法律备忘录
——新的市场环境下的应变
周烽（合伙人）

一、法律备忘录的使用场景在减少，
　　但仍不可或缺　/ 045
二、客户对于法律备忘录的要求，
　　既有"提高"，又有"降低"　/ 046
三、落笔之前的准备工作最重要　/ 048
四、简单易懂的结构，能增加
　　备忘录的可读性　/ 050
五、巧用各类论证工具，简洁明晰
　　展示工作成果　/ 052
结语　/ 053

05 合同审核的技巧与策略
蔡藜　赵慧丽（合伙人）　周莹（律师）

前言　/ 054
一、合同主体　/ 055
二、合同效力　/ 057
三、合同中的核心商务条款：权利与
　　义务条款　/ 060

四、合同中的重点法务条款：争议解决
　　及送达条款　/ 066

五、结论　/ 072

06 法律尽职调查
—— 你需要了解些什么
翁亚军（合伙人）

一、法律尽职调查的一般流程　/ 075

二、法律尽职调查之前期准备　/ 077

三、法律尽职调查应关注的要点　/ 081

四、法律尽职调查的实用攻略　/ 093

07 破产重整程序简介
金川（合伙人）

一、破产法的发展史　/ 097

二、经验主义的表现　/ 100

三、破产重整流程　/ 104

08 甲方来自金星　乙方来自火星
——从客户的视角浅谈证券律师的服务
李海峰（合伙人）

一、董秘的角色定位和痛点需求　/ 135
二、客户眼中的律师角色和价值　/ 138
三、客户和律师的不同视角以及应对体会　/ 140

进 阶 大 法

09 交易文件起草的基本方法和原则
孙建钢（合伙人）

一、常见的交易类型与文件　/ 153
二、起草交易文件的准备工作　/ 155
三、起草交易文件的主要方法　/ 159
四、起草交易文件的提高途径　/ 166

10 交易文件谈判经验与策略
曹翔（合伙人）

一、交易文件谈判的概述　/ 172

二、谈判前的准备 / 179
三、谈判的策略与技巧 / 186
四、谈判能力的培养 / 193

11 突围跨文化投资陷阱
史欣悦（合伙人）

一、无声的语言易忽视 / 196
二、隐形的对手难辨别 / 198
三、搭建团队提升软实力 / 201

12 从诉讼律师角度看合同争议解决条款的设计
刘佳迪（合伙人）

一、争议解决条款的设计思路 / 203
二、如何选择适用法律 / 204
三、争议解决方式 / 211
四、法院管辖的约定 / 215
五、仲裁管辖的约定 / 222
结语 / 231

13 守正创新：中级律师阶段的内功修炼和自我突破
李若晨（合伙人）

一、守正 / 233
二、创新：自我突破 / 241

若干热点问题——介绍与探讨

14 《民法典》时代的非典型担保
唐越（合伙人）

一、非典型担保的定义和种类 / 251
二、非典型担保的担保功能 / 253
三、增信措施 / 256
四、增信措施与债务加入 / 260
五、让与担保 / 261
六、收益权质押 / 266
七、所有权保留、融资租赁、保理 / 269
八、担保物权的设立时间和登记效力 / 274

15 数据保护的法律与实践
董潇（合伙人）　史晓宇（律师）

一、我国个人信息和数据保护立法的整体
　　进程回顾　/ 275
二、数据出境的基本合规要求　/ 277
三、数据领域监管实践——热点透视　/ 279

16 国有产权转让法律框架介绍和实务观察
孙桢　林涛（合伙人）　刘子靖（律师）

一、国有产权转让的一般法律框架　/ 288
二、常见瑕疵及法律后果　/ 302
三、小结　/ 305

17 并购律师和资本市场律师需要了解的反垄断法知识
魏瑛玲（合伙人）

一、经营者集中申报　/ 308
二、并购交易中需要注意的其他反垄断
　　问题　/ 321

18 中国反垄断法禁止垄断协议新规
陈晓华（顾问）

前言 / 326
一、垄断协议的定义 / 327
二、垄断协议的种类和相关案例 / 329
三、垄断协议的豁免规定和"安全港"
　　规则 / 335
四、禁止平台经济领域垄断协议规定 / 336
五、违反禁止垄断协议规定的法律责任
　　和后果 / 345

19 《境内企业境外发行证券和上市管理试行办法》基础培训
孙小佳（合伙人）

一、《新规》的重要性 / 350
二、《新规》的政策导向 / 351

20 上市公司对外担保相关的法律问题漫谈
孙凤敏（合伙人）

一、话题缘起 / 360

二、主要法律规定 / 361

三、审批要点 / 363

四、上市公司对外担保的信息披露 / 370

五、上市公司对外担保的相关疑问 / 373

新手入行秘笈

律师之道(三)
从入行到进阶

01 技术之外的那些事

何 侃（合伙人）

本次交流的主题是律师职业技术之外的经验和要点。笔者 2002 年年底以实习生身份加入君合，实习四个月后开始在君合正式工作，之后经历了一个君合律师职业路线的完整过程。目前在日常工作当中，本人也会参与员工的招聘、培训以及业务组管理的工作，很乐意和大家分享自己的一些心得。之所以要探讨"技术之外的那些事"，是因为年轻律师大多将自己的关注点集中于职业技术（例如法律研究、文件起草、谈判出庭等）本身，而忽略了重要的一点——最终客户购买的并不是一个纯粹的法律意见和服务，而是通过律师的意见来作出最合适的商业决策，推动商业项目的进行或者争议的解决。

一、对职业定位的理解

与出租车司机、投资银行家、餐厅服务员和会计师一样,律师是一个专业服务的提供者。既然律师职业的定位是服务提供者,我们就要有一个心态:我们的工作是为别人提供服务,从而去换取服务费。用我国企业比较惯用的一种表达来说,作为乙方,我们要带着乙方的心态去从事律师这个职业。如果你无法用乙方心态来进行工作,这就涉及你的职业选择和态度是否与自身匹配的问题。需要强调的是,在职业生涯的起点以及整个过程当中,我们都要把握好职业定位,这对实习生、对律师、对合伙人而言概莫能外。

二、自我定位

律师入职之后,首先需要完成一个自我定位的重大转变。我们在学校的时候都是勤奋努力学习的学生,基本上是以自我为中心,参加各种社会活动、各种考试，取得各种成绩和荣誉。但是加入律师事务所之后，就必须坚持对内以工作团队为中心，对外以服务客户为中心。换言之，我们必须对"中心"的概念作出根本性的转变，而不是在到了律师事务所以后还是带着"凡事都要围绕自己、为自己服务"的态度。我们需要从福利的接受者变为贡献者；我们在工作团队中始终要考虑如何与团队成员相契合，顾及其他团队成员的需求、忙闲、能力以及抱怨。对客户而言，我们必须有足够的容忍度和灵活度，以服务提供者的心态去回应客户的想法和需求。

三、律师事务所的结构

律师事务所与公司对比有一个本质的区别——公司的管理架构通常采用金字塔型，其中最顶部可能是CEO或者是创始人，然后逐级向下分别有高层、中层的管理干部，最后是从事日常工作的员工。这样金字塔型的结构具有一个显著的特点：越往上越难，人数越少，标准越高，机会越少。但是律师事务所更像是一个类似"三明治"的结构。律师事务所（尤其是公司制的律师事务所）内部通常有以下几个层级：合伙人、律师和支持性的部门，跟公司相比有一个非常重大的区别：在律师事务所内部并没有一个明显的塔尖，律师事务所在正常发展的情况下是一直在扩张的,合伙人的人数成百上千十分常见。笔者初入君合时,大概只有30—40名合伙人,而今天君合有300多名合伙人和顾问,而且人数还会继续增加。因此,各位在制定自己的职业规划的时候要认识到,律师这个职业是没有一个金字塔的塔尖作为天花板的,只要有能力在职业发展道路上持续拓展,就不会受到传统公司的金字塔模型下的阻碍。

四、律师的发展路径

在君合,典型的发展路径是先做实习生。如果在实习期间表现不错的话,就有机会正式入职成为初级律师,然后升职成为中级律师,再升职成为资深律师,最后到合伙人。

大家在职业发展的每一个阶段,都应该对自己有一个清晰的定位并对既往发展的路径进行回顾。初级律师在刚刚入门的时候,要明确自己需要掌握的一些基本技能,比如法律研究、翻译、基本法律文件的起草、尽职调查、诉讼仲裁证据清单的整理和其他基本的代理文件的起草等。到了中级律师阶段,我们可能要承担一些更为复杂的工作,在某些事项上需要独当一面。而到了资深律师的阶段,在兼顾工作的同时还要协助合伙人做一些客户关系维护和客户开发的工作。我们的职业发展路径像一个爬梯子的过程，在这个机构里的每一天、每一个月、每一年都要有进步，这是律师行业的特点。西方国家很多律师事务所的一个潜规则是：要么往上发展，要么离开。但这也并不意味着爬到越高的位置就越舒服，或者说面临的挑战越小。恰恰相反，每一个阶段都有与之相对应的挑战。不同阶段的律师都会面临不同的困惑和难题，甚至在成为合伙人之后也依然是在"爬梯子"，依然要进步。

大家在做长期职业规划的时候，要明白职业发展的路径和特性。没有任何一步是容易的，我们要做好长期努力和发展的准备。

五、知识、经验、判断

在律师的整个职业发展过程中，有三个重要的关键词：知识、经验和判断。

1. 知识

君合律师都是从知名的法学院毕业生中精挑细选出来的优秀学生，但是对于知识的积累，大家千万不要停滞。律师行业的一个特点就是知识的更新非常快，时常让我们感到心有余而力不足。尽管如此，还是一定要让自己的知识保持不断地更新，年轻的律师尤其应该如此。从长远的角度来看，如果律师连最基本的知识积累都做不好，很难想象能有一个良好的职业发展前景。律师们现在正面临着一个艰巨的挑战：我们的一些客户的知识积累，尤其是某一个行业相关法律法规及实践的知识积累，很可能走在我们前面。所以如果我们在这方面跑不赢客户，那么我们可能就没有办法赢得客户、维持客户以及开发新的客户。大家在职业生涯的早期阶段要把知识积累做得非常扎实。我们之前在学生阶段取得的所有荣誉只是一个敲门砖，而当这扇门被敲开后，这块砖的作用就几乎被用尽了，未来的荣耀需要在今后的职业生涯中重新建立。

2. 经验

在律师行业中，经验是非常重要的一个武器。你会发现每工作一年，自己对职业、案件和个人的理解都会发生变化。你可以给到客户更多法律之外的东西，你可以告诉客户"根据我的经验，我认为你的想法是不可行或有重大障碍的"。大家要有意识地积累自己的经验，千万不要忽略。笔者建议大家在每做完一个项目或工作任务后，要及时总结自己的经验，比如积累了什么团队经验、走了哪些弯路、了解到哪些市场实操或政府部门的实践，以及反思下次遇到同样或类似的情形时怎么样更好地服务客户。这样的总结和积累对中高级律师来讲尤为重要。对初级律师而言，则可以从最基本的东西开始积累，比如结构严谨、措辞简洁的商务合同条款/文本或备忘录、内容全面详尽的法律尽职调查清单以及与中高级律师的交流讨论等。

3. 判断

身处律师行业，养成日积月累这个习惯是非常必要的。根据笔者的经验，在做到资深律师以上时，要学会做判断以及做非常痛苦的决定。我们给客户的最终意见或建议往往已经不仅仅是纯粹的法律意见或者是非黑即白的简单判断。对涉及法律规定模糊的灰色地带的法律问题，我们需要根据法律的规定、客户的商业需求、既往积累的经验和案件自身的具体情况，给出尽可能贴切可行的综合意见和建议。

六、平衡的艺术

作为法律服务的提供者，律师的职业生涯大多是紧张忙碌的，要做到很好地平衡工作与生活非常具有挑战性，当然也有少数人可以做得很好。选择做律师，就决定了至少在从业的最初几年要尽力承担应接不暇的工作任务，要接受高强度、高压力的工作节奏。但同时，做律师不是一个短跑比赛，而是一个马拉松。我们要做好自己长远的职业计划，包括如何把握工作和生活之间的平衡，在辛勤工作之余，见缝插针地调理身心，尽可能把生活过得有滋有味，这才能真正做到行久致远，而不是沦为工作的奴隶，迷失自我，无法享受生命内在的丰富意义。

七、归属感与领导力

领导力是资深律师和合伙人非常需要掌握的一个能力，而归属感则是一个律师在职业初期就需要掌握的一种认知。

君合与其他大部分律师事务所的工作模式有一个重大的区别：君合所有的律师都是事务所的雇员，不需要去开发客户，只需要去完成合伙人交办的具体任务；而其他很多律师事务所的特点是律师单兵或以小团队为单位工作，与事务所的其他律师距离相对较远。这两种截然不同的模式有一个核心的差别：在君合模式下，有些律师可能会觉得对客户的归属感和对案件的归属感不那么强，认为这些案子或项目都归属律所，自己不过起到了辅助和帮衬的作用而已，所以只要完成所里规定的工作量就足够了。当然，每个人可以做出不同于他人的选择，但是我认为这样的心态是错误的，无论对自己还是对客户都是不负责任的。每一位律师可以设身处地去想一个问题：如果你去管理自己的家族企业，是否还愿意花钱买自己在君合工作提供的服务？我们换个角度看问题，就会有很多不一样的想法，也会真正开始从客户的角度出发来工作和服务。

此外，从领导力的角度来说，律师做得越久，越应该学会如何给所带领团队的律师分配合适的工作，如何去和他们沟通成长中的一些困难，如何与他们成为生活中很好的朋友。我们要避免只善于单兵作战的情况，这样不仅会被他人视为很不合群与自私、缺乏团队意识和奉献精神，更不利于高效处理或应对需要团队合作的复杂项目，毕竟一个人的专业深度和广度、精力和时间是有限的。

八、信任的重要性

在律师行业工作多年，笔者认为，信任是律师工作最核心的要素。信任最早来自你的同事和同行，然后是你的客户。在执业初期，我们就要把信任放在无比重要的位置上，而不要去做任何可能导致信任丧失的事情。

信任需要在执业过程中不停地累积，甚至有时候要牺牲代理业务的机会来保全客户对我们的信任。律师这个职业最长久、最珍贵的资产就是客户对我们的信任。因为没有信任就需要靠猜疑或揣摩来工作，这样的工作非常困难，甚至会因此而失去客户。

律师同事之间也适用同样的道理。

九、表达自己

律师服务最终是以书面或口头的形式来完成交付的。从书面的角度来讲，一方面要考虑我们呈现的内容是否逻辑清晰、重点突出、措辞准确及令客户舒服。另一方面，在写篇幅较长的法律文件时，我们要考虑客户的感受，要始终琢磨如何使客户愿意或更容易接受我们的产品。

在这方面，笔者惯常的做法是：出任何咨询意见时都会先把结论写出来。比如这件事客户可不可以做，做这件事是否有实质性的法律风险，是高风险还是低风险。开门见山，直截了当。当我们把结论写在前面时，客户从开头就知道我们律师的结论是什么，然后会继续根据我们提供的法律分析、过往案例和外部咨询结果来验证我们给出的结论是否靠谱。

口头表达，尤其是英语的口语表达对很多初级律师是比较有挑战的。当英语口语表达练习比较少的时候，我们要有意识地去锻炼自己，用浅显易懂的语言把一个复杂的法律问题呈现出来。一个简单的练习方法是把自己的话录下来，然后重新听一遍。在重听的时候自己就会发现一些不太妥当或不太流畅的表达，甚至有些不必要的口头禅,然后慢慢改正。这是需要长期磨炼的技能。

口头表达的重要性毋庸多言,这也是律师赢得客户的一个重要方式。如果在客户面前无法以清晰明了的语言准确流畅地阐述问题、分析风险、提出解决方案,那么上面所讲的知识和经验的积累可能都会因你无法通过语言有效输出信息而前功尽弃。因此,我们在与客户沟通时一定要用简洁且有说服力的语言,把自己的工作成果转化为客户听得懂的内容,这样才能最大程度地赢得客户的信任。

十、情商

我见过的优秀的律师,往往在高智商之外具备极高的情商。不仅工作成果本身令客户满意,工作过程本身也令客户感觉十分舒适及顺畅;不仅能获得客户的认可,甚至还能获得客户的称赞。

高情商的律师往往具备以下几个特质:

(1) 同理心:高情商的律师能够理解和感知他人的感受和需求。他们能够站在客户的角度思考问题,提供更贴切和个性化的法律建议和解决方案。就同理心而言,换位思考是个很有效的方法。例如,当我们在给出一个相对负面的法律风险评估时,是直接将其落于纸面发给客户,把自己保护得无比周全而把客户置于窘境;还是在文件发出之前先和客户进行口头的交流，听取客户的反馈和可能补充的有用的信息，而后量身定做进行调整后再提交给客户。

(2) 沟通技巧：高情商的律师具备良好的口头和书面沟通能力，能够清晰、准确地表达自己的观点，将自己的想法精准而令人舒服地传达到对方，为对方所接受，并能够认真倾听和理解他人的意见和需求。很多时候，我们会发现不同的律师所表达的内容的实质其实是一样的，但他们采用不同的方式表达，其效果可能会大相径庭。我们的工作成果可以通过正式的备忘录、电子邮件或者口头等多种方式交付给客户，在客户尚未给出具体的指示或倾向性意见时，我们需要站在客户的角度，考虑哪一种是最有效、最经济的沟通方式。

(3) 预判力：拥有好的预判力可以使律师预先判知同事在想什么、客户在想什么，因而能做到有的放矢，精准服务，打好有准备之战。法律服务的过程犹如下棋，要走一步想三步，用排兵布阵的方式去完成整个交付过程。既然是预判，就不可能和后来的实际情况完全吻合，这时候考验的就是预判的偏离程度和适时进行调整的能力。

(4) 社交能力：高情商的律师擅长与人沟通和建立关系，能够有效地与客户、对方律师和法庭工作人员等各方进行良好的互动和合作。律师不是以孤岛的方式工作，"社恐"的人是不适合做律师的。有些律师喜欢把自己关在办公室，一心一意爬格子，走入了闭门造车的困局。这样的律师无法敏锐地感知市场的温度，难以在市场上建立知名度和人脉网络。知识和经验局限于法律本身，无法成为事务所和客户所期待的全面型法律人才。

（5）**情绪管理**：高情商的律师能够有效地管理自己的情绪，并理解和应对他人的情绪。他们能够保持冷静、理性和专业，即使在高压和紧张的情况下也能保持稳定。有些年轻气盛的律师往往急于在工作中表现自己，在谈判桌上剑拔弩张、滔滔不绝，甚至在激动时抬高嗓门、拍桌子，而不顾自己的论述是否与双方的商业目的相契合，也不顾自己所展现的气势是否有助于当事人双方达成合意，最终被认为是影响合意达成的实质性风险（dealbreaker）。

情商的培养可能是一门玄学。一方面，年轻律师首先要有培养自己情商的意识，而后注意在日常工作中做个有心人，观察有经验的律师是如何用被认为是高情商的方式工作的。另一方面，人无完人。如果之前有情商方面的不足而得罪过人或失去过机会，也可以适时总结经验和教训。通过积极实践和不断反思，律师可以逐步培养自己在工作中的情商，通过培训、阅读和参与专业活动，不断提高自己的情商和人际技能，与同事、客户、同行等建立互信和共赢的关系。

02 新人生存之道

刘 宁（合伙人）

像君合这样规模的律所，一般情况下每年要招几十甚至上百名新员工，这么多新鲜血液加入到律所中，历经时间洗礼，每年最终晋升的合伙人却不足三十人。大浪淘沙，在后浪卷前浪的过程中，晋升合伙人的概率常年保持在三分之一左右。如何在这样的律所生存得更好、更久，是一个新律师必须直面的问题。本人无意也无力介绍一个新人应该如何建立自己的知识体系、专业知识乃至人际关系，只是旨在从一个过来人的角度，给出一个新律师在大型律所/团队如何生存的一些建议，提高其在律所/团队的生存质量。

窃以为，在不考虑专业法律知识的情况下，90%的法律服务仅仅需要大学的英文、中学的语文以及小学的数学水平。但在君合，我们往往需要花大约八到十年的时间，才能将一位经历完整本硕阶段法学教育（头部法学院的优秀毕业生）且高分通过法律职业资格考试的新人培养为合格的合伙人。

在一家内部竞争激烈且追求卓越的律所里，你会遇见很多拥有如下特质的人：一是聪明人，他们闻一知十，举一反三，君合甚至有前同事上过"最强大脑"的一期节目；二是善辩的人，他们博闻强记，巧辩能言，"最佳辩手"可能只是他们简历上的一行小字；三是亲和的人，他们善于交际，长袖善舞，在办公室里见到的永远是他（她）满满的笑意。这些特质当然非常重要，但当你每天可能遇到的是财经新闻中报道的交易，处理的是可能登上热搜的争议，甚至是别人的幸福、自由和生命时，拥有以上这些特质仅仅只是执业的一些基础素质，你需要具备一些更底层、更本质的东西，来让自己生存下去，成长起来，最后脱颖而出。

下面本人将试着从自身经历出发，总结一些自己在律所的生存之道，与各位新人分享：

一、勤勉

我相信，没有一个律所的管理者会反对勤勉永远是排名第一位的要素这样的观点。在我的小学时代，几乎每三篇议论文，就有一篇是有关"勤勉"主题的。但在反对"996"的时代浪潮下，笔者几乎是用尽洪荒之力，才在本文的开头写下这"勤勉"二字。坦率地讲，本人自问不是一个天生勤勉的人，甚至在职业生涯的很多时

律师之道（三）
从入行到进阶

刻，都被排山倒海的工作压得想要放弃。但在经历了这一切之后回头来看，笔者坚定地相信，只有这朴实无华的勤勉，才是律师乃至律所生存的基本之道。

在面试的时候，我们的合伙人经常会问一个问题：你所认为的律师事务所的工作强度是什么样的？或者你觉得你能承受的工作强度是什么样的？这是一个开放性的问题，我们期待听到候选人真诚且直面内心的回答。但请相信我，无论你是多么的优秀，生活和事业的平衡永远不是那个正确答案。

在笔者看来，对立志加入君合或类似的律所的人，律师不是一个职业，而应当是一份事业，并且对待事业要有敬畏之心，要把自己的事业做到极致。"996"永远都不是打工人的"福报"，但一定是能工巧匠的必要前提。以职业计，薪资多少是你工作时间的上限；以事业计，保持健康是你工作时间的底线。我们经常开玩笑说，从工作账单看，"凌晨四点的科比"不是你的极限，一天工作24小时才是。这一点，对律师而言，古今中外概莫能外。

在一个团队中生存，勤勉更是一种必不可少的素质。一个好的团队，一定是可以互相将后背交予对方的。我相信，你一定希望你的背后有一个勤勉尽责的小伙伴在守护，而小伙伴们同样也是如此期待你的。

但假装勤勉也大可不必，不仅因为结果不会陪你演戏，而且这样浪费时间和降低生活质量也为我们所不能苟同。无效率的等待，陪资深律师或合伙人加班，这些本质上是工作安排上的问题，也是对律所资源的巨大浪费。

二、审慎

真正的法律人，江湖越老，胆子越小。在我们的内部培训中，最重要的工作之一就是要教会这些天之骄子们敬畏律师职业。我们知道得越多，就越确信未知才是这个世界的本质。法律不仅仅是条文、案例、咨询结果以及简单的逻辑推理加工，法律的背后也是权利的分配、利益的斗争和人心的博弈。看不出风险的律师往往才是客户最大的法律风险。

从我们自身的经历及观察发现，审慎几乎是所有成功法律人的必备要素。他们后天习得的经验，让他们可以敏锐地发现隐藏在合法外衣下的各项潜在风险；对各项习以为常的交易方案，他们反复论证，精心打磨，谨慎地避开一个个潜在的合规陷阱；对那些看似简单的问题，他们翻烂法律典籍，访遍相关政府部门，孜孜以求确保一个切实可行的答案。他们从不轻易地给出意见或建议，而是慎之又慎，反复推敲，才惜字如金地给出结论，同时附上汗牛充栋的依据。就一份法律意见书而言，从结论和假设/例外的长短比较，大抵可以管中窥豹，看出一个律师的水平。

中国的律师行业恢复刚刚四十多年，笔者自身的职业生涯恰好近半。近年来，一些律所的极端风险事件也时常见诸报端。数十万元或百万元计的律师费与以千万元乃至亿元为单位的赔偿金额相比，更是时刻在提醒我们关注职业风险的防范。没有律所或团队会欢迎那些风险偏好很强的律师。尽管"风浪越大鱼越贵"，律师在业务能力上必须勇猛精进，但与此同时在从业态度上却要如履薄冰，常怀敬畏之心，审慎前行方能致远。

三、细致

加入律所后，各位的上升星座都应该是处女座。细节是魔鬼，这句话是永远不变的道理。没有任何一个客户会原谅你文件中的愚蠢错误；如果有，那他必定是出于礼貌的原因。俗话说，一字入公门，九牛拔不出。法律工作要求我们以最认真细致的态度对待我们的文字成果。

从入所培训那一刻开始，我们就从方方面面强调律师工作的细致要求。我们会要求员工必须按照严格定义的格式，从字体、字号、序号、页眉页脚甚至是行间距等方面来规范制作文件。我们会培训员工如何正确地发送一封邮件，甚至包括反复确认邮件发送/抄送方的身份，删除或保留被回复邮件的内容。我们会要求律师发出文件前，在时间允许的情况下，必须打印出纸质版进行校阅。做文件摘录工作的，无论是尽调底稿还是证据文件，都需要用马克笔在复印件上标明，用标签纸贴上提醒，以便后续与摘录文档进行核对。

我们的经验表明，细致是一项可以后天习得的品质，但其前提是，你需要对此有充分的认识，培养良好的习惯，以及经历生活的毒打。我们的工作中，确实有形形色色的不完美，但这些都不是你犯低级错误的借口与理由。与一个优秀的解决方案比，小小的笔误确实在商业价值上不在一个数量级。但是，从与你的客户或上级律师之间建立牢不可破的信任关系的角度来看，它们可能是等价的。我相信每个团队都不希望自己辛苦工作的成果，因为个别成员的低级错误而变得面目可疑起来。

四、服务精神

律师提供的是法律服务。法律是重要的定语，但本质还是服务。我们不否认业界确实有极为卓越的前辈，他们的服务是客户必不可少的资源，但从绝大部分的法律服务市场维度上看，法律服务是竞争激烈的红海。

我们希望新人们不仅记得公平正义和"以律为师"的初心，也能适应法律服务市场激烈的竞争环境。"有时治愈,常常帮助,总是安慰",不仅是形容医生,很多时候也可以推广到很多服务行业。

第一,服务客户。我们当然要更多"治愈",促成更多的交易,打赢更多的案子。但与结果相比,过程往往是服务的精髓。我们要全面了解我们的客户,要及时响应他们的需求,要充分理解他们的困扰,站定"保护客户合法利益"这一根本立场,积极主动地去服务他们。

我们内部一直有一些工作要求:就一个项目而言,我们要尽可能了解客户及参与客户项目的各位同事,以根据客户的习惯和偏好,提供我们的成果。比如决定汇报文件的深度,形式是 Word 还是 PPT 等细节;除睡眠/飞机上外,回复微信应在 30 分钟以内,回复邮件应在 2 小时内,给予客户一个简要的确认,让客户了解你已经收到指示,并会安排相关工作;在时间及成本各方面均为可控的前提下,如果可以安排见面会,就尽量避免视频会议;能视频会议,就尽量避免电话会议;等等,不一而足。

这些工作要求,很多时候并不能直接改变项目或案件的结果,但就服务的体验而言,我们希望为客户提供更友好的体验。

第二,服务团队。需要强调的是,服务的对象不仅仅是客户。在新手阶段,服务的对象更多的是你所属团队的资深律师和合伙人。对于他们的工作习惯以及风险偏好、措辞习惯,要有充分的了解并加以配合。在给出对内工作成果时,必须按照对外的标准来要求自己。虽然内部的修改是常态,但你的态度应该是当成最终面对客户的成果来交付。我们经常听到的对不成熟工作成果的解释是,"我以为您会修改的"，这是一种非常不负责任的态度，也是缺乏内部服务精神的表现。

五、独立思考

如前所述，律师业属于服务行业。作为律师，需要维护客户的合法利益。但律师也需要有独立思考的能力，而不是一味迎合客户。市场上真正有价值的客户，都希望律师可以提供独立且独到的法律服务意见，以更好更全面地维护自身的合法利益。

真正优质的客户希望听到你有价值的、独特的声音，而不是要你做客户的"应声虫"。如果有人希望你无须进行独立的法律研究给出独立的法律意见，而仅需复述他的意见，并愿意就此支付巨额律师费的话，那很有可能是希望将来出事儿时你可以替他"背锅"。

在律师的团队中工作，你更应该有自己独立的思考。因为团队最终的成果，就是各成员从各自角度独立思考的成果之有机集合。我们培养的不是听话的乖宝宝，而是有独立思考能力的专业人士。

但也有一点需要指出：有条件的服从，是新人在团队里独立思考的一个很好的态度。囿于其知识体系、经验积累、信息渠道及/或价值判断等方面的不同，新人独立思考的结果很可能与有经验的资深律师或合伙人不一致。这时新人无须沮丧，而是应该进一步反思为何会产生该等差异。如果反思的结果是自身思考不足，那正是提高进步的空间；如果反思的结果是前辈确有疏漏，也应及时进行良好的沟通；如果反思的结果是不清晰的，那也可以观察客户的反应，以增加自身的经验。

六、诚信

把诚信要素放在最后，不是因为它最不重要，而是因为最不好讲。我想强调的诚信，不是有一说一、有二说二的那种"傻大姐"，而是非常智慧的一种诚信。

诚信的一面是重诺守信。律师的诚信形象，应当从各方面渗透给你的客户。例如守时，我们知道从时间管理角度而言，完全没有考虑到迟到这一情况的时间安排，往往不是最优解。但从效率和诚信两个角度衡量，我强烈建议，为了守时，容忍一定时间余量（即便是浪费）是一个更有利于长远的选择。

可能你手上会有很多的工作任务，但是要注意千万不要错过 deadline（截止日期）。当然在极特殊的情况下，比如突发疾病或其他紧急情况或遭遇事故时，则是例外。作为一个新人，在接受任务

02 新人生存之道
刘宁（合伙人）

时，需要学会准确判断自己的能力，判断自己高质量地完成某一工作所需要的时间。只有作出准确的判断，才能按时地完成工作任务，不给团队其他成员造成压力，让客户及时得到所需要的反馈。千万不要总是一拖再拖，预见到延期交付却不事先知会合伙人或团队其他同事，这样一来二去就会丧失掉同事及客户对你的信任。

我们工作中也会遇到各种错误，有大有小。当你犯了错的时候，要怎样去纠正，跟诚信观是有很大的关系的。我们的观点是，一定要真诚地面对错误，不要试图以欺骗、隐瞒、拖延等错误的方法，放大你的错误。但我们也不是希望你一有错误，立即就举手报告，两手一摊，只是真诚道歉而已。我们希望的是，你需要在坦承你的错误时，就错误形成的原因、补救的方法、避免的方案都有一个成熟的想法。与错误相比，更不能接受的是以错误来应对错误。

在了解了上述内容后，你可能还是有一些疑惑，例如这些素质在哪些场景下会对你产生帮助。下面我会从几个典型性应用场景的角度，综合阐述新律师的生存之道。

1. 多项任务场景管理

多项任务场景是指在一段不长的时间内，一个律师承担了多项需要限时完成的工作任务。例如，在一周内，既要做一个现场的法律尽职调查，又要起草一份法律备忘录，还要审阅一份股权转让协议。

正如我们在诚信部分介绍的那样，接受任务时，你必须及时且准确地判断完成这些工作的合理预估时间，从而在开始阶段就明确是否接受该项任务。如果答案为否，那么建议你从一开始就学会说

"不"。

但说"不"是非常有讲究的。首先,立场必须坚决,不要有模糊不清的地带。要知道任何一项任务既然找到你,那往往你从各方面而言是最适合的人选。如果不坚决,最终的结果就是你在不得不接受后的工作交付令人失望。其次,在拒绝之外,你需要解释说"不"的理由。向你分配任务的人,往往也是年终评价你的人,显然让他/她谅解或理解你说"不"的理由是非常重要的。你需要让他/她了解到,你是非常希望接受这个任务的,但是因为客观原因(大量在先安排的任务)无法接受。再次,你需要提出解决的建议。例如分配任务的合伙人或资深律师是否可以帮你协调某些任务的时间安排,或者你的哪位小伙伴可以接手等。最后,也应该表达本次无法合作的遗憾,以及未来希望合作的渴望。你看,即便是一个"不"字,也需要说得很婉转。

另外,在接手了多项任务后,你必须克服焦虑的心态,以客观理性的方式,合理且高效地分配时间,完成相关工作。例如:写备忘录疲劳时,穿插打咨询电话,因为后者往往需要多次尝试,但时间不长;在现场尽调等待资料的空隙,搭建股权转让协议的框架等。总之,时间管理是一项必备技能,并且应尽可能提前完成工作,而不是拖延。因为现实会教育你,一些可能会出现的意外事件会打乱你的安排:可能是一场航班延误,政府部门的内部学习,客户将截止日期提前,甚至是你自己错误地估计了自己的能力。养成不拖延的习惯,对于提高你的工作表现是非常重要的。

最后,在多项任务的工作中如果不幸出现了意外,一定要第一时间积极沟通。而且，正如我们在诚信部分介绍的，我们希望这样的报错汇报是包括解决方案的。这一点极为重要，即使相关解决方案不成熟，或有缺陷，但具有解决方案关系到积极补救问题的态度，可以有效地帮你降低错误的影响。

很多新入职的律师可能常常处于一种非常焦灼、紧张且工作排不开的状态，需要经常加班加点，甚至几周内连续加班加点，才能把这些工作完成。在这种情况下，非常重要的一点是保持一个积极的心态。当然，如果你每天都要求自己准时上下班，那还是建议积极考虑转行更为现实。

2. 传递坏消息

没有人会喜欢听到坏消息，"闻过则喜"几乎是一个传说。但律师的工作决定了，往往需要将一些不乐观甚至是悲观的坏消息传递给你的客户。例如：一个客户非常关注的项目，经历了艰苦的尽调，发现了一个影响交易进行的实质性风险；或者经过调研，客户的争议案件可能面临一个严重的不利后果，等等。

实话实说从一定层面确实也是一种有效率的沟通，但这不一定是一种良好的沟通。我们认为在这种情况下，一种与客户的良好沟通，应该兼顾审慎、诚信以及服务精神等更多方面的考量：

首先，我们认为"坏消息"应该比其他消息需要更多的审慎精神。基于"坏消息"对客户带来影响的深远性，我们需要更全面地确认"坏消息"的含义和影响。不仅要穷尽法律规定上的各项可能，还要扩展到实践操作中的类似先例。不仅应该研究坏消息本身，而且应该扩展到客户可能就坏消息会提出的各项问题。

其次，根据诚信的要求，我们需要将"坏消息"准确地传递。在这个过程中，切忌为了讨好或免责而掩盖或夸大问题，这是因为"坏消息"往往极具破坏性，任何不准确的描述，较平常而言通常会给团队或事务所带来更大的风险。

最后，需要根据服务精神，完全站在客户合法利益的立场上，积极探讨各种可能的解决方案。例如：公司有无负债无法解决，是否可以以资产交易的方式完成并购？有部分资产因故无法过户，是否有长期使用安排可以替代？案件面临败诉的风险，是否有提前和解的可能性？

一个优秀的律师不仅应擅长促成交易，更应擅长处理危机。

3. 不合理的要求

在工作中，你期待所有人对你的要求都合情合理，但这是几乎不可能出现的情况。现实中，往往有很多来自合伙人、资深律师或客户的看似不合理的要求。你需要积极且妥善地应对这些要求，从而赢得成长。

首先，建议你保持独立思考的能力，不要认为任何上级或客户的要求都是正确或无条件的。你需要从上级或客户的目的、动机、可完成性等多个维度去考虑要求的合理性，有些要求不必接受。

其次，初步发现要求不合理，你需要从服务精神的角度考虑是否可以克服，以及克服所产生的额外代价是否是上级或客户能接受的。但这里切忌仅仅考虑自己可能额外付出的代价，例如：明天一早要将工作成果发给客户，导致今晚自己需要加班，没法去看演出。

最后，如果要求无法满足或者代价是上级或客户未能预见且不能接受的，那请根据诚信要求，积极主动地沟通。当然，如果沟通方案能附带替代方案那是更好的。

综上所述，律所新人可能需要经历大约八年以上的历练，从实习生、初级律师、中级律师、资深律师到合伙人，一路"打怪"升级，所遇到的困难和挑战实在太多，不是本文所能涵盖的。而且与本文阐述的几个基本素质相比，商业悟性、人情世故、家庭责任、身体健康等更多角度的问题，都可能对你的职业生涯产生更为重要甚至决定性的作用。即便如此，本人还是希望通过一些粗浅的介绍，能对你开启律师这项"事业"产生一些积极的帮助。每个人都是从新人做起的，路虽远，行则将至。期待大家都能饱含热爱，在律所好好地生存下去。

03　与客户沟通的艺术

赵　征（合伙人）

法律服务的对象是我们的客户。如何与客户有效沟通是律师终身的课题，需要在执业的过程中不断修炼。本文希望就以下五个方面与各位进行讨论与交流：沟通中的要点（"痛点"）、了解客户、做好事先准备、如何应对突发情况、其他场景。

一、沟通中的要点（"痛点"）

（一）"敢于"沟通

沟通分为内部和外部两个方面。作为初级律师，更多是在律所内部与合伙人及其他同事沟通。初级律师刚刚从法学院毕业，缺乏法律实践经验，如果担心暴露自己缺乏经验，或者只知道整天埋头做事，则不仅容易在法律研究的方向上出现问题，还可能导致延迟向客户提交优质的工作成果。因此我们鼓励初级律师不懂就问，积极与合伙人或资深律师沟通，并且沟通之前要思考清楚需要交流的问题，列好问题清单。

（二）理解客户需求

第一，要充分了解项目或案件的背景。对于合伙人来说需要有大局观，在明确相关背景之后律师的工作就会更有重点和方向。比如在审阅一份商业合同时，如果了解了整个商业交易的背景，律师就可以站在更高的角度对这份合同作出更为全面的考虑。

第二，要充分了解客户对律师工作方式的诉求。比如：需要明确客户希望的工作成果是法律备忘录还是电子邮件；在进行初步法律研究之后可以与客户进行进一步沟通，确定其需求，是需要详细具体的分析还是粗线条的分析。此外，我们还需要明确具体的客户对象是公司业务人员还是法务。

第三，需要从解决问题的角度思考问题，为客户提出消除或降低法律风险的解决方案。初级律师可以查询相关的法规、行政或司法实践或者行业中的类似案例，以找到相关的答案。

（三）时间管理

时间管理也分为对内和对外。对内是指律师之间的沟通，对外是指律师与客户之间的沟通。内部沟通需要积极和同事沟通，询问时间安排。外部沟通需要尽快反馈客户，回复客户的问题，这样会让客户有良好的心理感受。

如果客户要求交付工作成果的截止时间比较紧，则我们不仅需要与团队律师沟通好时间，也要和客户商讨尽可能合理的截止时间。在技巧上，对于长期客户，建议在客户惯常可以接受的反馈时间内回复客户；对于工作量较大的工作，需要按照约定定期向客户报告工作进展，这样可以使客户觉得律师一直在为其工作，并且双方对于工作的分阶段完成都有相同的时间预期。

（四）细节管理

在面对面的沟通中，与国外客户见面需要区分清楚客户的姓名。在线上会议中，要明确是否会使用视频通话。线下和线上会议均应保证举止与穿着得体。在书面文件中，需要非常注意邮件的收件人、标题、抄送人等细节。

二、了解客户

（一）客户类型

从不同的角度，可以将客户分为很多类型。将客户进行分类管理，有助于我们之后遇到相同类型的客户时更有效率地处理工作。

从国别上讲，国际客户对于我们的语言、文本的要求与国内客户的差别较大。在遇到外国客户时，我们需要注意，外国客户不管是工作语言还是表达习惯都与我们不同。如果是国内客户，其要求的工作节奏通常与外国客户也有差异：通常国内客户对于节奏要求相对更快，也更为关注最后的结果。当然，如果是国企客户，我们还需注意其内控和合规的要求。因此对不同类型的客户，律师需要关注其各个方面。

从业务类型看，也会有较多的种类。我们要善于归纳和总结自己曾经参与的业务类型、客户种类。相似的客户，对于文本要求可能会比较类似。我们应当归纳整理当年做了多少项目，以及每个项目属于哪个行业及交易类型，这将有助于及时提高和改善自身的文本水平和工作风格。

从交易来说，如果是两个纯内资客户，有经验的律师往往会用尽量简化的版本。因为国内客户对于文本的要求并不是字数多、页数多，而是比较忌讳其中一些从英文条款生搬硬套过来且比较拗口的条款。因此，在遇到纯内资客户时，我们需要先给自己提个醒。

从工作节奏上来说，一旦进入项目，要对自己的工作节奏有一定的要求，包括你的专注力、投入等。不同的客户，不同的项目，需要有针对性地提前做好准备。

（二）客户的股权结构、业务模式和行业地位等

具体而言，我们要主动了解客户的股权结构、业务模式、上下游、行业地位、主要买家、主要供应商以及主要客户等，从整体工作来看，全面了解客户所处行业的上下游、主要供应商及客户等，这样有可能会帮助客户发现其所没有意识到的商业风险或其他问题。例如最近几年新兴的反垄断、数据合规、贸易管制等法律热点问题。有时候有些问题不是基于客户自己的疑问，而是律师在充分了解客户的背景后发现的，这样客户就会很欣赏和信任律师。主动了解客户所处的行业板块和从事的业务，可以使我们慢慢形成对相关行业的深度了解，并能够在相关行业领域的法律服务方面进行深耕。信息了解渠道主要包括：客户的官网、微博、公众号等，当然也可以向客户的业务人员进行咨询。

因此，律师只有对客户进行深入了解之后，才能发现额外的法律问题，而且往往就是这些额外的问题，可以增加客户对你的信任。

因为他觉得除了他交给律师的任务外，该律师还能提供很多新的想法。有鉴于此，了解客户是非常有必要的。

笔者更鼓励大家在工作之余，进一步了解客户。只有对客户有深刻的了解，我们才能在当下或将来更好地为客户服务，同时对自己也很有帮助。在为一个客户提供法律服务后，律师应当定期进行归纳总结，如每年或者每半年对此作一次梳理、归纳、总结和积累，那么将来再遇到同类的客户，你就可以基于对其特点的了解，更有针对性地向同一类或类似客户提供法律服务。当然，这些积累对于更新相关律师的专业简历、开发同类或类似客户也会非常有帮助。

（三）对接人士

从客户内部的沟通对象的维度，可以将对接人士分为法务团队、非法务团队（业务、财务、公关、人力资源等）以及管理层。

1. 法务团队。 外部律师与法务团队的沟通一般比较顺畅，因为相同的法学教育及职业背景会使二者基本同频，在法律原则、基本概念或术语以及逻辑沟通方面大体没有障碍。但需要注意的是，不同客户的法务团队的工作风格和方法有所不同，我们需要根据这些团队的不同风格与工作方式，按需供给，量身打造法律服务产品，而不是一味执着于以自我为中心，以不变应万变。

另外，我们要善于与法务团队配合与沟通。具体而言：（1）当我们需要进一步了解业务或项目背景时，往往需要法务团队的协助以获取相关信息；（2）当我们给出的意见与客户的业务部门拟推行的业务或项目可行性相左或不完全一致时,通常应该首先取得客户法务部门的理解与支持,并通过其与业务部门进一步沟通和解释我们之前给出的意见;(3)当公司新的部门或新的领域(或者关联公司)需要法律支持时,通常是法务部门将我们引荐给前述新部门或关联公司的。简而言之,与法务部门的良好沟通,有助于我们与客户进行有效对接,更为顺畅地为客户提供有价值的法律服务。

2. 非法务团队。并非所有客户在国内都有法务团队,即使有法务团队,有些工作或项目也需要我们直接面对非法务团队。由于非法务团队并非法律专业人士,在沟通和交流过程中,需要我们阐述意见(尤其是书面意见)时,在不偏离法律意见的基础上,尽量用平实的语言去表述,以方便非法务团队的理解。此外,非法务团队通常更关注可行性和可操作性,因此,在法律意见和建议中,我们除了提示法律风险(潜在风险)之外,也应当尽可能地告知其实践中这些法律风险等级的高低,以及根据我们的经验,如何有效地避免或减少该风险。

3. 管理层。由于公司管理层负责的是公司重大事宜,并需要就此作出决策,因此,律师通常应当向管理层汇报后者关注的与重大事宜有关的法律分析的结论、解决方案或变通办法,而不是详尽繁复的法律分析的具体过程与各个细节,因为这对管理层而言既非高效,也非其所必需或有兴趣了解的。因此,和管理层的沟通需要突出重点、简明扼要、全盘思考(即高管往往需要关注全盘的问题,法律意见只是其中一个环节。尽管我们主要是给予法律意见,但如果能替客户全盘考虑,提示客户在其他领域的关注点,比如:财税领域、劳动人事领域等,这样可以凸显我们的附加值从而进一步赢得高管层的信任)。

此外,如果客户是一家跨国公司,当与我们对接的是客户的业务团队,而客户的法务部位于国外或者国内法务人数较少,那么与其业务团队的沟通需要更为谨慎。我们需要考虑一下是否要向境外的法务进行汇报,或是在发电子邮件的时候,是否要抄送给境外的法务人员。

三、做好事先准备

(一)背景沟通

与客户的沟通需要做好预演或"彩排"。比如与客户开会时要提前做好准备,弄清要讨论的问题是什么,相关法律规定有哪些,解决方案有哪些;客户针对我们提出的建议或方案可能会提出哪些问题,我们应如何应对和回答等,均应当事先做好准备,而不能将自己置身事外。

为此,我们需要十分熟悉案件的背景资料,仔细审阅相关资料和法律文件,同时还需要准备好问题清单。在事先准备问题清单时,最好能结合客户的背景进行适当衍生。在与客户沟通之前,可以在团队内部讨论问题清单。我们应当事先做好准备，一次性向客户了解清楚各种问题，不要想到哪里问哪里；要避免会议刚刚结束，才突然想起还有若干问题没有问到，这样不仅客户会不满意，而且会显得律师不够专业。

最后，与客户沟通时应当做好书面记录或是录音，以备存档。如果担心记录不全面，可以和客户沟通好采取录音的方式。会议结束后，自己再听几遍，把客户的指示和项目背景情况听清楚。除非涉及特别敏感的事情，一般情况下可以使用这种方法。除了录音之外，如果觉得自己手写记录没问题，也可以手写，关键就是记录清楚完整。

（二）会前准备

参加各种会议应注意的事项大体上都是相同的。比如前期细节，包括服装及行为举止等，大同小异。但还是有几点需要提醒注意。比如参加客户的尽调汇报，一般是由合伙人或资深律师来汇报，但常常也会带着初级律师。初级律师要对自己负责的板块了如指掌，甚至对其他同事负责的板块也要有所了解。通常来说，在汇报当中，客户会对重大问题的事实进行进一步的确认，你要在会前做好准备，不要在汇报过程中客户提问时冷场或者还要现场查阅资料。你可以试着进行换位思考，站在客户的立场，弄清哪些是重大问题，客户可能会问哪些问题。当然，客户不一定会问到你已经准备好应答的问题，但如果有几个被问到，会让你感觉更有信心，也会使会议的效果更好。

初级律师不一定有太多的机会参加项目谈判会议。但如果有这样的机会,你不能仅仅是带着耳朵去听,而需要主动在会议中做好记录,仔细记录谈判要点以及后期文件需要修改的要点。不仅如此,作为合伙人的助手,你还应对交易中的条款提前做好功课,就谈判中某些条款的讨论与交锋,可以适时为客户或你的合伙人提供"弹药"。比如,交易文件中一些交割条件是基于法律尽调过程中发现的问题而设置的,凭借你对法律尽调内容的深入了解,当被问及个别条款设置的原因时,你就可以提供及时的支持。

总之,在参加一些能力范围内的重要会议时,请千万做好准备,而不是把自己当成旁观者,只是去听听和记录而已,你需要更积极主动地提高自己的参与度,即便是参加一些开发会议,必要时你也可以适当地发言。

四、如何应对突发情况

(一) 来电咨询

初级律师往往不会直接与客户接触。但遇到突发情况时,客户可能会直接打电话向你咨询。对于客户突然提出的事先没有准备的问题，你可能会有点慌。这种情况下，你需要做好以下几点：

一方面，你要把客户的问题背景了解清楚。对于客户想要了解的点，可以给个初步意见。另一方面，给出意见后，需要给自己留有余地，说事后会再确认一下。绝大多数客户也了解初级律师的能力范围，因此对于你不能马上给出准确答案的问题，应诚实地告知客户，并表示需要进行法律研究之后再告知研究结论，而不要不好意思和客户说自己不知道或不清楚。从专业角度来说，你后续再予落实，其实是负责任的表现。当然，这对于很专业的客户而言是没有问题的，但如果是非常激进的客户，马上就要了解相关事项，你也只能回答说你的初步意见是怎样的，会后续再研究确认一下。如此告知客户之后，你要及时跟团队的合伙人汇报，由合伙人通过电话或者其他形式与客户进行沟通。

简言之，遇到这样的事情，不能自乱阵脚，应当至少做到上面所述的几点，完成上述基本动作也能达到80分。作为初级律师，不要觉得客户来咨询，自己就一定要面面俱到，全部回答好，在自己能力范围内把该做的做到就行。

（二）客户投诉

对于客户的投诉或抱怨，无论是客户对你直接抱怨还是向合伙人投诉，首先绝不能和客户争吵——因为这既不能解决问题，也无助于维护与客户的工作关系。律师是专业人士，不是小孩子，应当就事论事，而不能情绪化，因为客户的抱怨大概率是事出有因，并非针对律师个人进行人身攻击。

其次，你需要秉承坦诚与实事求是的原则，抱着真诚、恳切的态度，了解清楚客户投诉或抱怨的事由或起因。比如究竟是因交易对手不配合，还是因法律上存在障碍导致交易受阻或遇到困难，因而将感受不良的情绪传递给其律师。如果确属自身的原因，可以主动认错，但切记不能迫于巨大压力，当场随意提供咨询建议或者改变原来提供的正式咨询意见。如果客户一直处于情绪激动的状态，你可以适当停顿并冷静一下，但总体来说自己确有错误的情况下还是要真诚认错与道歉。在向客户认错及道歉后，要及时向合伙人如实汇报。

最后，当客户产生误解也不接受你的解释，或涉及敏感事宜自己无法判断孰错孰对时，则应该持谨慎态度，不要和客户发生直接冲突，同时应迅速提交团队内部沟通，请主管合伙人去处理这类问题。总之，如果是自己有错误，不应当掩盖或逃避。对于客户的误解，需要及时与合伙人或高级律师沟通并由其谨慎把握如何回应，而不能无理由或自行胡乱认错。

五、其他场景

（一）如何独自面对客户

首先需要提前做好内部沟通。合伙人认为这件事在你能力范围之内，才会派你去独自面对客户。但是每个人都有盲点，有些时候合伙人觉得你能做这件事，而你自己觉得在这件事上的能力有所欠缺，那你在去见客户之前，还是可以跟合伙人事先沟通一下。在沟通之后，如果合伙人发现确实需要调配其他人，也来得及作相应调整。

作为初级律师，即便是独自去面对客户，也要学会依靠团队的力量，跟合伙人团队其他成员进行沟通。比如一些法律研究工作可以分给团队其他成员来做；在沟通过程中，要做好记录，并且明确自己的责任边界；对于自己不了解或没有把握的事项，还是要明确告知客户需要回去作进一步的研究与分析，注意风险控制，并向合伙人或项目团队负责人及时汇报沟通情况。

（二）如何回复客户的邮件和微信

邮件和微信是与客户日常沟通的常用方式。在以这种方式与客户沟通时，要设身处地地考虑客户的期待是什么。如果客户的邮件很长，包含很多的问题，并询问律师可以多久回复，那么律师就应当及时回复；如果客户邮件没有包含时间要求，那你需要和客户约定回复时间；微信要及时回复，及时安抚客户，并考虑客户的需求与感受，不能完全从自我出发，仅仅输出自我的东西；不要轻易打破与客户交往的惯例，以免客户不适应和产生困扰。

（三）如何表达不同观点

第一，要与客户共情，要向客户表明"我特别理解你"的立场（但不一定同意客户的立场和观点），这样就可以与客户建立连接，表明自己是在设身处地替客户考虑问题。

第二，不该由外部律师决策的部分不能越界，但该表达的观点一定要以客户可以接受的方式表达出来，比如可以请客户内部的法务也一起参与讨论，使客户理解外部律师与客户的目的是共同的，即寻求合法合规地解决问题。

（四）口头沟通及非语言沟通

若是在现场或通过电话、视频会议或其他语音方式与客户沟通，应当言简意赅，注意自己的语气与节奏，抑扬顿挫，以引起客户注意或关注，并且使客户听得进、听得懂、喜欢听。同时应当适时停顿，询问客户是否有任何问题或进行互动反馈，而不是只顾自己一味输出，这样既对客户不礼貌，也有损与客户沟通的效果。

若是非语言沟通，那么与客户的眼神交流、颔首、微笑等既表示尊重，也会建立与客户的自然连接；而表情冷漠或僵化、眼神飘忽、坐姿不雅、握手过浅、距离对方过近或过远，则不仅容易使客户产生不受尊重、不被重视或者没有边界的感觉，而且可能使客户认为你并没有在用心关注彼此之间的沟通交流。

总之，初级律师要敢于沟通，不论是对内还是对外。此外还需要有大局观，不仅仅要了解项目的背景，对客户本身所处行业和业务也要有大体的了解，并且还要不断学习、锻炼和熟练掌握与客户沟通的技巧，这样才能向客户有效输出专业意见与建议，同时使客户感受到尊重和关注，有助于服务好客户，增强客户的黏性，维持并进一步拓展与客户之间的合作。

04　如何准备法律备忘录
—— 新的市场环境下的应变

周　烽（合伙人）

我国的法律服务市场处于快速升级迭代的状态，客户的要求和律所的工作方式都在不断变化。备忘录作为最常用的法律文书之一，其写作方式也需要与时俱进。以往那种动辄十几页的备忘录，穷尽各种可能性，最后得出"it depends"这样不偏不倚、很"律师"的结论，不能给客户带来价值，已经不再有市场。本文希望结合近年来客户要求和法律服务市场的变化，谈谈笔者对于法律备忘录写作的一些体会和建议。

一、法律备忘录的使用场景在减少，但仍不可或缺

笔者十多年前刚入行做律师时，几乎每隔1—2周就会收到客户

要求准备法律备忘录的指示,现在总体感觉客户对于法律备忘录的需求已经大大减少。一般情况下,客户只要求律师给出简单的口头或者书面意见,微信或者邮件均可,不会要求准备正式备忘录。尽管如此,对于重大疑难问题及较为敏感的问题,客户仍然会希望律师单独准备一份备忘录,以便归档或者提供给内部或者外部备查。此外,如果一份法律分析需要通过超过一页 A4 纸的篇幅来展示,制作一份独立的法律备忘录而非邮件可能更为合适。

二、客户对于法律备忘录的要求,既有"提高",又有"降低"

之所以说客户对于法律备忘录的要求既有"提高",又有"降低",一方面,是因为客户所咨询的法律问题的复杂程度并没有降低,需要运用的法律技能和实践经验甚至超过从前。客户的时间要求也较以往更高,往往要求在问题给出后一两天就得到专业意见。从这些角度来看,客户的要求是提高了。另一方面,客户不再纠结于备忘录的形式和篇幅,不希望长篇大论的理论分析,而希望获得简洁、实用的意见,从这个角度看,客户的要求是降低了。

为了应对客户需求的上述变化,律师应当有所取舍,特别注意

04 如何准备法律备忘录
周烽（合伙人）

以下几点：

1. 实用性

备忘录必须实用，能回应客户关切，提出建议并给出方案。君合的一位老合伙人曾经提到，好的备忘录是能"解渴"的，能令读者豁然开朗、如饮甘霖。客户是来寻找答案的，所以备忘录不能东绕西绕，分析了各种观点但最后没有结论，实际没有解决客户的问题，不能被视作一份合格的备忘录。

有一些律师认为，的确存在一些法律和实践都存在不确定性的事项，如果给出倾向性的意见，可能会是一个错误的意见，甚至带来执业风险。笔者认为，律师的法律意见不能止于不确定性，而是应当设身处地地为客户着想，结合执业经验判断最可能出现的情况，帮助客户在具有不确定性的情况下寻找最大的确定性，也就是收益最大、风险最小的解决方案。在确保法律备忘录实用性的同时兼顾执业风险是可以做到的。律师可以在备忘录中指出其分析的局限性，说明其研究范围、适用范围、可能存在的不确定因素等，以降低执业风险。对于此类免责声明，客户通常会予以理解和接受。但是，律师应该避免在备忘录中以不确定性替代建议，写出一篇洋洋洒洒却没有结论的备忘录。此外，律师也要避免免责声明过于冗长，让客户感觉律师的时间都用于保护自己，而没有设身处地为客户着想。

2. 可读性

备忘录必须具有可读性，让人能够轻松愉快地理解内容。备忘录应当平铺直叙，在客户感兴趣的地方要展开阐述，在客户不感兴趣的地方则一笔带过。同时也要考虑读者背景：如果是给公司的法务人员阅读，针对法律人共有的一些知识背景，例如诉讼时效、缔约过失责任等概念，并不需要展开解释；但如果读者是公司的业务团队，就需要对一些基础法律概念作进一步解释。

3. 专业性

尽管客户相对降低了对于备忘录的形式和篇幅要求，但是客户期待的始终是一份来自专业律所的专业作品。笔者曾与一些公司法务沟通，有法务就指出一些小律所往往给的意见没有什么问题，但是不重视行文的严谨；引用的事实和法律没有出处；全半角、字体字号等很随意，甚至出现错别字和序列号错误。这样的作品，即使分析结论是对的，可信度也会比较低，客户自然也不愿意支付高额的服务费用。因此，在准备备忘录时，我们应当特别注意律所文书的格式模板、字体、字号、缩进都要统一；该定义的词汇应当给予定义并通篇适用；引用事实和法律时都要有出处，避免口语化的表达，杜绝笔误和错误。

三、落笔之前的准备工作最重要

尽管法律市场和客户都对法律备忘录提出了新要求，但我们准

04 如何准备法律备忘录
周烽（合伙人）

备备忘录的基本工作方法并没有变化。在落笔前，做好下述准备工作，能有效节约起草时间，最终的作品也会更符合客户要求。

1. 明确事实和要求

律师需要理解和明确关键事实和客户的要求。了解关键事实有助于缩小法律研究的范围，因此必须尽可能从客户、第三方和公开信息中搜集关键事实。一些律师觉得，客户的工作指示不就是要求，我们按照工作指示做不就行了？实际上，客户的工作指示背后，是有其商业意图的，我们需要透过工作指示和项目背景去揣摩客户的商业意图。有时客户的问题可能不全面或不清楚，需要追问客户的商业意图，以便了解法律备忘录的真正着力点应该在哪里。比如，有个外国客户是一家欧洲电信公司，这家欧洲电信公司在美国有几家子公司，而在中国与一家国有企业设立了一家中外合资企业，双方各占50%的股权。客户问我们，合资公司的某一合规事件在美国的《反海外腐败法》（FCPA）项下会有什么法律后果。作为律师，你就要想到，这个问题其实隐含两层意思，第一层是合资公司及其控股公司是否适用美国《反海外腐败法》的问题；第二层是如果美国《反海外腐败法》可以适用，则适用该法的后果是什么。我们需要提前和客户确认其是否已经确定了FCPA能够适用，只需要律师研究具体法律后果，还是也需要确认FCPA的适用性问题。如果需要回答前者，你可能还要向客户进一步了解其股权和控制结构等事实背景。

2. 研究、咨询要有针对性

在了解清楚事实、背景及客户的需求以后，律师应该有针对性地去做法律研究，并在此基础上准备法律备忘录的提纲。在此过程中，需要特别注意客户的重点关切。对于客户关心的内容，需要深入研究，多维度调研分析。对于虽然被客户的指示所覆盖，但不属于客户核心关注的内容，需要适当从简，不过建议附上一句"如果需要进一步了解这一问题，我们可以深入分析"。

3. 内部讨论

律师在草拟备忘录提纲的过程中，应当与合伙人、主管律师充分沟通，弄清提纲的方向是否正确、每个讨论点是否值得研究；研究的深度如何；主要采用哪些研究方法，结论是否准确全面等。充分的内部沟通有助于控制成本，完善考虑要点，并确保你的分析内容和结论符合客户要求。律师应当注意，尽管律所有大量可以利用的资源，但应当先独立思考，适当研究后再与团队沟通，从团队获得的资源和意见也都要——核实，切忌将"头脑风暴"变味为不负责任的"拿来主义"。

四、简单易懂的结构，能增加备忘录的可读性

律师通常都比较熟悉经典的备忘录分析结构"IRAC"（Issue, Rules, Analysis, Conclusion）。假设客户要求我们就"宠物诊所将人

04 如何准备法律备忘录
周烽（合伙人）

用药品用于动物疾病的诊断治疗可能面临的法律后果"这一问题准备一个备忘录。在 IRAC 结构下，I 代表英文单词 Issue，本案的 Issue 是"人药兽用"是不是合法；如不合法，其法律后果是什么。R 代表英文单词 Rules，即中央和地方的法律法规要求及执法情况。A 代表英文单词 Analysis，即 Issue 要跟 Rules 相结合进行分析，说清楚 Rules 是如何应用于 Issue 的，一般做法是分析法律适用的具体要求及法律后果。例如我们可以分析在特定情况下，如经过特定注册程序或者针对特定疾病，是否可以合法地"人药兽用"；再比如若"人药兽用"没有造成严重后果，是否可以减轻或者免除处罚等；最后一个 C，即英文 Conclusion（结论），是给出结论和建议。

常见的"IRAC"变体还有"CRAC"（Conclusion, Rules, Analysis, Conclusion），就是先开门见山地给出 Conclusion，然后去阐明 Rules，进行 Analysis，最后再重申 Conclusion。CRAC 的好处是让客户先看到答案，然后展示分析过程，比较符合目前快节奏的市场需求。"CRAC"也可能变体成"CREAC"（Conclusion, Rules, Explanation, Analysis, Conclusion），不同之处仅在于后者中多出的 E 代指 Explanation，是指对 Rules 进行进一步的阐释，即不光讲法条，还可能会讲相关司法解释以及实践中审批机关的一些考虑。

常见的备忘录格式包括：

（1）解决问题式的备忘录，即针对客户提出的一系列的问题逐个分析解答。

（2）流程介绍式的备忘录，例如关于红筹重组基本流程的备忘录，律师需要列出重组步骤图和时间表，就每个步骤的意义和原因进行解释,并就其中涉及的一些法律、会计、税务、外管等问题和核心风险点进行分析说明。

(3)发现展示式备忘录,比如通过备忘录把在法律尽职调查或者合规尽职调查中发现的问题进行总结、分析。

总体而言,好的备忘录结构虽有一定的结构范式可循,但需要根据客户的要求予以调整,确保形式和内容都为目的服务。

五、巧用各类论证工具,简洁明晰展示工作成果

英国的哲学家休谟发现,人的种种思想观念之间,有一些联系的原则。他发现的观念之间的联系原则有三种:时空接近关系(Contiguity in Time or Place)、相似关系(Resemblance)和因果关系(Cause of Effect)。他说:"一张画片自然把我们的思想引导到原物上""在提到一所房屋中的一间屋子时,自然就会考察或谈论其余的屋子",而"想到伤处,便不由得想到由此引起的痛苦"。人的思想观念与生俱来地遵循这些原则来找寻联系,因此如果起草备忘录时运用上述几种连接方式来起承转合,就会比较容易为读者所接受。

在进行法律分析与说明时所运用的工具也很多,都是在初中、高中的时候语文老师总结过的:分类别、画图表、举例子、多比较、

作诠释。那个时候你可能觉得不以为然，但这些工具的确非常好用。通过表格形式比较利弊，用要点（bullet point）一项又一项地去列举和讨论，会使你的备忘录整体看上去非常清晰，客户阅读起来也很舒适。有的备忘录写了几十页，通篇都是大段的分析，没有任何的图表，也没有任何的引用或者事例，这样的备忘录读起来味同嚼蜡，自然让人望而生厌。

结语

总体而言，起草备忘录要把握的一个大原则就是要通过内容创造价值，让客户"如饮甘霖"，愿意为之支付律师费。客户只会把复杂疑难问题交给律师，而律师要以合理的时间去解决这些复杂疑难问题殊为不易，唯有站在前人肩膀上不断思考和学习，才能在这个"内卷"时代中保持自己的竞争力并提高自身价值。

05　合同审核的技巧与策略

蔡　蓁　赵慧丽（合伙人）　　周　莹（律师）

前言

在现代商业社会，合同是确保交易双方达成共识并实现交易目标的最重要工具。然而，由于商业交易结构日趋复杂、不同行业领域所适用的法律规范存在差异、当事人之间存在的信息不对称等原因，如果在签约前对合同审查不到位，那么在后续履行过程中很有可能会引发争议，导致企业的重大利益乃至生存发展遭遇威胁。因此，在签订合同之前仔细审核的重要性不言而喻。

在明确合同双方权利责任范围的同时，合同审核也应着重考虑提前做好争议解决策略的准备，为后续高效解决可能发生的争议打下基础。

05 合同审核的技巧与策略

蔡蓉　赵慧丽（合伙人）　周莹（律师）

下面我们将从争议解决角度出发，结合实战案例，介绍合同审核工作的核心关注点，分享合同审核的技巧与策略，以提高企业在合同签订阶段预防争议的能力，保障合同的有效执行。

一、合同主体

在合同审阅中，与合同主体相关的要点至关重要，因为合同主体的合法性和资质会直接影响合同的有效性和可执行性。

与合同主体相关的审核要点主要有：

（1）当事人资格与授权

确认签约各方的资格，审查合同中涉及的各方是否具有签署合同的法律资格。例如自然人是否具备民事行为能力，法人是否合法注册成立。此外，还应核实签署人是否有合法授权，以代表相应主体签署合同，例如：

- 公司分支机构对外担保：公司的分支机构未经公司股东（大）会或者董事会决议以自己的名义对外提供担保，相对人请求公司或者其分支机构承担担保责任的，人民法院不予支持[①]；

[①]《最高人民法院关于适用〈中华人民共和国民法典〉有关担保制度的解释》第 11 条。

- 政府承诺担保：机关法人不得为保证人，但经国务院批准为使用外国政府或者国际经济组织贷款进行转贷的除外①。

（2）经营许可和资质

对于需要特殊经营许可或资质的合同主体，核实相关许可和资质是否有效。例如：

- 供应商合同：在采购合同中，供应商的资质和能力是关键因素。如果供应商没有必要的资质、技术能力或生产能力，可能无法按时交付产品或提供服务，从而影响整个项目的进展；

- 建筑工程合同：前期资质审核可以验证承包商的建筑资质、施工能力和安全记录，以减少工程延误、质量问题或安全风险。

- 技术合作协议：在技术合作或知识产权许可协议中，合同一方通常要求另一方具备特定的技术能力和专业知识。前期资质审核可确保合同方具备满足合同条款的技术能力。

- 危险废物处置合同：我国法律禁止将危险废物提供或委托给无危险废物经营许可证的单位从事收集、贮存、处置经营活动。作为合同一方的委托方应要求提供危险废物处置服务的一方必须持有有效的危险废物经营许可证并认真予以核查。

（3）特殊行业的合规性审查

对存在较多行业规范的特殊行业，需要重点查阅适用的行业法律法规，了解合同主体的行业特点和相关法律要求，以确保合同内容的合法性。

---

① 《民法典》第683条。本书中涉及的法条除特别注明外，均指中华人民共和国法律法规。例如，《中华人民共和国民法典》简称《民法典》。

(4)合同约定的主体变更

如果合同中涉及主体变更,应检查合同是否包含相应的主体变更条款,明确变更程序和后果。

审阅合同中与合同主体相关的要点涉及多方面的考虑,从确认主体资格和授权到评估合同主体的信誉和风险,都对合同的效力和后续履行产生直接影响。因此,在审阅合同时,对于合同主体相关的审核要点需谨慎、细致地进行全面核查。

二、合同效力

《民法典》对合同无效规定了如下几种情形:无民事行为能力人实施的民事法律行为无效(第144条);行为人与相对人以虚假的意思表示实施的民事法律行为无效(第146条);违反法律、行政法规的强制性规定的民事法律行为无效,但该强制性规定不导致该民事法律行为无效的除外(第153条);违背公序良俗的民事法律行为无效(第153条);行为人与相对人恶意串通,损害他人合法权益的民事法律行为无效(第154条)等。

在审阅合同的效力时,除留意以上法律明确规定的无效情形外,也要重视司法实践中合同被认定为无效的"高危情形"。合同审阅的一大重点在于核实合同条款是否符合行业法律法规的规定，以确保合同的内容符合强制性规定。例如：

（1）私募基金方面

《私募投资基金监督管理暂行办法》第15条规定，"私募基金管理人、私募基金销售机构不得向投资者承诺投资本金不受损失或者承诺最低收益"。实践中，法院通常依据该条规定认定"刚兑"承诺违反投资领域风险自担原则，破坏市场秩序及金融安全，从而认定该承诺无效。

（2）资管业务方面

《关于规范金融机构资产管理业务的指导意见》（以下简称《资管新规》）第2条规定"金融机构开展资产管理业务时不得承诺保本保收益"；第19条第1款第3项规定："经金融管理部门认定，存在以下行为的视为刚性兑付：……资产管理产品不能如期兑付或者兑付困难时，发行或者管理该产品的金融机构自行筹集资金偿付或者委托其他机构代为偿付。"因此，如在《资管新规》规定的过渡期满后仍作出监管机构所禁止的"刚兑"承诺，则相关条款的效力将可能存在不确定性。

（3）矿业开发方面

未取得矿产资源勘查许可证、采矿许可证，签订合同将矿产资源交由他人勘查开采的，合同将可能被认定无效［《最高人民法院关于审理矿业权纠纷案件适用法律若干问题的解释》（2020修正）第5条］。

(4) 农村土地承包方面

承包方未经发包方同意，转让其土地承包经营权的，转让合同也将可能无效 [《最高人民法院关于审理涉及农村土地承包纠纷案件适用法律问题的解释》（2020修正）第13条]。

(5) 国有土地开发方面

开发区管理委员会作为出让方与受让方订立的土地使用权出让合同，或合作开发房地产合同的当事人双方均不具备房地产开发经营资质的，合同均将可能无效 [《最高人民法院关于审理涉及国有土地使用权合同纠纷案件适用法律问题的解释》（2020修正）第2条、第13条]。

(6) 建设工程方面

如建设工程施工合同存在以下情形之一：承包人未取得建筑业企业资质或者超越资质等级的；没有资质的实际施工人借用有资质的建筑施工企业名义的；建设工程必须进行招标而未招标或者中标无效的；或，承包人因转包、违法分包建设工程与他人签订的建设工程施工合同等情形，均可能造成合同效力受到挑战 [《最高人民法院关于审理建设工程施工合同纠纷案件适用法律问题的解释（一）》第1条]。

(7) 期货经纪方面

没有从事期货经纪业务的主体资格而从事期货经纪业务的；不具备从事期货交易主体资格的客户从事期货交易的，均可能导致期货经纪合同无效 [《最高人民法院关于审理期货纠纷案件若干问题的规定》（2020修正）第13条]。

（8）外商投资方面

外国投资者在中国境内投资《外商投资准入特别管理措施（负面清单）》规定禁止投资、限制投资的领域，投资合同的效力均可能因违反准入规定而导致无效。

（9）股票配资方面

未取得特许经营许可的互联网配资平台、民间配资公司等法人机构与投资者签订的股票配资合同，以及配资公司或交易软件运营商利用交易软件实施的变相经纪业务所签署的合同，均可能被认定为无效。

通过以上列举不难发现，从合同效力角度审阅合同时，必须仔细核实合同条款是否符合行业法律法规，确保合同的内容不违反强制性规定，规避可能导致合同无效或产生法律纠纷的风险。同时，对于复杂的法律问题，最好寻求专业法律顾问的意见以确保合同的合法性和有效性。

三、合同中的核心商务条款：权利与义务条款

在合同审阅的过程中，除了审查合同的主体、定义、效力及基本条款是否完备等，更关键的是，需要识别出合同权利与义务条款

05 合同审核的技巧与策略

蔡蓉　赵慧丽（合伙人）　周莹（律师）

中可能导致争议的潜在因素，例如约定模糊条款等。

以投融资领域为例，在投资谈判过程中，对赌条款的签订，包括对赌回购的触发机制、回购形式、回购责任主体、回购责任限制等，均体现了投融资双方之间的博弈。投融资双方站在不同的立场上，自然会基于对投资风险的认知，在投资协议中寻求最有利于自身的合同内容，甚至合同中的具体措辞的使用也可能极大影响投融资双方的权责范围，这就对合同的起草及审阅提出了较高的要求。

站在融资方的角度，近年来出现的大量对赌失败案例，使得创业者对公司经营风险的认知不断加深。如何避免因创业失败造成需以个人财产承担回购责任的被动局面，成为几乎每个创业者都切实关心的关键问题。因此，近年来，创业者要求在投资协议中加入创始股东仅以其持有的"目标公司股权"或"目标公司股权价值"为限承担回购责任的条款，愈发成为相对常规的融资操作。

尽管以上两种约定方式的表述主要相差"价值"二字，看似差异不大，但在后续争议发生时，对此约定的解读可能会导致截然不同的结果，使得创始人可以利用此类约定达到保护自身利益的效果差异巨大。

1. 真实案例一："以股权价值为限"与"以股权为限"

（1）"以股权价值为限"

这种约定方式规定创始股东在回购时的责任限额为其持有的目标公司股权的价值。即回购金额不能超过其持有的股权的"市场价值"或"协议价值"，虽为创始股东提供了相对明确的回购责任范围，但未对如何确定该股权的价值作出任何限制。

（2）"以股权为限"

这种约定方式规定创始股东在回购时的责任限额为其所持有的目标公司股权这一特定的财产。该约定方式较为简单直接，无论股权价值如何变化，回购责任都相对固定。然而，对于创始股东来说，如果目标公司的估值或实际价值增加，以股权为限的回购责任可能会变得相对较大，增加其负担。

（3）真实案例情况

以上两种看似雷同的表述，在争议发生时，却可能存在不同的解读，使得创始人的回购责任范围变得模糊而无法确定。在笔者代理的一起真实的仲裁案例中，创始股东前后进行了多轮融资，其中一轮融资的投资协议中约定"……创始股东的回购责任以其所直接或间接持有公司的所有股权价值为限"。尽管该条款约定了创始股东的回购责任上限，但该条款在争议发生时出现了以下不够明确的问题：

a."股权价值"是哪个时点的价值？是投资协议签署时的价值，还是投资人主张回购权利时的价值？

b."股权价值"的确定方式是以投资尽调确定的公司估值为准，还是以在仲裁程序中由仲裁庭指定的司法鉴定机构作出的评估价值为准，抑或是以执行程序中经拍卖变卖程序而确定的价值为准？

c."为限"是指对所有投资人的回购责任整体地限于该范围内，还是仅对单一投资人的回购责任限于该范围内，而对所有投资人的实际回购责任可以超过该上限？

d. 如果"为限"是指对所有投资人的回购责任整体地限于该范

围,那么对于不同轮次的投资人,以及在不同阶段提出回购要求的投资人,应当如何在他们之间分配创始人有限的股权价值?

即使结合案涉投资协议的其他约定,上述问题仍无法得到清晰明确的答案。因此,在争议解决中,双方当事人及仲裁庭将不得不运用合同解释的各项规定,立足于条款的性质和目的,结合条款文义、交易习惯、类案裁判观点等对该条款进行解释。这将导致仲裁庭在对该条款约定的回购责任的限制范围进行认定时拥有较大的自由裁量权。对于当事人来说,将面临非常不确定的审判结果。

司法实践中,不同案件中不同法院对该条款的解释与认定,存在差异巨大的裁判结论,目前未形成统一的裁判观点。尤其是关于实现股权价值确定的时间点,实践中当事人可能提出的主张包括签订协议时、投资时、回购发生时、评估作价时、主张权利时等。关于此问题的公开案例目前还不是很多,因此实践中尚未形成统一的裁判口径。

在创始股东回购责任中,"以股权价值为限"更加灵活,能适应市场变化;但如需达到限制回购责任的目的,则应在协议中就如何确定"股权价值"作出更为细致明确的约定。而"以股权为限"则更为简单直接,回购责任限于持有的股权这一特定物,但也存在股权因市场波动而造成变现金额或高或低的情况。

因此,在选择合适的约定方式时,需要站在不同当事方的立场上,考虑目标公司的发展阶段、前景、行业特点等因素,以确保该回购责任限制条款在未来的商业活动中具有可操作性和公平性。

2. 真实案例二：合同约定的义务主体不明确

在一起涉及行政审批的股权转让及资产收购交易中，A 公司（受让方）拟受让 B 公司、C 自然人（转让方）持有的目标公司 100% 的股权及某煤矿的全部资产和采矿权，双方在《股权转让及资产收购协议》中约定了转让价款的支付条件。其中就第二期价款的支付条件，合同条款约定：

> 满足以下条件之日起 7 日内，A 公司将×万元汇至 B 公司、C 自然人共同指定的账户：……A 公司申请成为某井田煤炭资源整合主体的请示报告得到某市政府的批准……

鉴于以上条款对第二期付款条件的成就义务主体约定不明，二审法院就该条款认定：《股权转让及资产收购协议》约定了第二期股权转让款的支付条件，但合同当事人对该条件的成就义务主体约定不明，从合同的相关条款也不能推定出义务主体。案涉两个煤矿在《股权转让及资产收购协议》签订之前就由 A 公司生产经营，故一审判决不宜简单认定付款条件未成就的责任主体是 B 公司和 C 自然人，而应根据协议的签订、履行情况、案涉煤矿的实际经营状况以及煤矿的现时处境等因素综合判断，在本案重审时进一步查实。

二审法院最终就此认定：就第二项付款条件而言，煤炭资源整合涉及产业发展规划、结构优化升级等复杂问题，A 公司最终能否成为整合主体有赖于政府的批准。虽 B 公司未如其在《便函》中的承诺已经成为某矿井整合主体，具有一定过错，但 A 公司作为长期从事煤炭资源开采经营管理的相关主体，对资源整合以及整合主体确定事宜的复杂性，应具有相应了解，据此主张 B 公司、C 自然人构成欺诈，缺乏事实依据。事后，A 公司未能举证证明其曾依照《股权转让及资产收购协议》约定，向某市人民政府提出成为某井田煤炭资源整合主体的申请，过错明显……A 公司未依约提交成为整合主体的申请、在《关于印发某市辖区内煤矿实施优化升级工作方案的通知》作出后未依照相关政策要求对案涉煤矿进行升级改造系案涉协议解除的主要原因。故一审判决关于 A 公司对合同解除负有主要责任的认定，并无不当。

在涉行政审批的交易中，当事人尤其需要留意与行政审批相关的主体责任约定是否表述清晰明确，也需要在行政审批未能通过的情况下，谨慎地规定责任的划分，以避免因约定模糊不清而导致的不必要的法律责任。

3. 总结

权利与义务条款属于合同中的重点条款，通常涉及各方的权利范围、义务履行时间和方式、违约责任等重要内容。

在审阅时，需要结合合同的具体背景和涉及行业的特点，并参考相关争议案例的解决、司法实践对争议问题的观点等，全面把握各方权利和责任，以确保所约定的权利与义务条款能够发挥实际效用。此外，审阅还应重点关注权利与义务条款之间的逻辑关系和一致性，避免条款之间的冲突和歧义。在审阅合同时，应当及时与合同各方沟通并解决可能存在的偏差理解问题，确保核心条款在双方之间能够达成一致的理解，并保存好协商过程的书面记录，如后续就合同解释问题出现争议，方便适时将当事方此前在谈判阶段的理解作为合同解释的重要认定依据。

审阅合同中的权利与义务条款需要细致入微,确保双方权责平衡,为合同关系的健康发展提供坚实保障。只有在审阅过程中全面考虑各方利益和法律要求,合同才能在合理、公平的基础上得以成立并得到有效履行。

四、合同中的重点法务条款:争议解决及送达条款

1. "午夜条款"的重要作用及注意要点

合同中的争议解决条款旨在为合同各方提供一个公正、高效的争议解决机制,直接关涉后续合同争议如何解决,但在合同谈判过程中往往得不到足够的重视。由于此条款通常被放置在合同的末尾部分,在谈判即将结束时才被讨论,通常此时已是深夜,谈判双方都已精疲力竭,最后才仓促确定,因此又被称为"午夜条款"。

完善争议解决条款,不仅可以有效降低出现争议的风险,还能助力纠纷得到公正、高效的解决。在起草合同时,双方应充分沟通和协商,确保订立的争议解决条款明确、具体,并综合考虑时间、成本、执行难度、保密性等要素,选择适合企业实际情况的方式。

05 合同审核的技巧与策略

蔡蓁　赵慧丽（合伙人）　周莹（律师）

（1）如果选择仲裁作为争议解决的方式，优先选择仲裁机构标准仲裁条款，避免"病态仲裁协议"的影响

考虑到保密性、灵活性、国际的执行便利程度等要素，当事人会结合交易的情况，选择仲裁作为争议解决的手段。根据不同仲裁地法律的不同规定，仲裁条款一般需包含特定要素，以确保其有效性。例如，《仲裁法》第 16 条规定："仲裁协议包括合同中订立的仲裁条款和以其他书面方式在纠纷发生前或者纠纷发生后达成的请求仲裁的协议。仲裁协议应当具有下列内容：（一）请求仲裁的意思表示；（二）仲裁事项；（三）选定的仲裁委员会。"

因此，如选择仲裁解决争议，建议在合同中明确选择知名、信誉良好的仲裁机构，并直接适用该仲裁机构的标准仲裁条款。标准仲裁条款由专业的仲裁机构制定，并经过精心设计和实践验证，能够有效避免所约定的仲裁条款不符合法律规定而导致无效或效力存疑的情形。通过使用仲裁机构的标准仲裁条款，当事方可以有效避免在进入实体争议的审理之前，额外启动司法程序来明确仲裁条款的有效性，从而节省时间和资源。

实践中，多起公开案例都记载了当事方缔结的问题多样的仲裁条款。

在（2008）民四他字第 26 号案中，当事方约定的"病态仲裁条款"直接被法院认定为无效。当事方在签订的《外国人投资独立企业合同书》中的"纠纷调解责任"部分约定："在履行本合同发生分歧时，首先应相互协商解决，协商不成三方同意按英文版合同提请英国国际经济贸易仲裁委员会仲裁解决。"事实上，并不存在一家名为"英国国际经济贸易仲裁委员会"的仲裁机构。由于该《外国人投资独立企业合同书》中的仲裁条款没有约定适用的法律，也没有约定仲裁地，故最高人民法院认定对合同中涉外仲裁条款效力的审查，应适用法院地法律即中国法律。因该仲裁条款约定的仲裁机构不存在，根据《仲裁法》第 18 条的规定，法院最终认定上述仲裁条款无效。

而在（2017）京 04 民特 23 号案中，所涉"病态仲裁条款"虽然最终被司法机构认定为有效，但是当事方为此花费了大量本不必要的人力、物力：当事方在《销售合同》中约定"凡因执行本合约或与本合约有关的发生的一切争议应由合约双方友好协商解决。如果不能协商解决，应提交新加坡国际贸易仲裁委员会按照美国的仲裁规则进行仲裁。仲裁裁决是终局的，对双方都有约束力"。由于"新加坡国际贸易仲裁委员会"并非新加坡任何一家仲裁机构的明确具体名称，该名称错误导致无法对仲裁机构确切认定，在一方当事人向新加坡国际仲裁中心提起仲裁之后，仲裁被申请人在中国北京市第四中级人民法院（以下简称"北京四中院"）提起申请确认仲裁协议效力之诉，主张双方缔结的仲裁条款因仲裁机构不明确而属无效仲裁协议。虽然法院经审理认定仲裁地为新加坡，并根据查明的新加坡法律的规定，认定该仲裁协议有效，但该案自 2017 年 5 月 26 日立案，直至 2018 年 12 月 14 日方才作出裁定，历时一年半有余，耗费了当事方较大的人力、物力，并且一旦北京四中院认定涉案仲裁协议无效，则即便当事人在新加坡国际仲裁中心进行的仲裁程序中获得胜诉裁决，该裁决也无法在中国内地得到承认执行。因此，效力存疑的仲裁条款将可能直接造成胜诉裁决变成一纸空文的严重后果。

（2）确保合同争议解决条款的一致性，避免混乱和冲突

将争议解决条款在同一交易的多份合同中保持清晰一致，能够为当事方提供明确的争议解决途径，避免同一交易涉及的多份相关联的合同约定不同的诉讼或者仲裁条款，有助于避免因仲裁和诉讼案件不能够合并审理等原因而将当事方推至多个"战场"，被迫应对多方面的纠纷且陷入被动局面。

在一起真实案例中，当事方先就主要交易事项签署一份合同（以下简称"主要合同"），后又就交易价款的支付与共管，专门签署另外一份在形式上看似独立的合同（以下简称"支付合同"），双方在主要合同中约定了仲裁条款，但支付合同中却未能明确约定仲裁条款，亦未说明支付合同与主要合同之间的关系。一方当事人因双方出现争议，依据主要合同及支付合同启动仲裁，仲裁被申请人转而在法院提起申请确认仲裁协议效力之诉，要求确认支付合同中不存在任何仲裁条款。因此，如在不同合同之间，或形式上独立、实质上一体的合同之间，约定了不完全一致的仲裁条款，则仲裁条款能否完全覆盖双方的争议范围，将可能产生争议，从而给当事方"挑战"仲裁协议效力或将争议引入其他"战场"提供了可乘之机。

交易实践中，在投融资、建设工程等交易相对复杂的领域中，双方往往签署多份合同。以投融资领域为例，当事方可能签署包括但不限于投资协议、股权转让协议、股东协议、公司章程等多份合同或法律文件，涉及资金流动、权益变更、公司经营等重要事项。

因此，在不同合同及法律文件之间避免出现模糊、冲突的争议解决条款，显得尤为重要。

2. 送达条款的主要内容及审阅要点

实践中，送达问题的重要性不论是在合同订立、履行还是在争议解决的过程中，都愈加凸显。2017年7月19日，最高人民法院专门印发《关于进一步加强民事送达工作的若干意见》的通知，以司法解释的形式在诉讼程序中建立了当事人送达地址确认制度，统一送达地址确认书格式，规范送达地址确认书内容，以提升民事送达的质量和效率。

与之相关，合同中的送达条款规定了各方在合同履行过程中相互之间传递文件、通知和通信的方式和要求。送达条款的目的是确保双方能够及时、有效地收到对方发出的文件，以避免信息传递的延迟和误解，同时确保在产生纠纷时能够有效地通知对方，因此送达条款对于合同的有效履行和争议解决都起着关键作用。

（1）确保及时通知：送达条款规定了双方之间通信的方式和要求，确保文件和通知能够及时送达。这对合同中规定的重要期限、约定和通知都至关重要，避免因信息传递延误导致的违约或争议。

（2）合同履行的有效性：合同的履行可能涉及重要的决策和行动，只有确保对方收到了相关信息，合同才能有效地执行。

（3）纠纷解决的有效性：在发生争议时，送达条款规定了通知对方的方式和地点，以确保对方能够及时获悉有关争议的信息。这对于解决争议、启动仲裁或诉讼程序非常重要。

具体而言，送达条款的内容及审阅通常包括以下要点：

(1) 送达方式：明确规定合同各方可以使用的送达方式

在审阅时，应确认是否明确规定了合同各方之间的送达方式，如快递、传真、电子邮件等。

(2) 送达地址：规定各方接收文件和通知的地址

在审阅时，应当留意当事方是否指定各方的主要地址或通信地址作为送达地址，确保提供的送达地址准确无误，以确保送达的有效性和及时性。

在合同存在多方主体时，需要重点留意是否每一方主体均在合同中约定了具体的送达地址。为方便送达，当事方可考虑将有关联的主体的约定送达地址确定为同一个地址，以便确定通知送达的时间，避免后续因送达问题造成不必要的争议。

(3) 送达时间：规定如何确认文件已被视为送达的时间

在审阅时，应当留意是否规定了送达时间，送达时间可确定为从通知以快递/电子邮件/传真等根据合同约定的送达方式发出之日开始计算的一定时日或是某些特定的送达时限，以避免未及时送达引发的问题。

(4) 代理送达：规定在特定情况下，各方可以委托代理人进行送达

在审阅时，需要确认接受送达的代理人。对于公司等法人主体，了解是否指定了接受送达的代理人，并核实代理人的资质。

(5) 送达变更：规定是否可以变更送达方式或地址，以及如何进行变更

在审阅时，需要检查是否允许变更送达方式，审核合同是否规

定了变更的条件及程序。

  一个合适、明确的送达条款可以确保合同各方在合同履行过程中及时、有效地传递信息和通知，避免信息传递的延误和误解，保障合同的有效履行和争议解决。在起草送达条款时，应综合考虑合同性质、合同各方的特定需求和当地法律法规的规定，确保送达条款具有可操作性和合法效力。因此，审阅送达条款时，需要仔细核实各个细节，确保其明确、具体、符合法律规定，并与合同其他条款相协调。

五、结论

  审阅合同不仅需要关注各个条款的合法性和协调性，还需要全面考虑合同各方的利益和风险，以确保合同的有效性、可执行性和公平性。因此，在合同审核过程中，具备解决类似争议所需要的视角与策略从而发现合同中可能存在的风险是必不可少的。

  在进行合同审核时，不同类型的合同可能涉及不同的法律法规和行业标准，因此需要根据具体情况，保持审慎的态度，避免遗漏重要细节和法律要求。同时，及时咨询专业法律顾问以获得专业意见也是合同审核过程中的重要环节。

05 合同审核的技巧与策略

蔡蓁　赵慧丽（合伙人）　周莹（律师）

合同是约束各方权利和义务的法律文书，一个合理、清晰的合同有助于减少后续的纠纷和争议。因此，综合运用合同审核的技巧与策略，确保合同的合法性、合理性和完整性，将为当事方提供可靠的合同保障，同时为商业合作和交易的顺利进行奠定坚实的基础。

06 法律尽职调查

——你需要了解些什么

翁亚军（合伙人）

一般而言，在以下场景中需要做法律尽职调查（以下简称"法律尽调"）：公司并购、财务投资、债务融资与上市。举例而言，收购一家公司或者对一家公司进行财务投资，需要对目标公司、其子公司或者其他对外投资做全面或有限（根据客户要求）的法律尽调。除此之外，法律尽调还会出现在其他很多场景，比如在融资项目中，银行通常会对借款人的公司财务状况、资产状况和一些其他重要方面做法律尽调。即便是公司上市，公司的发行律师和券商律师也需要对拟上市公司进行全面的法律尽调。

很多时候，法律尽调会专注在一些特别的领域，比如反腐败的尽调，以评判相关公司是否有腐败行为；又比如在反垄断的调查中，也会对公司反垄断的合规程度做专项尽调。因此，法律尽调是律师使用场景较多的工作。

一、法律尽职调查的一般流程

第一，确定法律尽调范围。以公司并购为例，从公司并购的角度做法律尽调，大致流程和注意事项如下：如果客户有意投资某家公司，目标公司也愿意接受潜在的投资，双方会签署意向书或谅解备忘录，约定投资金额、公司治理条款、排他条款、争议解决条款以及关于开展尽调等条款。如果律师代表的是投资人或并购方，则需要和客户商量法律尽调的范围。如果是股权投资，尤其是并购方旨在取得较大股权比例或控股权的情形下，律师要对目标公司做全面的尽调。而如果是资产收购，客户目的是收购目标公司全部或部分的资产或业务，则法律尽调的范围可能会相对缩小，通常会集中在相关的资产或业务，以及与之相关的人员、合同、证照等方面。

第二，出具法律尽调清单。法律尽调范围基本确定后，律师会根据法律尽调范围以及目标公司所在行业情况准备法律尽调清单。股权收购的法律尽调清单往往有二三十页之长，这是因为只有尽可能全面地抓取其数据信息后，并购方律师才能尽可能完整准确地进行法律风险上的判断。

法律尽调清单从企业的"生老病死"以及其他各个方面列出并

购方需要的文件和信息的要求。对于某些特殊行业的客户，律师应尽量吻合目标公司所在的行业，为客户制作出一份定制化而非简单套用模板的、标准的、通用的清单。否则，一方面会使客户感到律师不够专业或行业经验有所欠缺；另一方面也会使得后续的信息收集与提供不够有针对性，导致后续的流程延迟或反复。

第三，提交尽调资料与信息以及进场。法律尽调清单做好后会发给目标公司或其律师。取决于每个交易的流程，目标公司收到清单后，会花一些时间消化清单，并在之后准备并购方所要求的信息与资料。收集大约七八成的资料后，目标公司就会告知并购方资料收集已近尾声，并购方及其中介机构可以进场。所谓的进场，就是根据尽调安排的不同，有些进场是对口的，要到目标公司的所在地，或者其指定的办公场所；有些交易则可以通过网上的数据库进行尽调，目标公司把相关文件资料扫描后上传到在线数据库，然后将登录密码告知投资人和投资律师，后者即可登录并进行审阅。有些数据库做得比较严格，会监管文件审阅者的行为（包括浏览、下载、打印等都会在数据库系统中留痕），而有些数据库则不具备这些功能。

进场之后，律师的工作包括文件资料的审阅、资料摘抄或复印、管理层访谈、法律研究等，查看目标公司存在什么问题，有（或者可能会有）哪些法律风险；甚至就其发现的法律以外的问题，比如财务性尽调或者环境尽调中发现的问题，律师也应在尽调过程中形成工作底稿。当然从律师的角度来说，会更多关注法律方面的问题和风险以及客户关心的公司现状。一个比较好的工作方法是，律师应及时形成中期报告，将公司现存重大问题形成摘要性文件或相对简要的总结，以便客户能实时跟进、了解法律尽调的进展，及时发现问题。对于在法律尽调过程中不时发现的问题，律师需要和公司协调与之沟通的时间，访谈公司管理层，包括业务端、财务端、法律端等，向目标公司各个方面的管理人员进一步了解并厘清存在的疑问与不明之处。

第四，法律尽调报告。 法律尽调报告定稿之后，并购方律师要将其发给客户。客户收到后往往会反馈一些问题，律师需要通过这些问题进行查漏补缺，根据具体情况可能需要对目标公司做进一步的访谈和资料收集及审阅，并在此基础上形成最终的法律尽调报告。

第五，交易文件的起草与谈判。 若客户对尽调的结果基本满意，认为在此基础上法律、财务及/或其他风险可以承受，则并购交易可以在此基础上推进，进入下一阶段——交易文件的起草、修改与谈判。律师在尽调过程中发现的财务、环保、法律等问题或风险，可以在交易文件里设计有针对性的条款加以解决。

二、法律尽职调查之前期准备

（一）需要明确的事项

法律尽调并非总以目标公司允许我们进场的时间为起始点。很多时候，一个好的法律尽调的流程应该提前开始。一旦客户告诉我们有意向投资某家公司时，律师就要着手准备法律尽调的工作。

首先，我们要了解交易的背景，明确尽调的目的。相关交易是股权收购，还是资产收购？律师代表的是买方还是卖方？实践中有些较大的并购交易，卖方为了节省交易时间，会自己做法律尽调、出具法律尽调报告，然后把报告发给几个竞标的投资者，这样买方就不用做尽调，或者仅需做有限的尽调。在有些交易中，客户会基于较紧的项目进度、较小的交易金额或者预算等原因，要求律师仅做有限的法律尽调，将税务、劳动、环保排除在尽调范围之外。

其次，律师应事先向客户弄清法律尽调的工作范围。就股权收购项目而言，并购方通常会做全面的法律尽调工作。但如果是资产收购或仅仅收购少数股份，则并购方通常不会对目标公司进行全面尽调，其法律尽调工作通常主要针对相关资产以及与之相关的业务、人员、合同、证照等进行。

此外，律师应了解是在现场还是通过网上资料室进行尽调。有些简单的或小的交易，是通过邮件或者微信去沟通或者传输文件的。

不仅如此，律师还需要弄清法律尽调工作的时间节点，以便事先安排好工作计划和节奏：何时要出具法律尽调清单、阶段性报告和最终报告，何时可以进场、做管理层访谈等。如果项目大、时间要求特别紧凑，比如一周之内就要出具法律尽调报告，则律所需要安排较多人力。当然，如果时间比较宽裕，则安排几名律师参加尽调即可。

在有些交易中，客户会特别关注目标公司特定板块的业务，并

06 法律尽职调查
翁亚军（合伙人）

在交易前期即告知律师。此时，律师需要特别注意，除了要知晓客户的关注点，还要做好初步的准备。如果客户关注目标公司某块业务的资质，则律师应当去核查相关行业在资质方面有何特殊要求。若当时知晓具体的目标公司，律师应当去初步了解该公司是否具备相关资质。此外，律师最好能提前深入了解目标公司的业务流程、商业安排、相关行业或业务的特点。如果对相关事务缺乏深入了解，律师在法律尽调过程中的提问会被对方认为不专业，无法切中要点，也会对法律尽调工作的顺利进行产生一些消极影响。

各类交易项目在进行过程中需要各方高度保密，参与法律尽调的相关律所应与交易各方签署保密协议，法律尽调团队的每个成员也因此对其在尽调过程中了解到的目标公司的所有保密信息与资料承担严格的保密义务，避免在非工作场合交流与讨论或以其他任何方式披露相关保密信息。当然，涉及一方为上市公司的并购交易可能有更加严格的保密措施。

最后，律师还应当了解客户对法律尽调工作成果的呈现有什么具体要求：是仅仅要求重大法律问题摘要，只关注重点问题，不需要摘录有关目标公司历史沿革、合同条款，还是既要摘要又要全面完整的法律尽调报告。如果有些客户需要完整的尽调报告，则律师除了在报告中提示其在尽调中发现的重大法律问题之外，还要在报告正文中进行详细分析、对相关合同条款进行摘要。如果是跨境收购，则国外客户通常要求律师出具一份英文版的尽调报告。

但前期最主要的准备工作还是目标公司的初步信息，比如企业名称、所属行业。律师应当做前期的调研，查询一些公开信息，这些在后期起草法律尽调报告时非常有用。

（二）法律研究

现在网上数据库大多是公开的，而且部分数据库可以通过付费的账号了解更多的企业基本信息。这就使得律师在法律尽调工作开始之前，即可提前进行以下法律研究：

- 公司的基本情况、行业背景、主要业务模式、实际控制人、关联投资、有无涉及任何诉讼仲裁及行政处罚
- 公司所在行业的外资准入政策与产业政策
- 公司开展业务所需的各种资质证照
- 公司拥有的知识产权
- 公司产品有无审批、备案、认证要求
- 公司从业人员业务资质要求
- 公司所在行业、所在地域有无税收优惠

通过前期的收集工作，相关信息的完成度可达四五成，有助于律师在后续法律尽调过程中直接提出与发现问题，可大大提高法律尽调工作的效率。

三、法律尽职调查应关注的要点

（一）设立与历史沿革

1. 历史沿革

核查目标公司本身是否合法设立及有效存续，有何股权变更，经营地址、范围是否也有过变动。以上信息均可通过公开信息的查询获得。需要注意的是，公开信息系统也会存在对新近发生的企业变更未能实时更新的情况，律师需要通过访谈目标公司或审阅其提供的相关文件才能获知相关信息。据此，律师对这些公开渠道的信息应持审慎态度，不能完全依赖，而仍需向目标公司进行核实确认。

如果目标公司为国有企业或是从集体企业改制而来，并购方对其历史沿革是否合法合规需要予以特别关注，因为此类公司的股权构成以及其间的变化涉及国资部门、集体组织或村委会的批准而比较复杂。特别是如果上述企业的设立时间较为久远（比如说 20 年前或者 30 年前），其历史沿革、企业变更的信息在工商调档里未必完整或均可看到，又或者已经遗失，那么问题就更为棘手。

2. 注册资本与股权结构

律师应当核查目标公司的注册资本是否全部按期缴清，公司的股权结构是否清晰、是否存在代持或信托的情况。股权结构一般通过公开信息的核查都能得知，但是股权代持本质上属于非公开的安排，律师通常需要通过审查公司文件或者访谈公司高管才能确认公司是否有这样的安排。如果有，则名义股东与实际股东之间的权利义务安排和分配以及代持法律效力的认定等需要作为重点问题提示给客户。此外，律师还需要弄清楚目标公司做这样的股东代持安排的动机与缘由。

3. 公司章程和股东协议的特别条款

一般而言，公司章程依法应在公司登记机关公开备案，通过调档就能得知，而股东协议则往往需要公司提供。股东协议约定的内容往往远多于章程的内容，股东的优先权条款主要约定在股东协议里，律师应当对其进行重点审查。对于其中某些特别的优先权条款或者是不同于市场惯例的条款，要作为重大法律风险向客户提示。

4. 公司证照的核查

律师需要核查目标公司的相关证照是否能覆盖其经营活动（即是否有应取得政府批准或特别许可的业务而未取得相关批准或许可），是否仍在有效期内，是否通过年检等。

5. 业务与经营

了解目标公司的经营范围与业务模式非常重要，因为全面准确地理解公司的业务是如何开展的，将有助于律师弄清楚目标公司所

06 法律尽职调查

翁亚军（合伙人）

适用的相关产业政策、从事相关业务是否需要取得必要的资格或资质、是否享有某些税收优惠、目标公司的业务有无不合法或不合规的问题或风险等。

如果目标公司所从事的某些业务需要取得政府批准或特别许可，则律师需要审查相关资质或证照是否已经过期或失效；或者公司目前在做十项产品，但其资质仅仅针对其中的八项产品，那么律师应将其作为一个问题提出来，并向目标公司核查相关资质或证照未涵盖其余两种产品的原因。

律师需要核查目标公司业务的开展方式、流程是否符合国家的法律法规与行业政策；其在采购、生产、销售方面是否具有独立性（主要从关联交易的角度来看），是否对其他方有较高依赖性；关联交易的比例高不高，关联交易的存在是否具有合理性。如果目标公司的大量业务是通过关联方来支持的，比如目标公司只有一两个客户，且其中还包括其关联方，则目标公司的业务独立性和可持续性可能会受到质疑，这也是律师需要作为重点问题告知客户的。

业务的合法性与公允性也是律师应予关注核查的一个问题。关联方条款一般都会比较优惠，定价可能并非公允。而如果合同条款全部或部分与相关法律的规定抵触或冲突，客户投入资金之后，就会存在法律风险。

此外，律师还应关注并购之后目标公司未来的运营模式在法律上是否有可持续性和稳定性，即预判新法律的颁布与实施是否会对相关的业务模式产生影响，以提醒客户在未来的业务模式或商业安排上作一些适当的调整。

（二）重大合同

1. 重大合同的判断标准

（1）合同的标的金额。判断某一合同是否为重大合同存在多重维度，其中一个比较重要的判断标准为合同的标的金额。但这个标准是相对的，律师需要根据目标公司的规模大小及其业务规模等具体情况，通过与客户和会计师充分沟通后方可确定。

（2）重要性。有些合同不一定包含金额，但是如果该合同对目标公司的业务经营而言非常重要，如战略合作协议、排他性协议或潜在的交易安排，尽管其中并不涉及具体金额，但由于其对整个交易项目非常重要，那么并购方律师应要求目标公司提供，以便判断是否存在法律问题或风险。再如，一些与关键客户、关键供应商签订的长期供应协议里面也没有载明金额，但是由于合同履行期比较长，也会被视为重大合同。而对于以研发为主的公司，如其某项核心技术需要第三方授权许可使用，那么这种许可合同亦应属重大合同。

总之，凡属金额达到标准，或其约定的内容对目标公司或其业务而言非常核心或关键或者有重大影响，或会给目标公司潜在地带来重大的法律风险和责任的合同，律师均应作为重大合同进行核查，并应向客户及时汇报和提示相关的法律问题和风险。

2. 重大合同的审查要点

（1）合同标的条款。要看合同项下约定的标的是否存在目标公司超范围经营或无照经营的情形。根据《民法典》的有关规定，超越一般的经营范围不会导致合同当然无效，但如果超越经营范围所订立的合同违反了特许经营、禁止经营以及限制经营的规定，则合同可能会被认定为无效。

(2) 是否存在导致重大合同无效、可撤销或变更的情形。 即律师要审查重大合同是否依法应当办理批准等手续而未办理以及是否含有《民法典》规定的无效格式条款及无效免责条款，当事人是否有签约资格或相应的民事行为能力，合同内容是否违反强制性规定及违背公序良俗。

(3) 控制权变更条款。 该条款通常指如合同一方的控股股东或实际控制人发生变化，需要经过合同另一方同意；未经相对方同意而发生控制权变更，合同相对方有权终止或解除合同。对于拟收购多数股权或重要资产的交易，并购方律师尤其要关注合同是否包含这一条款。如果有这样的条款，应作为重点问题提示客户。

(4) 需要提前通知合同相对方或取得相对方同意的条款。 这种约定常见于银行贷款协议，一般会要求借款人若发生股权变动或成本变动，均须事先通知银行或取得其同意，否则即构成违约，触发借款人提前还款的义务。律师需要就此提示其客户（并购方），以便后续在推进交易的过程中做好应对的通知或取得同意的机制。

(5) 是否存在违约风险，其履行是否存在法律障碍。 律师除了要核查违约责任的约定是否异常苛刻外，还要通过对目标公司人员的访谈，分析是否存在现实的违约事件或潜在的违约风险，以及合同的履行是否存在法律障碍。

(6) 对拟议交易的影响。 这一点的重要性不言自明，律师在法律尽调工作中不可忽略和遗漏。

(三) 不动产

1. 用途

要关注房屋和土地的用途是否合规。律师应核查不动产登记证或者土地出让合同里所载明的用途。如果用途不符，理论上存在房屋被拆除，或者开发商被处罚的风险。

2. 权属

要关注不动产是否已经取得了权属登记。如果是自有不动产，要看是否签署了租赁合同；如果已签，则要看出租方对出租标的是否有权属。在某些情况下，出租人是"二房东"或者"三房东"，律师就需要层层追溯，核查在各个环节中是否均签订了租赁合同。

3. 取得方式

从不动产获得的角度来看，律师要查明是否有房屋买卖合同、土地使用权出让合同或租赁合同的支持；如果是生产类项目，则还要看目标公司与园区或当地政府是否签订投资协议，是否存在一些特殊约定（比如财政补贴和税收返还），这些约定是否合规等。

4. 是否抵押、被查封状况

要关注不动产是否设定了抵押；如有，则应了解设定抵押的原因，所担保的债务是什么状况；是否存在被查封的情形。

5. 各类监管手续

要关注不动产的建设、消防、环保、安全手续是否齐全,审批主体是否为有权的审批机关。

6. 立项

建设项目是否取得发展和改革委员会的立项审批或备案,审批机关的层级是否正确。

(四)知识产权

1. 类别

律师应查明关涉目标公司的知识产权(商标权、专利权、著作权、域名、专有技术等)的类别。专利权、商标权和著作权的注册通过公开信息均可查询,但专利许可或专有技术许可则在公开渠道无法查询,需要目标公司提供。

2. 权属、技术许可、被许可、权利限制

律师要核查相关知识产权的注册权是目标公司还是其关联公司拥有、相关续期费用是否按时全额缴纳、相关权利是否仍有效存续、是否有许可他人使用或被他人许可使用、是否存在权利限制、核心技术是否为自有或主要依赖第三方许可的情形等。

3. 其他要点

目标公司的内部保密制度与职务发明制度,是否存在技术进出

口及是否符合相关法律规定，是否存在知识产权纠纷，该等纠纷是否会产生导致交易估值重大贬损或交易目的无法实现的后果。

（五）环保

律师应当关注目标公司在环境影响评价及审批、环保验收等流程上是否符合法律要求。至于从技术角度看，目标公司是否对土壤造成了污染、污染严重程度及损害后果如何、其污染物排放是否达标，则一般需要专门的环境检测机构负责评测。虽然与检测机构各有分工，但律师需要及时与环境检测机构保持沟通和信息交换，了解目标公司是否确实存在环境污染问题或风险。

此外，律师还需审查目标公司的排污是否依法取得排污许可及是否缴纳排污费；如果没有，则需要关注可能引发的法律后果，比如是否会被责令停止建设、缴纳罚款，并提出解决办法或方案；比如能否补办排污许可证，是否可以及时补办下来等。律师应注意后续在交易协议中就此约定卖方的相关义务。

（六）财税及外汇

一般比较正规的尽调，都有财务尽调顾问负责目标公司财务方面的核查，而律师则是从法律角度关注一些跟法律相关的问题，比如借贷合同、担保合同。有些问题，比如关联交易不见得有关联交易协议，但从目标公司的财务报表或一些开票信息中可以看出关联交易的蛛丝马迹。所以说，在尽调过程中律师应该不时与财务尽调顾问沟通和交换信息。另外，法律尽调也会列出目标公司适用哪些税种及税率，有没有税收优惠及财政补贴，以评估这些对公司估值、收入预期的影响。

从外汇角度来看，如果涉及红筹架构安排，律师要重点关注外汇登记，比如公司创始人在境外注册是否履行了外汇管理规定的相关登记。如果未履行，则将来源自中国境内的收入将无法汇至境外，对公司后续的发展会造成不利影响。而且，这样的公司一般会有境外上市的计划，如果外汇登记人有重大瑕疵，对公司的上市进程也将产生一些负面影响。

（七）劳动

在劳动方面，律师需要关注以下要点：

- 劳动合同的种类、签订及履行
- 劳务派遣是否合规、劳务外包是否可以替代
- 劳动时间：加班、特殊工时制度
- 社保和公积金：缴费人数、缴费基数与缴费比例
- 员工手册
- 保密、竞业限制

我们不仅要重点核查目标公司与核心人员的劳动合同及其与技术研发人员和高管订立保密协议和竞业协议的情况，还需核查了解目标公司对该等合同与协议的实际履行情况。

对于劳动密集型行业，律师还需重点审查劳务派遣合同的条款，关注相关岗位派遣是否符合劳务派遣的要求，派遣方是否有资质，是否依法为派遣员工缴纳了社保。而要核查目标公司是否依法履行了社保缴纳义务，应按其员工实际人数进行比对核查。在实践中，某企业为节约人力成本，在册员工有200人，但仅仅为其管理层缴纳了社保，对其他员工则分文未缴，这显然违背了其社保金缴纳义务。除此之外，还有些企业仅仅按照当地最低基数缴纳社保，而不是依法按实际工资缴纳。

员工手册是目标公司劳动人事方面制度的重要文件，律师可以据以了解目标公司劳动人事方面制度是否完备。

（八）行政处罚和未决争议

我们可以在中国裁判文书网以及某些第三方网站上查到生效的法院裁判文书及部分涉诉情况，但对于尚未审结的诉讼，则需要通过审阅目标公司提供的相关文件和信息来了解该等诉讼的具体情况。

被执行人信息可以通过"全国法院失信被执行人名单信息公布与查询"平台查询。关于仲裁和行政处罚，目前没有公开渠道能够查询所有案件的全部信息。

对于目标公司所涉的重大诉讼、仲裁及行政处罚案件，律师需要全面分析对目标公司未来的业务发展有何不利影响，并向客户进行提示。

(九) 其他特殊问题

1. 数据合规和隐私保护

随着国家在数据合规和个人隐私保护方面有越来越多的合规要求，诸多科技类企业、平台企业或消费类企业的投资人均对此非常关注。律师必须重点关注相关合规情况和保护措施是否得当，以免交割之后使客户暴露于法律风险之下。

2. 贸易管制

近几年来，美国对我国一些企业，特别是一些高科技类企业进行了制裁，或者将其列入制裁清单，对这些企业的经营活动造成了严重影响。律师在法律尽调工作中，不仅要关注目标公司是否被列入美国制裁清单，也应关注其贸易伙伴或合作伙伴是否被列入美国制裁清单的情形。如果其合作伙伴或贸易伙伴对目标公司的业务开展非常重要，则它们被列入该等清单显然会对目标公司的业务造成实质性不利影响，因此律师必须向客户提示相关风险及后果。

3. 反垄断合规

2022年修正的《反垄断法》大大加重了违反该法的法律责任。因此，并购律师必须重点关注属于平台类企业或者消费类企业的目标公司的反垄断合规情况，必要时与反垄断法团队一起做专门且深入，而非泛泛且表面的法律尽调，以期在交易前期为客户判断相关风险。

4. 反腐败

腐败行为不仅可能引发严重违法责任，也会大大损害目标公司的声誉并对其未来的融资及一些其他业务活动（如投标）产生非常不利的影响。因此，腐败问题一直以来属于法律尽调工作中必须关注的一个要点。

（十）法律尽职调查报告的起草

一份完整的法律尽调报告分为以下三个部分：前言、报告正文及结语。

前言部分会介绍法律尽调的背景，并会列明一系列的假设前提。比如假设公司提供的文件均属真实、准确、完整，且上面所盖的印章均为真实的印章，上面的签字均属真实、未被其他人冒名顶替等。此外，为简便见，法律尽调报告通常会包含一个定义部分，对报告反复使用的词语或术语加以定义。

接下来，是分析发现的法律问题与评估风险。律师在审阅了目标公司所有的文件并对人员进行访谈之后，应当总结由此发现的法律问题和风险点。这部分有比较固定的三段论写法：第一段是事实描述，发现了什么问题；第二段是基于事实，论述存在什么法律问题或法律风险，会带来什么后果；第三段则是提出建议或解决办法。而具体提出什么建议，主要取决于律师对交易本身、交易双方的谈判地位以及客户需求的了解。一方面，需要特别注意的是，律师应当判断法律风险本身究竟是理论上的风险还是现实的风险，着重分析其是否会对目标公司的存续与主要业务产生实质性不利影响。另一方面，报告需要对法律风险或问题的层级进行适当划分，将其分为重大、中等及轻微，以便于客户最终决定是否应取消交易、列为交易的先决条件还是交割后的义务，或是需要降低交易对价、分期或延期付款或设置监管账户，及/或设立赔偿机制。

此后则是法律尽调报告的正文。正文部分要把目标公司的详细情况与信息，比如历史沿革、重大合同的条款、不动产权属、坐落和面积等都列在里面；从完整性的角度考虑，也会将法律尽调中发现的重要问题作为正文的一部分放进去。

一份好的尽调报告最起码要把问题都找出来，并给出切实可行的解决办法。换言之，律师要更多从发现问题、解决问题的角度和对客户价值最大化的角度去写报告，而不是仅限于罗列事实和问题。我们要从各个方面去综合判断法律风险的大小，从法律的角度协助客户判断相关法律风险对于交易的不利影响，并为客户全面分析交易方案的可行性提出建议。

四、法律尽职调查的实用攻略

（一）注重积累，善用工具，事半功倍

1. 长期服务于同一客户，律师应当用心留意客户的工作风格偏

好、对文本的要求、项目节奏的快慢要求、联络方式是邮件还是微信等。

2. 从行业的角度来看，则应总结归类同一行业并购项目的特点，并根据行业、法律与监管的发展与变化不时加以更新。

3. 对于一些通用板块，比如说劳动、房地产、环保这些方面，每个项目可能都有类似的问题。建议在看到一些比较好的尽调报告的内容以及相关解决方案时，就把它们收集起来以备后用。

4. 初级律师要了解与熟悉经常合作的合伙人与其他律师的工作习惯和风格，诸如他们的反馈要求、反馈效率和惯用文本、表达习惯等，这样有助于尽调工作中团队合作的顺畅度与工作效率的提高。

5. 从工具方面而言，要善于学习本所及同行的专业经验与文章、上市公司招股说明书。遇到偏技术类的问题，可以试图向相关行业的同学、朋友请教。

（二）重在沟通

律师工作是跟人打交道的工作，所以说良好的沟通能力非常重要。在尽调过程中，非常重要的一点就是沟通能力。不论是内部的还是外部的，不论是在尽调之前还是进程当中或尽调完成之后，都要做充分的沟通。

在与目标公司沟通时，要了解其背景，比如是否有融资经验以及应对尽调的经验；要对目标公司所在行业和业务提前做好功课，有的放矢地提问和要求提供所需的信息与资料，减少不专业和无效的提问及资料索取。

尽调时要与其他中介机构建立有效的沟通机制，及时交换尽调发现的问题与风险。

及时向客户汇报重点问题。对于尽调中发现的重大法律问题，应及时向客户汇报，而不应刻板机械地拖延至所有文件审查或访谈完成后才写在尽调报告里。

法律尽调可以锻炼初级律师的沟通能力及大局观，考验律师认真细致的程度、法律研究的功底，因此初级律师应该尽可能多参加。学习如何通过跟目标公司或客户的沟通，达到既收集到尽可能多的信息，又不会让目标公司觉得麻烦或者不太愿意配合，并让客户对律师工作感到专业和满意；在达到一定级别后，学习如何去协调团队内各个成员之间的工作，达到一加一大于二的效果，这些反映的都是律师的沟通能力。另外，怎样向客户言简意赅地汇报尽调成果、解释复杂的法律问题，体现的也是律师更高层次的沟通能力和大局观。

（三）善于总结

法律尽调过程中应对尽调材料作及时的分类和编号，以方便团队共享；要总结归纳常见的法律问题、项目特定问题的解决方案以及后续法律与监管实践的发展对项目的影响。项目结束后，应及时总结与反思法律尽调项目经验，比如尽调过程是否顺利、不顺利的原因及障碍；哪些是有效的沟通和工作方法等。此外，初级律师还应当认真研读主办合伙人及资深律师对法律尽调报告的修改补充以及客户的反馈。

总之，每个尽调项目有其自身特别的情况和问题。每次做完法律尽调后，律师应该注重从专业、沟通、方式方法等层面去梳理相关的问题并总结经验与教训，以期实现不断提升法律尽调工作水平的目的。

07 破产重整程序简介

金 川（合伙人）

本文为笔者对破产法的工作体会，主要分为破产法的发展史、经验主义的表现、破产重整流程。破产重整是指让负债的企业以合法的方式对负债依法进行打折处理，豁免剩余部分的负债，然后企业主体（或变身主体）得以存续。随着经济发展，有的企业长期经营不善，还有的资金周转不灵，导致负债需要清偿。在金融大环境不是太好的时候，相对来说重整案件比较多，破产律师的工作机会因此也会比较多。

对于法律上有明确规定的，笔者觉得没有必要展开来讲，各位查找相关法条即可。鉴于不同时间段的法条或者说是法律规定比较分散，下文将把它们汇总起来。此外，本章也会讨论在法律没有明确规定时实践中如何处理有关问题。

一、破产法的发展史

了解破产法的发展历史，对现行相关法律法规的理解和适用会有一定的帮助，可以使我们能比较准确地总结或者推导出对现行法律的理解和适用方法。

我国最早的破产法是清朝的《破产律》，不过《破产律》仅有法律文本，当时并没有具体实施，再后来就改朝换代了。真正意义上的我国的破产法是在中华民国时期，傅秉常先生起草的《中华民国破产法草案》。而《中华民国破产法》在1935年正式通过实施。傅秉常担任过孙中山的秘书，更早的时候还担任过伍廷芳的秘书和海南岛某地级市的市长。他在回忆起草破产法草案的情况时，背后有着往日担任琼海海关以及海南岛道尹时的切身经验。他数次见证若干巨商破产倒闭（当时债权人会议往往邀请当地最高长官进行监督），"故余得有机会亲睹彼等处理破产之方式，多由德高望重者主持会议"。现在当然是法院主持了。什么内容？"余款之摊分，债务之处理均极富有人情味。"所谓余款之摊分，也就是破产企业资产的处理。债务之处理，就是债权人申报债权，对于破产企业就是债务的清偿，均极富有人情味，人情味实际上是债务清偿打折以及延期，现在快100年了，规则基本上没有变。然后他又说，"此种情形与西方之法律精神迥异，依罗马法，破产为一大罪恶，无论动机善恶，均须严惩。中国于彼时尚少恶性倒闭，那时候故意倒闭，逃避责任的少。对于真正之破产均极同情，且寄他日有恢复基业之期望。"这是当时的破产法出台的状态。

我们来看一下中国现代破产法律的规则和结构。现行《企业破产法》将破产程序分三块，包括破产清算、破产重整以及和解。破产清算和破产重整是重点，和解是清算和重整过程中的流程。也就

07 破产重整程序简介
金川（合伙人）

是说，我国的破产法既有破产清算，又有破产重整。我国破产法是大陆法系中的破产清算和英美法系中的破产重整的结合。英美法系中的破产重整，我们将其称为经验，即随着实际情况的变动，其规则会发生一定的调整。此时我们就要注意，我国法中的破产重整引进于英美法系，相关法律规定得不是很细致，导致对它的理解与适用相对而言较为灵活。这一方面给了破产律师一定的发挥空间，另一方面也导致没有经验的律师觉得缺乏具体的法律依据，或者没有具体的案例可循。如前所述，这是因为我国破产法中破产重整这部分内容，借鉴的是英美法系的立法技术，是个敞口的发展过程，所以在理解和适用我国破产法下破产重整的时候，对此要有清晰的认识。所谓立法主义，是指所有事情必须是法定的，如果法律没有规定，那么它应该是无效的，或者说是被禁止的。破产清算中的立法主义相对来说更多一点。近年来，民法典从立法主义转向经验主义，所以破产重整中的经验主义相对要多一点，会规定一些原则性的内容，但不会很细、很具体。

不同时期可能有不同的理解和认知，不同地域的规则和方案也并不完全一样。经验主义的这种不确定性相对来说会强一些，或者说法律只要没有明确规定，没有明确禁止，那么就可以做。在这种情况下，就产生了破产重整的标准规则的变化性和不确定性。这就要求律师或者破产管理人（即在破产重整中起到管理作用的机构）有对法条的理解和应用甚至发挥的能力，以及在与法院的沟通、与债权人的沟通中要更加灵活。

正是因为我国的破产重整源于英美法系破产重整这种经验主义

的框架。以破产重整案件的受理标准为例,各地把握得不尽相同。在不同时期,破产财产的范围不一样,清偿的顺序在发生变化,会议的组织形式、通知形式也有变化,清偿方案也是多种多样,并且没有明确的法律规定。只要是债权人与债务人达到一定比例的认可,并且有利于企业发展即可。这些均体现了破产重整的经验主义的灵活性。

二、经验主义的表现

我国是立法体系的国家,那么经验主义从何处得以表现呢?对一些规定不明确之处,会通过不同级别的机构、机关,甚至学者来阐述问题。**最高级别的梯队肯定是《企业破产法》**。1986年《企业破产法(试行)》公布,但1988年才正式实施。2006年,《企业破产法》正式公布。需要注意的是,2002年,最高人民法院的相关司法解释针对1986年《企业破产法(试行)》公布了《最高人民法院关于审理企业破产案件若干问题的规定》,虽然《企业破产法(试行)》废止了,但其规定并没有废止,仍在适用,只不过当新老法规同内容条款规定发生冲突的时候,应从新优先适用。另外2006年《企业破产法》颁布以后,陆续出台了三个司法解释。这是第一梯

07 破产重整程序简介
金川（合伙人）

队，包括法律以及最高人民法院的司法解释。

第二梯队，是最高人民法院的一些说明和会议纪要。如果说破产法是衣服的话，那么司法解释有点像衣服的补丁。第二梯队就有点儿像补丁上的补丁。（1）最高人民法院的综合会议纪要，比如2019年的《全国法院民商事审判工作会议纪要》（以下简称《九民纪要》），综合了民商法的一些规定，其中专门有一部分是讲破产重整的。（2）最高人民法院专门会议纪要，比如2018年《全国法院破产审判工作会议纪要》。（3）最高人民法院一些专项的指导意见，比如《关于审理企业破产案件指定管理人的规定》《关于审理企业破产案件确定管理人报酬的规定》《关于推进破产案件依法高效审理的意见》《关于审理上市公司破产重整案件工作座谈会纪要》《关于税务机关就破产企业欠缴税款产生的滞纳金提起的债权确认之诉应否受理问题的批复》。这里需要补充说明的是，国务院就国有企业破产也有一些特殊规定需要注意，比如《关于在若干城市试行国有企业破产有关问题的通知》等。

第三梯队是部分地方（包括省和直辖市）的高院、中院发布的专门的诉讼指引。比如北京市根据破产案件审理体系的变化调整，先后出台了《北京市高级人民法院企业破产案件审理规程》（2013）、《北京破产法庭破产重整案件办理规范（试行）》（2019）。福建省、河北省、山东省、江苏省以及陕西省高级人民法院也有类似的诉讼指引。此外还有一些中级人民法院，比如深圳市、南京市中级人民法院，甚至柳州市中级人民法院和当地的税务局也有破产涉税的职责。相对而言，破产法的体系有它的特殊性，也就是说它的经验主义导致其需要一层一层地往下解释。

其中需要注意的是，不少地方法院在较早期间颁布的指导意见，可能会与最高人民法院近期意见相违背。比如前述2013年《北京市高级人民法院企业破产案件审理规程》规定，对《破产法》第21条破产债务人案件专属管辖的范围理解，包括破产债务人为第三人，原告对其无诉请的情况。而最高人民法院2022年第六巡回法庭会议纪要及同年多份判决，对《破产法》第21条破产债务人案件专属管辖的范围理解，则不包括破产债务人为第三人，原告对其无诉讼请求的情况。此时因地方法院指导意见不属于司法解释性质，故建议参照最高人民法院近期审判意见处理相关工作。

第四梯队是法官解释。最高人民法院2018年举办了专门的破产审判工作会议，后续最高人民法院法官就该会议纪要进行五篇解读并公开发表，上述"会议纪要解读"虽以法官个人身份做出，但如同交警的指挥棒一样在破产审判工作中具有指引作用，须给予足够的重视。一些地方高级人民法院，比如上海市高级人民法院的法官，也对上海法院一些破产重整案件审理尺度作了解释和说明。

第五梯队是学者解释。学者会针对具体的立法含义、适用，及其认为的立法的一些不足之处，发表自己的意见。相比传统的民商事法律关系，破产重整整体上的历史及法理体系并不丰富。因此学者的解释多是参考借鉴不同国家乃至国际机构的法律或规则进行比较法研究。如前所述，关于破产重整，如前面所说，我国在一定程度上参照英美法系，关于重整模式、税务征收、债务清偿方案等的调整或者说创新，学者甚至法官多在论述中引用、参照英美国家已

07 破产重整程序简介
金川（合伙人）

有的相应方式、方法，以证明其观点的合理性及可行性。但需要提醒注意的是，学者与学者之间，或学者与法官之间，往往就同一问题会存在一定的认识或理解差异。前者如王欣新教授与李曙光教授的学术意见分歧，后者如王欣新教授与最高人民法院司法解释就主债务人破产后的保证人责任意见的差异。所以需要我们律师自身对法律形成体系化的理解认知，然后根据实际情况对学者的不同意见加以学习参考。如果自身知识储备不足，仅将某一学者甚至某本著作视为圭臬，结果往往是不乐观的。

笔者的上述理解仅供各位参考和借鉴，这种解释主义主要是沟通与分析问题，或者学习处理问题的方式。回顾民国时期，傅秉常所说的余款之摊分，债务之处理。这些问题到现在，仍然是余款之摊分和债务之处理如何人性化；也就是说对现有的规则制度有了体系化的认识之后，才能合理地适用。换言之，对同一问题，有的人有这样的理解，可能其他人又有别的理解，甚至都处在模糊认识状态暂没有形成明确的意见。所以在破产重整程序中，管理人需要注意，如何与法官、债权人、债务人，就相关不确定事项，进行更有效的沟通说明。首先，能让对方听懂（理解）你的意思表示；进而，需要争取让对方接受（同意）你的意思表示。

三、破产重整流程

笔者根据个人习惯总结了破产流程的四个步骤,与法规并不一定能完全一一对应,具体包括组团、开船、行驶、上岸。

"组团" 是什么概念?实际上,我们律师在提交破产申请之前已经参与进来,比如受潜在战略投资人或者债务人(即破产企业)的委托,进行破产企业状况的摸底调查,或者与法院和债权人进行前期的沟通。尽管法律对此没有规定,但确实是我们律师需要做的工作。

"开船" 是指在一方申请法人破产受理以后,指定管理人,通知债权人,然后法院裁定启动集中破产重整程序。如果把破产重整比作航线,这就等于我们要开船了。

"行驶" 这一阶段是指,管理人被指定以后具体要做的一些事情,如代理债务人即破产企业的诉讼,接收债权,审核债权,评估企业资产,制定重整方案,开会重整。整个破产工作的重点是在行驶过程中。

"上岸" 这个阶段是指,破产草案被通过以后,我们如何执行,后期债权如果申报了该如何处理,以及企业重整后需要处理的一些

07 破产重整程序简介

金川（合伙人）

事情。

虽然都是开船上岸，但不同破产模式关于大船靠岸后的归属和责任风险具有差异。最常见、最传统的是"存续式重整"，即重整完成后原破产企业主体仍然存在，破产重整后由投资人（也可能含有债权人）担任旧企业的新股东继续经营，类似于打麻将的人换了但麻将桌和麻将牌都是原来的。另一种是"销售式重整"，即投资人购买破产企业的主要资产（含经营业务）并放入新的企业主体内，重整成功以后由新企业利用原有资产继续进行经营，类似于麻将桌换了但麻将牌还在（投资人一般喜欢这种方案，虽然税负会多一些，但避免了旧企业不可预知的风险或债务负担）。还有一种是"清算式重整"，也较为常见，即保留原破产债务主体资格，但旧企业资产和投资人的投资款均用于清偿破产债务，有点类似于保留麻将桌但变卖麻将牌，一般是投资人看中某个企业的生产经营资质，留下旧企业的壳子，然后更新设备谋图发展。以上几种模式，可能存在不同的称谓，但主要内容大抵如此。今后参考其他国家的经验和我国实际情况，可能还会出现一些新的破产重整模式，但开船上岸的流程不会变，对债权人"打折"清偿的基本规则不会变。

下面将按此顺序，就破产重整每一阶段展开讲述。

1. 组团

第一，要做摸底工作。 破产重整之前要先摸底，弄清企业是否满足破产的条件：比如资不抵债，无法清偿到期债务，或者明显丧失经营能力。如果可以满足，又是否有足够的能力使债务人进行重整，因为重整是需要投资的，预先摸底可以考察企业是否具备重整的可能性。

由哪方来摸底呢？虽然破产企业自己会进行此项工作，但它同时也需要律师。律师团队由哪方聘用呢？一般来讲，有两个方向：其一，债务人，即要破产的企业，会聘用律师对自身进行前期摸底和调查。其二，前期如与债务人沟通较好，潜在的投资人也会聘用专业团队调查拟进行破产重整的企业的状况。在个别情况下，比如有的大债权人想今后有清偿方案、债转股，将来有可能会控制企业，或者其债权数额巨大，也会聘用律师团队来做这些相关的前期工作。

前期摸底工作做什么？首先，是看被调查企业的资产和负债，企业资产变现大概能值多少钱，企业的负债金额多少，从资产和负债的角度来看企业是否确实到了非破产不可的情况。其次，是看企业"盘子"里的资产负债的比例，要注意一些隐藏事项，比如"或有负债"有时候在账面上并无体现。什么叫或有？就是可能会有。常见企业给第三方提供担保或企业间互保，在第三方的债务还没到期的时候，第三方能否清偿债务？担保企业是否承担担保责任？主债务人是否会向担保人清偿？都是不能确定的事项。如果债权债务有财产抵押质押，该种负债风险相对容易判断。但在仅仅为保证的情况下，现实中存在不少"企业账面和文件中对该担保责任没有记载"的情况，往往需要在破产程序启动以后，根据债权人的反馈，才会发现这些破产企业的"或有保证负债"。

第二，要做所谓的成本分析测算。比如说债务人现有资产为20元，负债为100元。如果进行破产清算，债务人把资产都卖掉来偿还债务，若不考虑优先权，或者其债权均为普通债权，负债100元能偿还20元，这样破产清算的清偿率为20%。而如果允许债务人进行重整，允许其企业资格存在，则需要考虑"破产重整清偿率需要高于破产清算清偿率"的重整成本问题。比如破产重整下的清偿率可能要达到30%，甚至更高，在20元的成本上再加10元。该种情况下，需要考虑投资方有无重整成本支付意愿，通过直接投资或者采用债转股等方式完成企业破产重整。

第三，要做债权豁免、战略投资税务分析。除了清偿率要比破产清算高之外，战略投资人将来有可能就债务减免的这部分所得或其获得股权的所得交税，这部分如何抵销便是需要分析的问题；比如五年内根据特殊规则分期支付，能不能与其亏损进行抵销。还有职工安置问题：破产重整后，企业是否会留用所有的职工，还是要裁掉一部分。这不仅关乎经济成本，也涉及职工稳定性的问题，因为稳定性是将来立案时法院会问的问题：职工是否能得到妥善的安置；如果裁减，是否可能发生潜在的维稳事件。

第四，重整的必要性审查。是否只要破产重整的清偿率比破产清算清偿率高，法院就一定会允许企业债务打折、延期支付，企业资格存续，业务继续进行？其实，法院最终会从企业价值以及其市场定位、企业经营的业务有无现在或未来的市场前景等方面考虑企业有没有重整的必要。举个例子，如果债务人是卖BB机的，那么可能就没什么市场前景了。法院可能还会看债务人在同行业有没有相应的竞争力；如有，那么允许其打折，允许其延期偿债，减轻该企业的负担，给其以缓和的机会。但有时，企业的市场并不是太好，行业地位也不是很强，但是它持有特殊执照或特殊许可，如果有战略投资人认为通过其有效的管理及资源利用,能让其执照或者许可创造很大的经济价值;或者企业状况并不好,但是投资人看上其占地或其流水线;又或者基于其他一些原因,无法简单地单独地进行交易的,有时候也会通过破产重整来实现其商业目的。比如说某块地对投资人很重要,但是又涉及拍卖查封,拍卖查封的时候这块地不一定能到投资人手里,因此投资人可能索性通过破产重整,接盘整个企业。接盘以后,原来的查封都可以解除。

为达到获取破产企业特殊价值的目的,破产律师在前期有可能就会和法院、潜在的投资人,甚至大债权人有一定的沟通。法条里没有相关规定,因为这是实际应用。一般来讲,立案之前这些工作都已经做完了。前期沟通时,要注意数据的互动性和真实性,因为在前期调查阶段资料相对来说是有限的,甚至债务人对律师也有所防范,所以其提供的数据有的时候不一定是完整的,或者一些敏感的合同,甚至违规的合同,可能不一定给律师看。所以律师对自己的前期摸底统计信息不能太过自信或依赖,实际上在进入程序以后,这些数据有可能会发生相关的变化,有的时候该种变化可能会直接影响后续的处理方案。所以为了防止正式进入程序后,因企业信息数据变化过大而导致的尴尬处境,又开始推行预重整程序,让摸底数据及信息更为准确。预重整实际比组团的沟通又近了,提前有正式的债权申报程序,而不是仅仅看债务人的资产表、负债表。相对来说,预重整介于这种正式的立案受理和我们之前所说的组团准备之间,在此恕不赘述。

07 破产重整程序简介

金川（合伙人）

2. 开船

（1）重整对象是谁？ 是企业法人。破产的对象，比如非企业法人，可以等同于企业法人进行破产清算，但是破产重整的对象有时候只有企业法人。有些大企业成立了实验室、研究室，有的律师提出是不是可以一起合并破产重整。但是实验室、研究室拟进行破产重整，由于没有企业法人资格，没法进行重整，这个概念一定要清晰。可能有的人认为这些都可以合并，但是在实际推进过程中才发现，法院是不受理这类破产重整申请的。

（2）申请由谁来提？ 债务人自己，也就是破产企业，可以提。没有得到清偿的债权人也可以提。还有一些特殊情况，比如他人申请企业破产清算情况下，破产企业自身可以申请破产重整，破产企业持股10%以上的股东可以申请破产重整。

（3）申请重整的标准是什么？ 笔者认为有三个，但前两个标准最重要，第三个标准几乎用不到。第一个标准是企业资不抵债，且无法清偿到期债务。企业资不抵债，其资产少于负债，并且有到期债务无法清偿。第二个标准是企业明显缺乏清偿能力，即企业资产变现困难，有可能其资产比负债多，但是拿不出钱来，并且无法清偿到期债务。第三个标准是企业有明显丧失经营能力或者明显丧失清偿能力的可能性，这种情形下是可以直接申请破产重整的。

（4）申请文件。 申请人首先要向法院提交相关申请材料。如债权人提出申请，其需要提供债务人不能偿还债务和破产企业的现状的证据，及其认为企业有破产的可能的理由。债务人提出申请，则提供的材料要稍多一些，包括资产负债表、职工名册、职工安置方案以及企业重整的可行性分析，这在《企业破产法》中都有相关规定。

（5）管辖之异同。原则上，企业在区级进行工商登记的，则在区级法院受理；企业在市级进行工商登记的，则在市级法院受理。两者因具有灵活性在管辖上有异同。比如北京市朝阳区有破产法院，可以直接受理破产案件；个别区没有破产法院怎么办？如北京市第一中级人民法院有破产法庭，那就由北京市第一中级人民法院受理，这是根据实际情况变化的。

（6）受理标准之异同。北京市的法院受理破产案件相对来说比较容易。以北京拜克洛克科技有限公司（以下简称"小黄车公司"）为例：小黄车公司曾经无法清偿用户的199元押金，用户申请小黄车公司破产，法院依法受理。受案后，法院约谈了债务人，即被申请破产公司。债务人权衡后，就把这些用户的钱还了。如果一个上亿元的企业仅欠四五十万元，对此有的地区的法院往往审核得较严格，认为不能因为该企业还不了钱，就证明其企业具备破产重整的条件。总之，各地法院的审核标准是不一样的。

（7）缺乏清偿能力与无法偿还到期债务这两种标准有何不同？实际上，只要具备合法的债权债务关系、债务已经到期且并未偿还到期债务这几个条件，便足以判断无法偿还到期债务。相对而言，如果说企业明显资不抵债，作为债权人就可申请债务人破产；但如果说企业资产多于负债，那债权人如何证明欠债企业明显缺乏清偿能力呢？可以基于变现困难来证明。比较可行的方案是找到针对欠债企业提起的案件的执行终结裁定书。根据裁定书的内容可知，该

07 破产重整程序简介
金川（合伙人）

企业存在债权债务纠纷，且执行法院对该案件已经作出了执行终结裁定，其原因是没有找到执行线索。据此，我们就可以推定该企业缺乏清偿能力，符合破产条件。

（8）上市公司为债务人的情形。这种情形比较特殊，上市公司除了申请需要符合前述要求之外，还需要报省政府及证监会批准，并经最高人民法院审查。证监会要求其向所在地政府上报职工安置维稳预案，这是上市公司的特殊性。另外，如果法院受理后，认为不符合受理条件的，会裁定驳回，不予受理。如果符合受理条件，法院则出具受理裁定书。受理案件之后，双方可以协商，若债务人把钱还给申请人，则申请人撤诉。一旦进入受理程序，即为上文所述的正式"开船"，法院会指定管理人。在整个破产重整中，管理人可以等同于债务人的位置，并且可以代表债务人对外从事一些行为，协助法院接收审核债权，制定承诺方案。如果把破产企业比作主人的话，管理人就相当于管家，甚至管家的权力相对较大，因为他在某些情况下可以对主人下命令。

（9）申报债权的公告。法院会发布申报债权公告，比如 A 企业已经破产，要求该企业在一定期限内（一般是 30 天到 90 天）申报债权；申报期限届满以后，申请人还可以补充申报。而我国台湾地区的"破产法"则规定申报债权必须在第一次债权人会议前完成；否则，视为弃权。此外，该企业还应通知相关机关，如通知税务机关、市场监督管理机关、银行、土地管理机关。相关的公告文件需要在最高人民法院的全国企业破产重整案件信息网公布。相关进入破产清算或破产重整程序的企业信息，在全国企业破产重整案件信息网上可以查到。

（10）破产重整需要的时间。一般而言，这个时间可以简单概括为"6+3"，即出具重整草案应该在 6 个月内完成；如果没有完成，可以延长 3 个月。但实际上是"6+3+1+1"。"6+3"大家都知道，为什么"+1"？因为 6 个月或者延长 3 个月是出具重整草案的时间，而不是破产程序的完成时间。重整草案出具后 30 日内，管理人应当向法院递交破产重整申请。在这一个月内，企业可以变更其重整草案的内容。此外，当债权人会议对重整草案的表决被提交给法院后，法院有一个月的审批时间，这一个月实际上也有可以调整的内容。所以一般而言是"6+3"，而实际上则是"6+3+1+1"。另外，基于实际情况或需要，这个时限还有可能进一步延长。

（11）合并重整制度。如果多个企业法人存在一定的关联，则还可适用合并重整制度。合并重整制度是指多个企业的债权债务混在一起进行重整的制度。各个企业混同它们之间的债权债务的，也适用合并重整的标准。根据相关法条的规定，所谓多个企业人格，主要是区分财产困难，如果合并重整符合债权人的利益，便有利于债权人的保护。比如王欣新教授在《关联企业实质合并破产标准研究》一文中，就曾对联合国《破产企业集团对待办法》的相关合并重整标准进行介绍，除了常见的"企业法人人格混同导致合并重整"之外，另有"非高度混同企业之间存在通过欺诈转移财产行为，合并重整有利于保护债权人"；"非高度混同企业属于上产业链关系，合并重整对企业未来发展有利"等其他可混合或独立适用的合并重整标准。这实际上也是法院考虑是否准许合并重整或者是否需要重整的内容之一，只是法律上没有明确的规定。但实际上重整需求，在某种程度上也和债权人的利益是一致的。另外，重整工作除了是对债权人的保护外，实际上对当地的税收与经济发展、就业等也是一种保护。

3. 行驶

管理人要做什么。即所谓的余款之摊分与债务之处理有没有人情味，名义上是管理人要保护债权人的利益，实际上是替债权人监管。管理人在债权审核的时候，处于中立的位置，有点像法官，决定该申报债权如何审理和裁决。相对而言，如果让仅仅具备为一方当事人抗辩的思路的诉讼律师来分析判断债权，可能不太适应，这需要一个适应的过程。另外，由于破产重整是企业今后发展的需要，为了促成重整，管理人可能在个别情况下对个人、同等企业、投资人的利益，有相对的有限的偏袒。

那管理人具体要做什么？具体包括：形式上的接管，代表个人或企业进行诉讼，测算债务人的资产负债，以及与债权人进行各方面的沟通和投票。下面重点论述在破产企业进入破产重整程序，法院已经受理的情形下，管理人需要完成的工作。

第一，形式接管。如接收破产企业的资产账册，刻制管理人公章（这是因为管理人是以自己的名义代表破产企业，所以要有自己的公章），到银行去开户（户名是管理人的名称）。管理人有可能是律师事务所，有可能是中介机构，也有可能是几家机构组成的联合体，甚至是由政府主导的清算小组，其可雇用律师事务所和会计师事务所共同处理此事。如果不是由政府组成清算小组，而是由单独中介机构作为管理人的，管理人需要满足管理人资格要求。管理人资格要求一般由当地高级人民法院或者市中级人民法院来定。北京市高级人民法院的管理人名录里就有君合律师事务所，它便是有准入资格的。

管理人接手破产企业之后，可以决定企业是否继续经营。一般而言，破产重整并不是让企业"加速死亡"，而是要它继续经营保持"生命力"。破产重整期间企业是否继续经营以及合同是否要继续履行，由管理人负责审核决策，并报破产受理法院批准。但这里有一点要注意，如果企业在重整期间继续经营已经得到批准，那么继续经营期间企业是否自主经营以及企业是否自行管理财产，这是由债务人企业来向破产受理法院申请的，而不是管理人决定或申请的。一般情况下，如果是破产重整，那么管理人申报继续经营，或者债务人自己申报自主经营管理财产，对保护企业资产有利并且能保证经营期间发放劳动者工资的，法院批准可能性较大。

在接管形式上，管理人应向破产企业的债务人发催收通知函，并书面通知债权人以下信息：该破产企业有债务人，法院已经受理破产申请并发布公告，债权人可以按照公告的要求申报债权。

破产企业对外负债有几点特殊之处：一是加速到期，即当某企业破产时，该企业对外的尚未到期的债务，被视为立即到期、加速到期。比如一项贷款应于 2022 年到期，但如果企业在 2021 年就申请破产重整了，或者重整申请被法院受理了，此时债权到期。二是或有提存（或有负债）。如破产企业为第三方提供保证，虽然第三方的债务还没到期，但债权人可以直接向保证人主张权利。因为将来的

07 破产重整程序简介
金川（合伙人）

偿还情况尚不确定，权利一旦确认，只要已经提存，如果债务到期未还，提存金额就付给第三方的债权人；如果没有发生到期未还的情形，法院再进行二次分配，将提存金额分配给其他的债权人。三是职工的债权，也就是职工工资、奖金、社保的拖欠，不用职工申请，破产企业直接统计并担保。

第二，诉讼相关的事宜。破产企业一旦进入破产重整阶段，便会产生两个法律后果：终止执行和解除保全。如果其为被执行人，需要终止正在执行的环节，给破产企业以缓和的空间。解除保全是指已经保全的财产要解除。个别企业的破产是为了终止执行和解除保全，这往往会涉及一些重要资产。如果通过终止执行和解除保全能盘活其资产，将给企业带来第二次收益。另外，管理人代表债务人参与诉讼时，名称应由原来的法定代表人改为管理人；管理人授权委托某律师代理该案，此时不是由法定代表人代表企业，而是由管理人代表企业，对外仍以破产企业的名义参与诉讼。此前已经提起诉讼的，一般债权人有请求权，可以要求破产企业偿还具体数额的债务；而一旦进入破产重整程序，其请求权变为确认权，因为将来债务偿还的时间、数额等需要参照破产重整草案，所以一般债权人在诉讼中只有权利要求，即确认其与破产企业的债权关系。

此外，如果破产企业要对它的次债务人追偿的，根据法律规定，将延长一年的诉讼时效。比如，破产企业对次债务人的诉讼时效在2000年已经过期。2001年，破产企业进入破产重整，此时诉讼时效中断，破产企业仍然可以继续进行追偿。破产企业可以向次债务人追偿，并且管理人代表破产企业对外要账，能满足一些日常需要，但是此时破产企业已经不能向某一债权人进行个别清偿了。

第三，对内查账。其一，要核查破产企业有无普通欠款，或者破产企业在破产重整申请被受理的1年之内有无不当处置资产的行为，比如将其资产以很便宜的价格出售甚至赠予他人，或者就其原来的债务提供新的担保。所谓一年之内的资产不当处置，就是破产企业从事一些故意减少企业财产价值，进而侵犯整体债权人利益的行为。其二，还要核查破产企业在重整申请被受理的6个月之前，是否有个别清偿的情况，个别清偿也会损害整体债权人的利益。破产企业如发生上述情形，管理人可以请求撤销。但是如果清偿是通过法院执行的，即根据司法文书或仲裁的裁决执行的，则不在个别清偿可撤销的范围内，因为这符合资产处置的正当性。实践中，我们不时发现有的企业确实存在恶意转移资产的行为，或者向其关联企业、关系比较密切的企业，进行个别清偿的情形，甚至有的企业为逃避一年内不当处置或者半年内特别清偿的规定，采取倒签清偿类文件的方式。对此，我国法律规定可以撤销，而我国台湾地区的相关法律规定非常严格，对此类行为明确规定应处以五年左右的刑罚。

第四，测算企业的资产和负债。测算资产和负债能够确定清偿率。破产企业现有的资金如果用于偿还债权人，其清偿率处于何种水平；在未来引进战略投资人以及其他投资人时，由于法律规定破产重整的清偿率必须高于破产清算，为此，破产企业需要聘用专业的审计和评估机构来测算资产。资产的测算通常是"高开低走"。一般来讲，正常企业账面值，为了业绩考量存在虚报的现象，如将滞

07 破产重整程序简介
金川（合伙人）

销产品按市场价格作价，或对一些固定资产的价值进行过高的评估。但是在审计的过程中，若缺乏有效的销售合同或销售证明，则该等资产有可能会按照成本计算。实际上，100元的账面资产，可能被审计人员认定为70元；而评估时会再进一步降低，70元可能会变成40元或30元。为什么？因为评估有不同的标准，比如咱们常见的是市场价值评估，此外还有投资价值评估、在用价值评估、清算价值评估、残余价值评估等。在清算评估中，由于资产急于变现，评估值相对来说比市场价值要低很多。在审计阶段，因为企业存在明显的虚假资金往来，账面登记财产价值虚高，或者账面登记财产并未真实存在，会导致审计企业资产金额比企业账面金额低一些。待到后面资产评估的阶段，根据不同的评估标准，企业资产价值会进一步缩小。此时，企业可用于破产清算以清偿债务的资产价值，比企业账面的资产价值会低很多。

测算负债，即测算企业对外所负的债务总额。管理人首先要审查负债，通过比对债权人提交的材料与债务人的账册等证据进行核实。管理人应基于客观公正的角度判断，比如企业申报了10元，管理人审查后认为应该是7元；企业申报了15元，管理人审查后认为是12元。审查完成后，管理人应向债权人和债务人发出书面通知告知审查结果。债权人若有异议，可以要求法院进行复核。若债权人对管理人的审查结果不满意，可以经由法院审核裁定，这个过程就相当于诉讼。债务人也可以就审查结果向法院提出异议，由法院作最终裁决。如果债权人和债务人对管理人的通知书均未提出异议，或者经法院最终裁定后双方均无异议，法院会发布债权公示，列明每个债权人的债权金额、是否享有优先权。对一些争议较大或暂时不具备判断条件的,可以暂缓。但在破产重整程序终止之前,大部分债权需要确认,仅个别债权可以暂缓。

第五,召开债权人会议。在破产程序中,一般性债权人会议是重要环节,常见的是首次债权人会议。在首次债权人会议中,管理人会向债权人宣布财产管理方案、管理人已完成的交接、资产处置方案等,详细内容包括管理人已评估的资产,正在进行的审计,鲜活易腐品的处置情况,继续履行的合同详情,破产企业的资金存放位置以及管理人的费用支出等。首次债权人会议通常会进行投票以决定是否采用前述方案,投票遵循双过半原则,即现场参加会议的人数过半,并且所代表的普通债权(非担保性、非优先类债权)的比例数额也达到债权总额的一半以上。这样的投票结果即视为通过相关方案。

债权人会议可以设债权人委员会(以下简称"债委会")或债权人会议主席,这两个只要有一个即可。如果设有债委会,那么管理人的部分权力就交给债委会,债权人便可以参与管理。在某些情况下,管理人觉得债权人参与管理后影响其管理工作的正常运行,可能会选择只选一个债权人会议主席。会议主席相对来说象征性更强一点,没有实权。若是管理人想逃避责任,或者想和债权人共同协商,则可能倾向于成立债委会。债委会的缺点是通过各项议程、各项规则会比较困难,因为人多,观点便难达成一致。而其优点是各项事务是经过各债权人讨论决定的,关联的责任较小。债权人会议主席的优点是主席仅一人,一般会选与债务人关系好的主体或者

07 破产重整程序简介
金川（合伙人）

个人担任主席。但在实际操作中，管理人的决策权仍占主导地位，其缺点显而易见：管理人相应要承担的责任更多。

如前所述，管理人负责审核债权、制定重整方案。一般而言，根据相关法律规定，企业自主经营的重整方案应该是企业制定，而非管理人。实务中，重整方案大都是管理人制定，但具体事项管理人应与破产企业以及战略投资人共同协商，包括现有资产如何处置，抵押物如何处置。在清偿方案中，关于普通债务的偿还比例（如：是还20%还是30%？如果清偿的比例低了，债权人可能不会选择重整；但是清偿比例高了，又会增加出资人的负担）、执行方案（如：分3年或5年还清）、职工的安置方案、企业员工的去留方案、出资人方案、企业原有股东的处理方案以及企业后续的发展计划，最终需要债权人进行投票。

管理人核查了企业的资产和负债情况后会进行资产清算，并估算能够向每位债权人偿还的比例以及破产重整的成功率，以争取债权人的同意。因为债权人和管理人也是在博弈，如果债权人期望过高，导致重整方案无法获得通过而转入破产清算程序，那债权人就只能按破产清算方案拿到相对较低的清算金额。

鉴于清偿方案的这种不确定性，我国引入的是英美法系的破产重整制度，其关于清偿方案的内容规定得并不具体。实践中，管理人、律师、会计师事务所运用自己的专业知识，针对各种各样的情况制定了灵活的方案。最常见的清偿方式是现金清偿，即破产企业向债权人折价偿还债务，比如100元的贷款，企业只偿还30元，但是偿还时间有3年期、5年期等。此外还包括：（1）以物抵债，即破产企业以自己的产品抵偿债务。(2) 以应收账款清偿，即第三方对破产企业负有债务时，破产企业将此应收账款转让给债权人以抵偿债务，但债权人最终能收到的金额存在不确定性。(3) 以折价入股偿债，即破产企业通过公积金扩股，将债权人对企业的债权转为其持有企业的股权，使债权人变为破产企业的股东。(4) 以留债方式清偿，一般为全额留债。如债务人欠款 100 元，并且承诺偿还 100 元，但是偿还这 100 元可能需要 10 年。如果将来经营不善，债务人有可能无法偿还，届时可能还需要重新申请破产。

既然根据我国《企业破产法》的规定，对所有的债权人、对同一性质的债权人要公平对待，那么为什么会有多种不同的清偿方式呢？一般来讲，不同类型的债权人，可能会有不同的清偿选择。私营企业一般会选择现金清偿，即得到现金对其才是最重要的。而对一些大型机构或国企，可能更倾向于全额留债，因为这种方式可以让债权还留在账面上，企业领导也就不承担责任，而不会导致欠款有 100 元却只受偿 30 元。

以上清偿方式我国《企业破产法》规定得并不是那么详细，实务中更多参照的是所谓的经验。只要法律不禁止，那么既符合债权人的利益又有利于债务人破产重整以后发展的方式，就可以采用。如果我们仅参考既有案例，那就只能"跟在别人的屁股后面走"，处理问题的方式方法受到局限。大环境和个案情况在不断变化，那么对应的清偿方式及重整方案，也应该随之灵活调整。企业需要跟投资人商讨一些问题，比如清偿率 40%，对于投资人可能负担过重，但又看好重整企业的未来发展，是否可以促成多个主体联合投资，

07 破产重整程序简介
金川（合伙人）

是否可以促成部分债权人加入投资，投资款的支付时间和方式是否可以灵活调整，等等。只要法律不禁止，市场环境允许，便可以有多种解决问题的方式。企业还需要跟债权人协商具体的偿还金额，或者以债转股的方式偿还；若协商成功，债权人能否投赞成票。如果债权人不愿意接受重整方案，清算清偿率一定会更低。

就破产重整中的灵活调整事项，可以再举一些例子。

比如，采用破产债务人主体存续的重整方式，债务人原股东需要向出资人转让股权。如果采用原股东资产价值清零，零元转让股权方案，有的地区税务部门仍会按照市场价格征税。那么是否可以采用约定一元转让股权的方案，在当地税务部门允许的前提下合法降低税务负担？

再如，重整工作中还会涉及一些与地方政府、相关部门沟通的事项。个别大型企业或银行类债权人委托代理人，就非全额清偿率重整方案的投票心存顾虑，担心是否会因投赞成票，以后承担企业资产流失的责任风险。这时候当然可以采取全额留债的方案。同时也可以争取由地方政府沟通协调一下，请求债权人企业为地方经济支柱企业（破产债务人）的未来发展予以适当帮助。某种程度上，等于有了政府背书，债权人委托代理人的责任风险也会相应降低。

重整方案的重要性体现为"不一般的债权人会议"。正常情况下，在第二次债权人会议召开时，就会对破产重整方案草案投票。有时情况复杂，可能在第三次、第四次会议时才能轮到重整方案的投票。刚刚说到的清偿方案，存在现金、实物、应收账款、股权清偿等多种可能，存在比例清偿或全额留债等多种方式，都要以债权人会议投票的方式加以解决。而由于普通债权与优先债权涉及不同利益团体，也需要在债权人会议表决中分组处理，而且可能是组内再分组。现就债权人会议分组表决简单介绍如下：

第一组是优先债权组。在该优先组中，有抵押权的优先。但该组中还有建设工程价款优先权、消费者商品房买卖优先权等多种优先权利。从破产程序的优先权位阶顺序来看，在对同一标的物进行受偿时，消费者商品房买卖优先权最优，其次是建设工程价款优先权，然后是抵押权。

第二组是职工组，即拖欠职工的工资、劳保和社保费用。

第三组是税务组，即拖欠国家的税费（注意：欠税滞纳金是普通债权）。

第四组是普通债权组。普通债权组可以按照金钱数额大小再分组，比如 5 万元以上的分一组，5 万元以下的分一组，诸如此类，没有强制性的规定。各小组分别投票，分组投票达到每组人数的 1/2，债权金额的 2/3，这组就算通过。有时候为了让投票能通过，可以采取一些小的技巧，比如企业把整个普通债权放在一组。那些欠四五万的，甚至三两千的小额债权较多，企业根据这个情况制定规则，而其常用规则是小额债权全额清偿。以此方式使得己方人数达到该组全体人数的 1/2。如果大额债权全额清偿，企业无法负担，想要实现债权金额的 2/3，就需要与个别的大额债权人进行协商，比如私下对其作一些承诺，达成一些交易；或者说通过政府的沟通，让这些大债权人作出让步。简言之，从小额债权人组争取人数支持，从大额债权人组争取债权比例支持，这样就能最大程度地争取赞成票的双

07 破产重整程序简介
金川（合伙人）

比例通过。有时候为了争取债权人支持比例，投资人的关联方还会采取集中收购小债权人债权的方式，直接获得投票权。特殊情况下，对个别债权人的债权，管理人会因各种因素暂缓确认，而导致其不享有投票权。需要说明的是，为什么说破产重整的规则因为缺乏传统民商法那样的基础体系，而随着发展存在一定变化。实际上，对于它的认识和具体处理是比较灵活的。以财产范围为例，抵押物在2002年《最高人民法院关于审理企业破产案件若干问题的规定》里被明确为不属于破产财产，也就是当时认为抵押权是物权，应由债权人对该抵押物行权。但在实务中发现这与在破产程序中处分抵押物存在一定矛盾。2013年《最高人民法院关于适用〈中华人民共和国企业破产法〉若干问题的规定（二）》又将该规定删除（注：前一文件并未失效），将债权人在破产程序中对抵押物主张抵押权也列入申报债权范围，但将其归入别除权，具有优先性。类似情况还有"已完全支付对价的特定物"，在2002年《最高人民法院关于审理企业破产案件若干问题的规定》里"不属于破产财产"，2013年《最高人民法院关于适用〈中华人民共和国企业破产法〉若干问题的规定（二）》里将其删除。可见债务人财产的范围，在我国立法体系下也是在不断变化的。

而"已完全支付对价的特定物"是否属于破产财产，关系到《最高人民法院关于人民法院办理执行异议和复议案件若干问题的规定》第28条、第29条在破产重整中的适用问题。前者为"债权人以支付全款购买的破产债务人不动产"；后者为"消费者已支付一半以上对价购买破产债务人商品房"。有的时候，我们根据其都属于

"期待物权",而认为两种情况均应在破产重整中享有优先权,但实际该种认识并不符合两条规定的立法渊源差异。其中《最高人民法院关于人民法院办理执行异议和复议案件若干问题的规定》第28条"全款购买不动产"是对德国法"期待物权"的中国特色的变化性适用,其在德国是对购房人登记至办理完属凭证期间的特殊保护,在中国是在金钱债权执行程序中的特殊保护,实际情形并不一致,能否在其他场合类推适用该种保护,有待商榷。而第29条"消费者购买商品房",则是直接来源于2002年《最高人民法院关于审理企业破产案件若干问题的规定》中有关"消费者权利优先于建设工程价款优先受偿权"的明确规定,是对"生存权的保护",建设工程价款优先受偿权在破产重整中受到保护,消费者商品房权利也受到保护。啰嗦这几句,就是提醒大家对法律法规横向及纵向均需要有一定的系统化理解,单纯照搬是不行的。

总结一下清偿顺序:(1)担保权和其他的优先权。(2)管理人费用,或者企业给鉴定机构的服务费。(3)共益债,即在破产重整过程中为了维持企业、继续履行合同以及为了债权人的共同利益所支出的金钱。(4)税收和工资。如果债权人会议没有通过重整方案,法院可以强制裁定,但前提是税收和工资必须全额清偿。所以,实际上担保权是第一位,在担保物变价范围内全额清偿。如果偿还担保权人后有剩余款项,税收和工资也必须全额清偿。(5)普通债务。金钱债务可能要"打折"清偿或者以物抵债,或者以应收账款抵债,或者债转股,或者留债。我国破产法中破产重整这部分内容,适用的是英美法系的经验主义,是处于不断的变化中的。因此律师在解释和适用的时候也需要加以注意。

4. 上岸

能不能上岸，即重整方案能不能通过。如果各组都能通过，那是最理想的情形。若未通过，则未通过的组可以当时再协商并投票。如果再投一次还不行，那么法院可以强裁，有的组或个别组没通过，法院仍然可以强裁。但法院的强裁，一般是对有特殊意义或作用的企业，并不是仅仅基于法律分析。也就是说担保、税收和工资必须全额得到清偿，或者即便这个组没有得到全额清偿，但是这个组通过了方案，法院才可以强裁别的组。另外法院需要有预判，即重整方案对企业未来发展的方式内容是合理的，是有价值的。现在的大原则是逐渐约束法院强裁的权力，2018年《全国法院破产审判工作会议纪要》中，最高人民法院再次重申了"人民法院应当审慎适用企业破产法第八十七条第二款，不得滥用强制批准权"的问题。通常是一些当地的支柱性企业的经营实在难以为继，才能进行强裁。一旦重整草案经投票通过，或者法院裁定通过，此时破产重整程序即应终止。终止以后，管理人的地位实际上是变成监督了。

关于执行期和监督期。执行期是指破产企业的债务偿还期限。监督期是指管理人在多长时间内行使监督职责。实践中，一般的执行期是3年，监督期是1年，即监督期短于执行期。待监督期一过，管理人便不再监督，实务中管理人退出后，由破产重整企业自行处理重整计划执行后续事宜，因为企业缺乏专业知识和实务经验，应对往往比较困难。2019年《九民纪要》规定执行期和监督期应该一致，并且和管理人费用挂钩。在此之前制度有漏洞，即未规定执行期和监督期二期合一。管理人为了逃避责任，或者说逃避工作量，会把监督期缩短，实际上给重整过程造成了很大的不便。

执行期实务中，即便是简单地向债权人支付清偿钱款，也有很多需要注意和需要探讨的地方。

比如破产重整债权人可能在其他诉讼中属于被执行人，为了逃避承担另案债务责任，可能要求将破产重整债权转移给第三方。管理人此时就存在协助破产重整债权人转移资产逃避执行的责任风险。所以针对债权人要求转移债权的要求，一方面可以查询该债权人的被执行信息，一方面要求债权人书面承诺"转移债权不涉及逃避第三方债务"，就显得较为必要。

再如境外债权人，其清偿资金的转出往往涉及外汇管理问题。这就需要考虑在重整执行过程中，是否由债权人对重整企业另案提起一个支付重整计划清偿款的诉讼。先通过该另案判决的执行程序，将钱款支付至境外债权人的国内代理人账户中，然后由国内代理人以判决书执行款为理由，将该笔钱款汇出境外。当然这也需要提前与有关部门或机构进行充分沟通，基于对法规的理解差异，并非在任何地域均可以适用。

关于工商变更。（1）如果是"存续式重整"或"清算式重整"，所有原来的股东退出，战略投资人独立接盘，就涉及股权变更。但某些情况下，股权上还存在前一任股东的质押，此时，因为企业资不抵债，实际上股权价值已经归零，质押权已经消灭了。这也会涉及一些具体的争议：是单独起诉要求解除质押登记并申请变更股东名册，还是直接由破产法院出具执行函通知市场监督管理部门作出

07 破产重整程序简介

金川（合伙人）

变更登记，各地的规则是不一样的。（2）如果是"销售式重整"，则存在原破产企业注销，新企业注册成立或资产调整等工商登记变更的事项。同当地市场监督管理部门的沟通应始于破产重整，在破产重整的过程中慢慢争取市场监督管理部门的理解和支持。

关于破产重整的税费。这一问题较为复杂，本章仅作简单介绍。因为破产重整涉及债务打折、资产处分、股权权属变更、股权价值变化等事项，所以也会涉及增值税、所得税、不动产税等税目的征缴，并且数额较大。税费的主要承担主体是投资人或重整后的企业，所以税费数额及期限问题也是投资人在决策时需要考虑的重要因素。就现状而言，破产重整相关税费征收标准并无完整明确的规定，各地税务机关对重整事宜的理解及征税尺度也存在一定差异，并且破产重整的税费征收并非税务机关熟悉的工作，导致税费的征收标准易存在争议，因此管理人有必要就此与相关部门沟通协商。比如增值税，如果重整方案满足债权人、债务人、劳动者全盘接受的特定条件，根据相关规定可以免税。比如房屋税、土地税，如经营困难，在一定条件下，根据相关规定可以免税。但数额占比较高的所得税征收标准，往往是管理人与税务机关存在争议或者讨论的重点问题，而"所得计算范围"和"亏损抵扣标准"是重中之重。这里一方面需要参考相关法规及其具体实施文件；另一方面国家税务总局对历届人大会议中人大代表建议的答复或税务总局相关的公告也是重要的参考依据，有助于理解税务中的分歧并达成共识，这里就涉及对税收政策的日常了解及具体把握问题。2019 年，笔者在办理某重整项目的过程中半开玩笑地写了"顺口溜"。

> 重整豁免缴所得，各种情形要分清，
> 担保不担非收入，如有支出报损失。
> 经营豁免存分歧，五年亏损抵所得，
> 若是比例超一半，之后五年可分期。

但实际工作中要注意，不同时间和地域，税务工作人员对于相关规则的理解适用以及相关标准的尺度把握，都存在具体差异。

关于管理人的后续工作。直到重整方案通过，也会存在有的债权还未完成审核的情况，比如确认条件不具备，或者个别需作技术性处理。一般来说，破产重整方案通过后，律师团队虽然撤场了，但实际上后续的事务也不少。因此管理人不仅需要继续审核债权，还要处理后续的诉讼案件，但也要避免管理人不停地代理案件。根据 2018 年《全国法院破产审判工作会议纪要》的规定，在重整计划规定的监督期内，管理人代表债务人参加监督期开始前已经启动但尚未终结的诉讼、仲裁活动。根据《九民纪要》的规定，重整计划执行期间，因重整程序终止后新发生的事件或者新发事件引发的有关债务人的民事诉讼，不适用集中管辖。除重整计划有明确约定外，上述纠纷引发的诉讼，不再由管理人代表债务人进行。

如果执行期和监督期不一致，中间的空档期由谁来负责，这一问题存在争议。但据笔者理解，既然对管理人在监督期内的代理有明确规定，若前期已经约定监督期和执行期不一致，则管理人仅负责监督期内的工作，并且是监督期开始前已经启动而尚未终结的诉讼活动，而新的诉讼活动不属于监督期内的工作。破产重整方案被通过后，法院作出裁定，实际上监督期和执行期是同时开始的，只

07 破产重整程序简介

金川（合伙人）

是终结时间不一样。即使是处于执行期，若是在程序终止后发生的事实或者事件，将不再由管理人代表债务人进行诉讼，即管理人只进行有限管理。根据 2019 年《北京破产法庭破产重整案件办理规范（试行）》，重整计划执行期满后，不再由管理人代表债务人进行诉讼，但重整计划有明确约定的除外。显然这和《九民纪要》基本上是一样的。

关于补充申报制度。在法院规定的时间内，债权人未申报债权；在开第二次（或第 N 次）债权人会议讨论重整方案时，债权人依旧未申报债权，即债权人可能事后才申报债权。根据法律规定，债权人没有按约定或规定申报债权的，在执行期后才能行权；也就是说补充申报的时间没有限制，只不过在申报后，如果确认了债权人的权利并开始对其进行赔偿或清偿，行权时间是在原来的执行期后。但我们也要认识到，补充申报具有不确定性，且有些企业的账目和合同并不是十分完备，若补充申报了一些大额债权，有可能会给投资人带来额外的经济负担，毕竟原来的重整方案没算入这部分债权。一旦加上一笔大额债权，投资人将来的负担便有所增加，即需要承担额外的经济成本。实际上，这是对各种利益的权衡取舍的结果。作为战略投资人，投资了比较有发展前途的企业，同时也要承担相应的风险。这里要提示一点，对于前面提到的"销售式重整"，通过重整接受旧企业资产的新企业，从主体责任的角度，可能不同意承担之前存在但没有及时申报的旧企业债务；而旧企业也已经注销或没有清偿能力，导致债权人主张权利的问题无法解决。此时就需要管理人组织各方就"或有类债务"的处理方案进行沟通并在重整方案中进行约定，尽量减少"僵局情况"的出现，当然这也涉及投资人利益博弈的问题。

执行期届满，管理人应申请终结破产重整程序。重整草案投票表决通过是程序终止；而程序终结是指执行期满已经完成了相关的重整计划的清偿，两者要注意区分。但在理论上，有可能执行终结以后，后续还有补充申报的债权；如果申报的债权比较复杂，有可能还处于诉讼审理期间。有可能债权引发司法争议的时间是在重整执行期满以后（比如前期需要处理主体身份争议，法律关系争议导致债务人主体不同，等等），债权人补充申报债权和管理人申请重整程序终结并不矛盾，这是立法技术上的事。

再说案例的学习。如果做案件先看案例，说明你对这类案件可能并不熟。实际上，不能过分地依赖案例，且破产重整的案例能给你的帮助不是那么大。因为破产重整的案件缺乏细节，都是大的程序、大的决策；其中的创新之处，具体的细节问题如何处理，很难在案例资料中体现。在破产重整中，基于所谓"参考英美法重整制度开放体系""经验主义"，总是会有创新和调整的，在某个案件里不能做的事情，在另一个案件里也许又能做。在某个案件中你用的方法 A，法官可能并不接受，因为他要用方法 B。实际上，律师还是应通过案例和知识的学习，让知识结构体系化。通过不同的角度对案件进行分析，观察其逻辑分析结构如何，价值取向如何。如果只是看案例结论，笔者以为对破产律师整体能力的培养或长期的工作能力的培养用处甚少。

我们来看看下面的案件：重庆钢铁股份有限公司破产重整案，

07 破产重整程序简介
金川（合伙人）

当时名列 2018 年"全国十大破产案件"。重庆钢铁作为上市企业的报表已经资不抵债，连续两年亏损。经债权人申请，重庆市第一中级人民法院受理案件。案件处理方案不复杂，在法院的监督指导下，管理人以市场化为手段，通过股东全部让渡所持股份，用以引入我国一支钢铁结构基金作为重组方。股份让渡，但企业的债权债务如何审核和处理，案例资料并没有具体说明。从现有资料中可以发现，当时已经开始采用"资本公积金转增额抵偿债务""债权转股权"等新办法了。另外，重庆钢铁 1 万余名职工、2 万余户债权人、17 万小股东的利益如何维护，在案例中并没有具体体现，如 1 万名职工如何安置，工资如何发放，社保如何补缴等细节信息无法从案例中获知。此外，案例中没有体现债权人和小股东的相关细节，也看不出重整工作是如何进行的以及什么叫高票通过。但案例中提到，现在的结果是 2017 年重整工作结束，12 月按照优先顺序直接偿还了债权人，愿意要股份的债权人可以要股份，普通的债转股执行完毕，当年扭亏为盈。综上所述，你能通过这个案例学到些什么？

第一，该破产重整案件具有"示范样本"意义，官媒对其评价为"特别重大且无先例"，你也就知道大型上市企业也是可以破产的。然后有一些新的清偿方式，人民法院在准确把握破产法精神实质的基础上，即在没有明确法律规定的情况下，想出了一些新的办法：首先是调整资本公积金，转增除权参考价值，即所谓的债转股；然后进行股东大会豁免，第三方担保豁免。所谓意义重大，是指虽然原来没有大企业做过破产重整，但这个企业做了，便成了首例。

第二，是在法律没有规定的情况下，确定了清偿方案、债转股以及其他豁免的清偿方案。如果说这是创新，有明确依据吗？也没有。如果说下一个案件就参考它，但其具体的情况跟这个案件往往又不一样，那可能就不会有这些创新。因此可以把握其指导性、原则性，但是在具体的工作中，光看这些案例好像用处不大。

关于学习案例。笔者举个杨小凯的例子，他获得过两次诺贝尔经济学奖的提名，在经济学界影响力很大，对于法律学习特别是长期学习也有借鉴意义。杨小凯说落后国家用技术模仿来代替制度模仿，短期的经济增长和技术红利是不可持续的，最终必将付出惨重的代价，这就是后发优势破灭的全过程。如同某差生一直习惯于抄优等生的作业而不加思考，等以后出现了新题目优等生又还没做这道题目或者不再给抄答案，这时候差生就不知道该怎么处理了。实际上就是说，照搬案例，特别是破产重整，在个别问题上参照律所总结的"干货和硬货"，能够小有收获。但要想做好整个案件，笔者以为还是要进行制度模仿，学其理念，学其思维，学其价值取向，来代替这种纯粹的技术模仿。

关于破产重整，笔者还有一点体会和大家分享，有些细节问题如果非要问法律怎么规定的，非要找到明确法律依据，一旦我们有这个想法，思路就偏了，因为我国的破产重整制度体系是开放的。当法律没有明确规定且不禁止的时候，管理人倒不妨根据法律基本原则和立法本意，摸索解决问题的方案，并争取得到各方的理解和支持。

以上是关于破产重整程序的大概介绍，或有不当之处，所以仅仅算是交流探讨，希望能对大家今后的工作有参考价值。

08　甲方来自金星　乙方来自火星

——从客户的视角浅谈证券律师的服务

李海峰（合伙人）

笔者有过从乙方的一名证券律师到甲方一家拟上市公司（后来成为上市公司）工作，然后再从甲方回归乙方的职业经历。这些经历使得笔者对律师和客户之间不同的身份、立场和视角都有比较直观和切身的认识，同时也对换位思考所带来的工作成效的提升有一些切身的感受，因此希望借这个机会分享给大家。

所谓客户的视角，在证券法律业务中，法律意义上的客户通常就是公司。但是在具体业务的开展过程中，外部律师对接最多、服务最多的直接客户，其实是客户的代表——公司的董事会秘书（以下简称"董秘"），当然有些项目中也可能是公司的实际控制人。

因此，客户的需求和想法往往会转化为董秘的工作，然后通过董秘传达给律师。同理，客户对于外部律师的一些印象，很多都是来自董秘个人的态度。恰好笔者也担任过董秘的职务，因此下文将主要从作为客户代表的董秘之视角来分析证券律师的服务。

为什么要做董秘？

笔者的第一份工作是国内一家知名律所的律师，做了大约四年半的证券法律业务，成功参与了一些IPO和再融资的项目，并对此有一些感受和困惑。

首先，外部律师在项目过程中接触的内容和信息相对有限，因此尽管服务的企业客户、完成的项目都不少，但仍很难了解其内部业务如何真正运作，以及公司上市之后能够创造出什么样的价值。其次，作为外部律师，偶尔也会产生一些困惑和挫败感。自己精心设计的法律文件、法律方案，客户看上去好像并没有那么满意，他们的商业设想可能并非外部律师所料想的那样。最后，外部律师提供的法律服务究竟有没有完全满足客户的需求，是否为客户创造了价值，客户是如何评价律师的，对律师的服务质量是如何打分的，我们作为律师都无从得知。因此，笔者希望能有机会去企业工作，躬身入局，360度无死角、零距离地观察企业客户真实的立场与需求，以期更精准地服务客户，提高客户的满意度。

后来，机缘巧合之下，有客户正好要重新启动IPO，希望找一位合适的董秘来统筹工作。笔者很幸运地得到了这个机会，有了接下来四年半董秘的工作经历。

笔者的正式职务是董秘、法务负责人兼副总，主要负责IPO整体推进、对外投融资以及公司内部法律风险防控、纠纷处理等工作。作为公司董秘，笔者全程参与了从中介机构的选聘，到公司最终上市的全过程。在此期间，笔者第一次得以真正从公司和实际控制人的立场去看待问题、思考问题，以及总结他们的诉求。在此基础上

08 甲方来自金星 乙方来自火星

李海峰（合伙人）

对比以往做律师的经历，就有了一些不一样的感受。而且通过与同行的交流，听他们的吐槽，发现自己的感受其实并非个案。甲方和乙方在很多时候确实有着大相径庭甚至是截然不同的想法和思考逻辑。这就是"甲方来自金星，乙方来自火星"这个说法的来由。

重新做回律师之后，笔者尝试把做董秘时的一些思考、体会和感悟融入到与客户的相处中，从中受益匪浅。本文旨在帮助大家换位思考，理解董秘的角色，理解客户的想法和处境，希望对大家未来开展证券法律业务有所帮助。

一、董秘的角色定位和痛点需求

董秘可分成两类，一类是上市公司的董秘，一类是拟上市公司的董秘。虽然都是董秘，但是这两类董秘的工作内容、目标却大相径庭。上市公司的董秘属于公司高管，有法律明文规定的职责，其核心任务主要是信息披露以及处理投资者关系、监管关系、公众关系。当然，部分上市公司的董秘是从拟上市公司董秘随着公司上市顺利转型而来的。下面的讨论主要从拟上市公司董秘的角度来展开。

关于董秘的工作职责，一般会有内、外两项。对外主要是统筹对接外部各个群体，包括中介机构、证券审核机构、当地政府部门、股东等，有时候还包括媒体，尤其是在上会、拿批文的前后，需要创造一个平稳的舆论环境。其中最重要的工作是对接管理上市的中介机构，核心要求就是按照监管机构的标准来规范拟上市公司，使其符合上市条件。所以董秘每天都在思考，怎么让企业各方面都能按照上市的标准来操作？如何用好中介机构来实现这个目标？如果把 IPO 当作一部史诗级的大片，可以说董秘便是总导演。

与此同时，董秘还承担对内的工作，整合内部的 IPO 资源，以及参与企业经营管理。一方面，在 IPO 过程中，需要调动企业几乎所有的资源参与进来。无论是解决历史沿革问题，还是开具合规证明、消除资产瑕疵，或者是进行财务核查、设计募投项目等，都需要董秘去协调生产、销售、研发、市场、人力、行政等部门进行紧密合作，对中介机构给予支持和配合。对于企业内部管理存在的漏洞，对于经营决策可能涉及的监管模糊地带，董秘也要去完善、落实、论证。

另一方面，拟上市公司的董秘大都不是专职的，因为 IPO 是一个长期的系统工程，从正式的筹备到完成上市，短则数年，长则十几年。如此长的战线，若企业聘一位专职董秘，只负责上市的工作，投入产出比不高。而从董秘的角度来看，职责少意味着权力小，在公司内部的地位和话语权就相对比较弱。如此便很难调动资源，做好董秘的工作。所以，董秘一般也会兼职一些内部协调和经营的工作。

因此，从内部来看，董秘就是一个大管家，有时扮演着一个消防队长的角色，有时也要参与经营管理，对公司的大小事情均需做

08 甲方来自金星　乙方来自火星
李海峰（合伙人）

到心中有数。同时，作为与律师、会计师这些专业人员走得最近的人，在耳濡目染之下，董秘往往是公司高管中对合法合规方面理解最深的人，并且拥有非常敏锐的风险意识。

董秘有内、外两项职责，也就是内、外两种角色。董秘可能不是公司最核心的岗位，但往往是除了实际控制人之外对公司的情况最熟悉的、最受信任的人，也是在整个上市或其他证券活动中各方利益交汇的枢纽。

从上市中介机构的角度而言，董秘的工作职责非常重要，董秘这一岗位也非常关键。但是站在董秘的位置来看，却有些尴尬，存在很多的痛点。

第一个痛点就是任务很重，其时间和精力不太够用，尤其是在高管兼任董秘的情况下。

第二个痛点是董秘的"班子"很新。在上市前，对企业来说，董秘这一岗位毕竟无关企业的经营，一般都是要随着上市正式启动才会设置。很多上市项目前期尽调的时候，一般都是总经理助理、办公室主任、行政总监等进行接待。等到上市计划逐渐清晰，公司才会考虑设置正式的董秘岗位。此时无论是从内部提拔/兼职，还是从外部引进招聘，董秘基本上都是从"光杆司令起家"。待中介机构进场后，工作量增加，公司才会成立上市办或者是董秘办这样的临时组织（用法律的标准术语来说，就是一个议事协调机构，而非公司的一个正式组成部门）。董秘的下属基本上也是从行政、法务或者是财务部门临时调剂过来的。所以相对来讲，董秘或董秘办在公司内部是一个很新的部门，没有太多的根基和威信，也没有一个很扎实的工作团队，这就给了中介机构施展抱负的机会。

第三个痛点是纯粹的董秘权力很小，主要负责统筹、协调与上市相关的几项工作，但不直接主管业务、财务、法律等事项，并不是真正意义上的行政领导，也没有可以直接调动的人力、物力、财力，其对上市过程中的那些骨干岗位（财务经理、销售内勤、人资经理）的影响力很有限。而且，财务、销售、生产部门的领导在公司均比董秘的地位高、权力大。所以在涉及一些资料提供、业务模式整改的讨论、募投项目设计等重要工作需要他们支持的时候，在人力、时间都有限的情况下，往往会存在一些难度。但对身兼公司副总、法务负责人的董秘而言，就已有更高的职权和足够的地位，去和"兄弟部门"进行平等的沟通。

总之，董秘就是一个任务重、班子新、权力小的岗位，因此很多行外人士，往往只把董秘当作董事长秘书，而不认为其可以和财务总监等企业高管平起平坐。在 IPO 阶段，董秘基本上是借助中介机构的力量、争取实际控制人的支持，以完成项目，这就给了证券律师创造价值的机会。

二、客户眼中的律师角色和价值

从董秘的工作特点来看，除了任务重、班子新、权力小，还有

08 甲方来自金星 乙方来自火星
李海峰（合伙人）

个特点是专业性很强。一方面，董秘要打交道的这些群体，无论是券商、律师、会计师，还是外部的投资人、独立董事或者是监管机构、交易所等，基本都是专业技术部门。如果不掌握足够的专业知识和技能，很难同频沟通。当然这个专业性并不是说董秘要跟专业机构一样去掌握技术性的细节，而是说他能够理解法律法规、专业术语和专业意见。另一方面，董秘需要把这些专业机构的语言转化为企业经营的语言，用来和实际控制人、企业高管或者其他同事进行有效的内部沟通交流。

承担这样一份任务重、班子新、权力小、专业性又强的工作，对大多数非职业董秘来讲，无疑是"大姑娘上花轿——头一回"，存在不小的挑战，这个时候董秘就只能借助手上的资源，包括公司内部的上市团队以及承办 IPO 项目的中介机构。

而对中介机构而言，也依赖董秘这一岗位，将其视为中介机构和企业之间的桥梁，一方面是重要的信息渠道，另一方面也是与实际控制人之间的缓冲地带。任何一个外部机构或者外部利益相关方，跟企业本身的立场和利益诉求，会存在一定的分歧和不一致之处。而董秘的职责之一，就是在 IPO 相关的问题上，能够站在企业自身的立场进行独立判断，消弭中介机构和企业之间的分歧，求同存异，给出一个大家都能接受的中间方案。董秘作为实际控制人十分信任的人，能更准确地理解实际控制人的意图，贯彻实际控制人的意志，以期策划一个更加令人满意的解决方案；同时，对中介机构提出的方案，董秘也能够帮助实际控制人去消化，向后者作解释、说明并加以优化。因此，可以说董秘和中介机构是相互依存和相互支持的关系。

就律师而言，董秘眼中的外部律师主要有以下三方面的作用。第一，律师是董秘的"外脑"，即律师要从企业上市角度，提供专业的分析意见，供董秘参考，而这些意见往往是处理日常法律事务的公司法务所无法给予的。第二，律师也是董秘的帮手。知易行难，有些事情听着简单，但真正实操起来才能明白隔行如隔山。如在处理引进投资人时的融资条款或协议，公司遭到行政处罚后的应对，涉及知识产权的争议处理，复杂的商业交易安排等，通常需要依赖外部律师起草审阅专业法律文件。第三，律师也是董秘的"嘴巴"。在拟上市公司，董秘毕竟权力有限，如果是内部提拔的董秘，可能更是如此。上市过程中有些复杂问题的解决、推动、执行，基于董秘自身的角色和立场，只能进行苦口婆心的规劝，因此很难有实质性的进展。而如果其通过律师正式提出，则往往能通过中介机构施加压力来解决问题。

三、客户和律师的不同视角以及应对体会

尽管律师和董秘有相互支持、相互依存的关系，但是，位置决定立场，双方在具体对待和处理问题上，还是会有很大的差异。下

08 甲方来自金星 乙方来自火星

李海峰（合伙人）

文主要会从客户的需求、决策、执行的层面出发，针对不同的场景和事项，把律师以及代表客户的董秘之间看待问题和处理问题的不同立场和维度进行比较。

（一）如何确定目标？

律师可能会碰到这样的场景：客户提出了一个商业目标，围绕其需求，律师会提出几种方案，每种方案均有利有弊，请客户进行最终确定。此时，客户往往会说，这些利我都想要，这些弊端我都不想承担，怎么去结合一下，能不能想到一个更好的办法？这个问题，似乎是横亘在律师与客户中间的一道鸿沟。依笔者个人体会，至少自己在做律师的时候，容易出现过程导向，时刻警惕过程当中的风险和难度；而客户往往是结果导向，以终为始。所以客户最喜欢说"方法总比困难多，总能想出更好的"。

那如何应对这个问题？

一方面，笔者认为还是要从理解客户的诉求出发，企业经营本身就是整合所有的资源来追求投入产出最大化，同时还要追求很多维度指标。这里面包括了财务指标、业务发展、内部管理秩序、市场上的品牌形象等。所以，客户的需求必然是无止境的，他会不断地追问，直面灵魂地拷问有没有更好的方案。客户作为一个营利组织，投入产出最大化，是其基本诉求。在此之外，可能会有另外一些考虑，比如通过这样的诉求施加压力，考验律师是否真正能够做到以客户为中心，想客户所想，竭尽所能；对于客户所不熟悉的法律专业领域的问题，通过不断逼问，才能不断缩短和律师之间的信息差，确保律师没有任何保留。笔者认为，客户之事无小事，律师对此均需予以严肃对待，不要轻易发表意见和给出方案。只有在思考和论证足够充分的情况下，才能向客户作出说明与解释。最主要的是告诉客户这些目标可能出现不相容或不可兼得，并解释背后的原因和过程，以此来获得客户的理解。客户的挑剔和严苛的要求，有助于充分挖掘律师的潜力。

另一方面，如果确实出现了鱼和熊掌不可兼得的情况，或者说是目标之间相互冲突的情况，如何处理？

举个常见的例子，比如实行员工股权激励，客户的目的是实现更好的激励效果，实现企业利益与员工利益的长期捆绑。但与此同时，也要避免员工获得激励之后在功劳簿上"躺平"，或者是因为股权增值导致在工作中不思进取，可能还要考虑员工离职的风险，股份支付的费用等。这些目标其实是存在一定冲突的，比方说在有市场可比价格的情况下，持股价格低，自然激励效果会好一些，但股份支付的费用也会高。相比虚拟股来讲，实股带来的股东身份的认同感和参与感会更强，激励效果更好，但在员工发生离职的时候，就会产生不可控的股权变动风险。同样做实股，直接持股和间接持股自然也是不同的。此时，企业就要从自己的核心诉求出发：到底现阶段是艰苦创业，要稳定军心、聚拢核心骨干，还是说事业有成，应该对一起创业的同事进行奖励？或者是要招兵买马、开疆拓土、吸引人才？基于不同的核心诉求、不同的目标，企业应当有不同的考量。

08 甲方来自金星 乙方来自火星
李海峰（合伙人）

再比如，有一个合资项目，某企业想与供应商达成战略合作，合作方式是开放的，包括签署优先供货协议、投资入股供应商，甚至收购供应商，就此咨询律师的意见。显然，不同的方案中，使用资金的体量、业务优势、管理工作量的差异是很大的。从律师的角度来看，需要关注客户最核心的诉求是什么。比如，经过与客户讨论之后，发现其最主要的诉求是为了控制上游的核心原材料，实现技术的自给自足；额外的目标是降低成本、保障质量等。了解这样的诉求之后，律师能给出的较好方案是建议客户就近新设一个控股的合资公司，使其能够合并报表处理，在实现股权层面对合资公司进行控制的同时，又完美地解释对外投资的动作，能够向上下游作一些延伸。与此同时，作为交换，客户可以向合资方交出自己日常经营的权限。

从上述案例来看，律师首先要考虑的是：决策者最关心的核心问题或利益是什么。只有解决这个问题之后，律师才可能在心理和思维上与客户同步，站在他的角度来思考和解决问题。就不同的战略目标，设置的解决途径可能是截然不同的。否则出现南辕北辙的情况，浪费时间和精力不说，还会影响我们在客户心目中的形象。

（二）如何作出决策？

在如何作出决策方面，律师和客户之间不同思维的差异也是比较典型的。

企业经营的主要目的是获得更高的利润，利润又来自收入和成本之差，所以企业经营本质上就是在做一道减法题。对企业来讲，收入是越高越好，成本和支出是越低越好。但这里的收益，不仅仅是狭隘的经济利益，也可能是影响客户决策的其他因素，例如业务发展、内部管理秩序、品牌形象、团队的战斗力等。成本也包括了经济成本、法律成本等。

任何项目的机会（收入）和风险（成本）都是并存的。但在顺序上，站在企业的角度观察，是先有机会才有风险。机会毕竟是当下的，风险可能是明天或者后天的，也可能永远都不会转化为现实的损失。过于强调潜在的风险，可能就会丧失眼前确定的机会。所以对企业来讲，有的时候失去机会可能才是最大的风险。而律师的主要职责之一则是分析评估与商业机会相伴的法律风险及其后果。

举个例子，某个客户的产品在细分市场上获得了全球第一的荣誉，因此客户想把它作为一个市场营销的亮点并拟在该产品包装上进行相应的广告宣传。但由于会涉及限制用语的规范性问题，律师认为可能会违反广告法，并因此遭受处罚；加之该产品是一个全国性的品牌，各地都有销售，这意味着要接受各地市场监管部门的监管。而从客户的角度来看，与市场营销带来品牌价值的塑造和销售收入的增长相比，虽然违反广告法可能会带来一定的违法后果，但由此获得的收益可能超出违法风险带来的后果，因此其仍然可能会选择推动这个项目。与此同时，企业可能在细节上还会用一定的技术手段，以尽量降低法律风险。而此时律师如能再及时提醒客户，在上市申报阶段，报告期内的处罚可能会对其上市构成实质性障碍，客户就会重新评估这个法律风险，认为上市前这么做法律风险是高于业务收益的，便会果断停止极限宣传。

综上，笔者认为，对企业而言，应先谈机会，再看风险，利用机会和防控风险并存。但是抓住机会，不代表自欺欺人，忽略风险，对风险视而不见。所以当客户看到机会的同时，在风险不可避免，交易的条件不可改变的情况下，律师应尽其努力协助客户去准确预估法律风险的性质和后果、如何防控法律风险以及就此需要承担多大的法律上的成本和代价，以便客户通过机会和风险之间的权衡，作出最终的决策。

（三）如何制定行动方案？

1. 因人而异

有些问题，从法律的规定和案例的检索来看可能有很多解。但具体到某一个项目当中，就需要评估是否有可执行性。

作为律师，主要还是考虑法律上的可行性，包括要合法合规，避免法律风险，同时也要避免经济上的损失。而从客户的角度来讲，是以整个问题的解决为导向，最终需要的是一个现实的解决方案，法律因素只是其中一部分，但不是全部，甚至不一定是最核心的。除了法律因素之外，客户还要考虑财务因素、相关方（包括政府、重要股东）的因素、交易对方的因素等。

以财务因素为例，做股权激励就会涉及股份支付，对经营利润可能会产生影响；如果涉及一些交易资产的处置，可能会产生减值损失，并对财务报表产生影响；不同的出资方式也会涉及不同的税务成本。

相关方因素中的政府因素（尤其是税务部门）会比较多一些。对员工进行股权激励时采用间接持股方式，在做递延纳税备案时，各个地方税务部门的理解可能会有差异，有些能够接受，有些就不能接受。甚至有的地方税务局会认为股权激励通过大股东转让才算，增资还不算。

股东因素，比如做股权重组会涉及针对老公司股权有不同的价格出资或转让，可能会影响不同轮次的投资方的税基，影响股东未来缴税的金额，出现相关方是否同意产生额外的税收的问题；另外，除了所得税之外，增加资本变动的动作，可能还会产生其他税收，出现相关方是否愿意配合的问题。

关于交易对方的因素，以某客户收购合资公司小股东股权为例：客户有一个和第三方合资的控股子公司，这个第三方是一家上市公司。基于自身业务发展的规划以及减少关联交易的要求，客户需要增加其持股比例，最简单和成本最低的方式就是直接受让对方持有的全部股权。但是，该方案遭到对方直接拒绝，理由是该公司对合资公司的投资，是一项公开披露的非常成功的对外投资项目，如果出让其在合资公司里的全部股权，将无法向其投资人交代。后来基于双方长期合作的互信，双方各自退让，客户最终以溢价的方式进行增资，对方也同意放弃优先认购权，从而其股权得以被动稀释。由此可以看出，好的交易方案需要深刻理解己方客户的商业诉求，同时也要合理认知客户交易对方的商业诉求，以求设计出一套共赢的方案。毕竟这些商业行为是持续性的，如果仅站在客户利益的角

08 甲方来自金星　乙方来自火星
　　　　　　李海峰（合伙人）

度，而不去考虑对方的诉求，可能会给未来的长期合作留下隐患。

对于证券律师而言，应当具备基础的财务和商业知识，在给客户提出方案的时候，应当去综合考虑这些因素。如果做不到，或者是判断不准，那么至少在涉及财务、税务这些专业的事项上应提醒客户去咨询专业机构的意见。与其说这是一个免责声明，不如说更多地是为了把事情做好，因为只有成就客户才能成就自身。

2. 量体裁衣

律师的职业习惯是起草一份完美的法律文件，比如一份合同的条款就要依法合规，体系与逻辑要严密，用词要精准。如果说合同的术语不专业，或者内容约定较模糊，就像是白纸留污，令人难以容忍。但从很多客户的视角来看，关注的可能并不是这些"污渍"，而是整张白纸。但凡涉及第三方的法律文件，无论是合同、承诺还是声明等，其本质均属于客户与对方的交易。既然如此，交易文件反映的必然是相关各方经过谈判博弈之后相互妥协的结果，而非按照律师的思维精心设计的模板。为了促成交易，就必须接受这样的不完美，因为再精心设计的一个法律文件，如果最后签不下来，也只是一沓废纸。所以在很多客户看来，只有完美的妥协，而没有完美的法律文件，很多时候够用就好。

从另外的角度来看，律师所做的法律文件往往也只是交易过程当中的一个载体，它不是交易本身。交易最后能不能成功，影响的因素很多。这个法律文本可能只是其中一部分，当事人的背景、双方的利益分配等诉求、交易的时机、信息的不对称性等，都可能会对交易的结果产生更多的影响。

3. 量化风险

在制定方案、分析和评估法律风险时，律师可能会事无巨细地罗列所有风险及其相应的法律后果，缺乏对风险的衡量、评估。客户可能更关心的是哪些是字面上的风险，哪些会产生现实的风险，哪些风险可能会对交易有重大的影响，并需要律师对相关法律风险进行识别、排序、分级。同时，有了这样的定性还不够，还需要律师提出减损甚至是消除相关法律风险的建议和方案。

基于笔者的经验，律师在分析法律风险时需要更多思考风险背后所能造成的最严重的商业后果究竟有哪些，性质是否足够严重，是否会涉及刑事或行政法上的风险，是否会对企业未来的上市或其他方式的融资造成不可挽回的影响，是一个仅仅理论上的风险，还是会产生一定的经济损失。

有一些法律风险可能是基于模糊的法律规定或相互冲突的法律规定而产生的。律师本能地希望尽可能做到分析精准，争取不留下模糊之处。但在有些情况下，保留模糊未必不是一个审时度势的明智策略，模糊就意味着我们可能会留到未来以便争取更多的时间来解决这个问题，那个时候可能就比较清楚，问题也就迎刃而解了。

（四）如何推进和实施？

很多证券律师可能都会经历一个场景：在中介机构协调会上，律师会说某某问题一直没有进展，还有几个尚待解决的问题。话音一落，实际控制人和董秘的脸色可能就不怎么好看了。董秘可能就

08 甲方来自金星 乙方来自火星

李海峰（合伙人）

会吐槽，从上次中介机构协调会到现在，我们努力付出，已经顺利解决了哪些问题，现在正在解决什么问题；经律师这么一说，实际控制人对董秘的工作就很不满意了。

从律师的角度来讲，他会基于未来的工作目标，把重点放在提醒客户关注待解决的问题上。这么理解本也没什么错。但是在过程当中律师可能会忽略，大部分的工作是需要依赖董秘，以及以他为首的公司团队去落地完成的。在此过程中，律师需要尊重企业团队的付出，肯定其成绩以鼓舞士气。此外，在证券项目当中，实际控制人主要是通过参与中介机构协调会来了解项目的进展。通过在会议上汇报成绩，拟上市公司的领导对整个项目的进展有更多的了解和获得更多的信心，项目才有可能获得他们的支持。按照笔者过往的经验，只要公司的业绩能够达标，其他问题理论上基本都是可以解决的，无非是用时间来换空间，以及付出必要的代价。最核心的可能就是实际控制人的决心和坚持。所以，在这些中介机构协调会上，笔者认为最重要的是要做鼓励式的引导，帮他们树立信心，不要总是泼冷水。当然这并不意味着不提问题，而是换一种方式来更好地指出问题。

任何一个证券项目中，除了公司业绩之外，多多少少总会有一些规范性的问题，区别无非是问题有大有小，有难有易。如果一点问题都没有，说不定本身就是个大问题。有些问题可能在中介机构入场尽调中就发现了，比方说涉及历史股权变动的瑕疵、重要不动产的瑕疵等。但从这些问题的提出到最终的解决，可能会贯穿整个项目的周期，直到项目申报前甚至上会前才会真正完成。虽然其间中介机构会一直催，但问题的解决可能依旧没有进展。如果因此认为客户缺乏 IPO 的诚意和决心，可能是一种误解。

因为对客户而言，企业经营有很多方面的目标，除了上市之外，还有很多涉及其生存和发展的目标。上市很重要，但不是唯一的。有些规范性问题，客户需要花很大的代价才能解决。此时公司和实际控制人需要权衡要不要解决以及什么时候解决。笔者的体会是，IPO 过程中总是会有很多问题，可以先解决简单的问题，困难问题暂且缓一缓。但是要多提，让公司和实际控制人意识到有这个问题。律师不应要求企业一步到位，而是要通过不断解决小的问题，把问题的数量减少，同时能让上市成功的前景更加明朗，让收益和成本之间的差额不断变大。到最后，简单问题可能都已经解决，当只差最后这一步时，客户就比较容易作决定。采取上述策略还有一个优点，即随着项目慢慢进展，有些困难的问题可能会柳暗花明。所以，有的时候不妨"让子弹再飞一下"，或许可以用更小的代价来解决问题。

笔者以上分享的一些感受，也得到了一些同行的认同，但这些并不构成通用的经验。如果变换场景、行业或地区，或者是面对不同风格的客户，其处理方式和结果可能是截然不同的。因此需要灵活变通，不可生搬硬套。

进阶大法

律师之道(三)
从入行到进阶

09　交易文件起草的基本方法和原则

孙建钢（合伙人）

人们对律师的印象常常是能言善辩。但其实律师的工作成果最终是以书面形式进行固定。对于主要从事非诉讼业务的交易律师而言，工作成果的主要体现是交易文件。

在介绍交易文件起草的基本方法和原则前，需要先了解交易有哪些类型，涉及哪些文件，在此基础上再了解文件起草的基本方法，如何提高起草技巧以及审阅文件怎样做到融会贯通。

本章内容旨在帮助刚刚从业、经验尚浅的初级律师理清合同或者交易文件的基本理念，希望对后续的学习和工作有所启迪。

一、常见的交易类型与文件

交易（Deal）一词其实是舶来品，用法律语言来说是法律行为或法律事实。按照不同行为的性质，可以宽泛地将其分为股权、债权、交换、合作。

股权主要指实体的设立与股权变更，包括内资企业（即国内资本设立的企业）、三资企业（即中外合资企业、中外合作企业和外资企业）、基金及合伙企业。内资企业与三资企业是做实业的主体，相较于基金、合伙企业，其更多有财务投资的味道在里面。这些实体均有股东或合伙人，或者通过上面的实际控制人扮演各种角色，更多的是股权性质的交易。

就股权而言，意味着股东们长期共事（这里以股东会中心主义视角来看，也排除了明股实债等特别安排），核心是通过经营获得收益。股东共同经营取得收益同时要承担经营风险。只有在扣除经营成本后企业可以获得收益的，股东才能分得股息。

就债权而言，债在优先级上要高于股，企业有收入之后应先还债，并仅在有剩余收入的情况下才能分红给股东。债权本身和股权的性质不同，需要在还本的基础上再加利息。在债权的层面上，律所业务经常会涉及的包括银行贷款、项目融资、担保、衍生品等。广义上的债也可理解为《民法典》下的很多债，但从交易文件的角度来看，债主要还是指带有支付性质的，有金钱履行义务的债，而其他的那些确权、拟制的债，则不在本文的讨论范围之内。

交易是在过程当中发生交换，包括各种买卖（买卖标的会有股权、资产、私有化、商品、服务），这里所指的股权与前文所述的股权不同，前文所述的股权指的是实体的设立，而此处指的是交换、买卖。再通俗一点，前面的叫作新设，这里叫作并购或收购。

09 交易文件起草的基本方法和原则
孙建钢（合伙人）

合作有很多种，其本质是没有交换的交易，是合作伙伴共同做一些事情，如研发、特许等。

以上几类交易都会涉及各种类型的交易文件。股权涉及股权的文件，债权涉及债权的文件，交换涉及买卖协议，合作涉及合作协议。

下文会对几类交易中一些宏观的共性之处作一个概述，帮助大家建立起草文件的基本的框架和思路。在获得基本的框架和思路后，律师可以根据自己所做的不同业务类别，比如银行金融、公司并购、资本市场或基础设施等，结合相关业务各自的属性和特点，起草符合客户需求的具体交易文件。

二、起草交易文件的准备工作

（一）了解背景

文件起草前了解相关交易的背景非常重要。律师首先要把交易的来龙去脉、背景弄清楚，这意味着律师要站在一定的高度去把握文件的格局，保证在大方向上不会出错。作为初级律师，被分配到工作的时候，首先要向交代工作的那位同事，不管是合伙人还是资深律师，把事情了解清楚，比如客户到底是买方还是卖方，客户有哪些商业目的或者希望达成哪些商业目的。客户的核心商业目的将会指导整个交易文件的起草,也会关系到其在交易文件中的谈判地位等。假如起草文件的是一位资深律师,那么在起草之前,需要和合伙人甚至直接和客户沟通,弄清客户在交易背后的商业逻辑,要明白他为什么做这个交易。

举个例子,某公司提出想与另一家公司做并购项目。但该公司可能不一定是希望真的做成交易,而是希望通过该交易去了解对方的商业结构,如果目标公司满足其需求就买;如果不合适,就只当花了一些成本去做商业研究或者调查。基于客户的这种考虑,律师就可以把整个交易文件的条款写得相对苛刻一点。相比较而言,如果客户表示这个交易是今年必须完成的 kpi,如果没有完成 kpi,可能无法使资本市场和公司股东满意。在这种情况下,律师需要明白,客户是非常急于达成相关交易的,那么交易文件的起草就只能抓大,只能要那些核心的目标,而不是说既要、又要、还要,否则往往很难帮助客户达成其核心商业目的。

如果客户在交易文件起草之前已经达成一些商业默契,比如意向书、Term Sheet(主要交易条款)或 MOU(谅解备忘录),律师也可以通过审阅这些文件以便更好地了解交易背景,尽管这些文件不一定有法律约束力。此外,客户与交易对方的邮件往来或其相关内容的总结,也会对此有帮助。

(二)了解客户

作为法律服务提供方,律师应充分了解客户的背景与风格,谈判地位以及客户代表的情况。因为客户作为外资企业或民营企业，工作风格差别巨大。当客户是世界500强公司或者是知名的私募股权基金公司，其风格差异也是非常大的。相对而言，民营企业往往对尽职调查和交易文件的要求会低一点，外资企业则会要求细致一些。

就谈判地位而言，如果客户谈判地位较高，那律师在交易文件中当然可以多提一些交易条件，多添加一些对客户有利的条款；而若客户处于较弱的谈判地位，律师起草的交易文件如果包含客户很难取得的商业条件，反而可能被对方用来作为拒绝进一步谈判的理由。因此，律师要根据交易各方的具体情况审时度势，在文件起草时把握好分寸，避免不切实际的条款致使客户抱怨因此浪费或延迟了交易机会或时机。

律师在与客户代表沟通交往时，要留意客户的法务、商务和技术代表各有不同。由于教育和职业背景的相同或类似，外部律师与法务的沟通会相对容易。而商务和技术代表相对而言则通常缺少法律背景，律师需要更多地用较为通俗的语言向其解释相关背景，避免过度使用法律的专业术语。此外，商务和技术人员也是有不同的。商务人员自然更关心商务条款；而对技术人员，律师要帮他把逻辑、结构解释明白。

（三）了解交易对方

知己知彼，方能百战不殆。律师需要了解交易对方或交易标的的基本情况，既可以通过很多公开的信息（工商查询信息、网站介绍、新闻报道等）去了解，也要利用好法律尽职调查报告，尤其是里面提及的重大法律风险问题，必须在交易文件中作相应处理。无论起草者是否直接参与过法律尽调，在起草过程中都要不断翻阅对照。另外，行业报告也是了解交易对方的重要信息来源。

（四）了解相关法条

律师应该对交易方、所属行业、交易性质等进行法律研究，了解相关领域的法律规定，不错漏强制性法律要求的必备条款，对于无强制性法律规定或者法律没有规定的部分，则可以在交易文件中自由约定、意思自治，以帮助客户多争取一些利益，体现律师的经验和水平。

（五）找好模板，事半功倍

一份好的模板是更好地起草交易文件的重要基础。初级律师通常可以从律所的数据库、代教律师或合伙人处获得比较完整、有针对性的模板，并要注意尽量去拿那些针对性更强的示范合同，即未经双方谈判删改妥协的最初文稿，因为通常删减总要比添加容易些。有一定经验的律师则会建议建立起自己的文本库，储存自己比较熟悉的那些模板。当然有的时候，客户可能希望用自己的通用模板，或者自己先前做过的其他类似交易的或同一交易中对方用过的较好模板。

拿到模板以后，律师应当仔细研读，有针对性地把握交易的不同特点以作出选择。不到万不得已，不要自己凭空去写合同。否则一来容易出错，二来缺乏效率，三则会增加客户或律所的成本。

没有哪个模板是十全十美的，也没有完全相同的交易。一份较好的模板仅仅是起草工作开始的基础。

三、起草交易文件的主要方法

（一）着眼大处，注重细节

文件起草首先需注重结构，而不是立即钻到细节里，否则容易漏掉核心的内容。一定要先把核心内容放到交易文件中，即"着眼大处"。如前所述，核心内容指的是客户的核心商业目的，交易文件一定要列明交易的核心目的。如仅仅写明很多陈述与保证条款，而漏掉了交易双方业已达成的意思一致，则整个合同都是失败的。其次，客户关切的重大风险，也需要在交易文件里有相应的条款加以涵盖。最后，律师在起草文件初稿时必须有底线判断，即要明白哪些条款是极其重要、必备的，哪些条款是客户将来可以用来和对方妥协或用来与对方交换的。

（二）先粗后细

　　交易文件起草的首要原则是着眼大处，然后是细节，先粗后细。着眼大处可以认为是先粗，有了粗的框架后，就需要开始注重细节。模板有了，必备的条款也有了，这时交易文件就有了一个基本的框架和结构。框架和结构是模板原本就有的，律师需要审视这个框架是否合适，是否需要加以调整。

　　搭好框架并确定文件结构后，就需要添加基本信息和核心条款，把必需的核心内容放到相应的位置，并考虑是否都可以放得进去，哪些地方需要调整或增减，并与必备的那些条款作对比，检查是否有任何错漏。如此捋完一遍以后，应开始逐条定制合同。如果先前定制的是内容，那么现在就是检查定制的各方面细节有无差池：比如合同方一定要更换，否则会酿成合同制作中的事故，贻笑大方；然后是对术语的定义、交叉引用的检查；其后是检查各个条款、附件等；最后是通篇校阅。在通篇校阅的时候，可能会发现文件的格式、字体、语法、行距、文字问题以及文字与内容前后不一致等问题。需要特别提醒的是，在通篇校阅时，律师不能完全依赖电脑，尽管电脑的 word 文档对中英文文件有一些检查功能。因为电脑虽然可以查出错别字或语法错误，却无法查出漏字或误用文字可能造成的文义歧义（比如漏掉"不是"里面的"不"字）。我个人以为，最稳妥可靠的方法是把交易文件全篇打印出来，拿笔逐条扫过，往往能发

09 交易文件起草的基本方法和原则

孙建钢（合伙人）

现在电脑屏幕上容易忽略的问题。

这种方法在科学上叫作交叉验证，因为如果仅仅在 word 里看，就只是单维，打印出来再看，就构成一次交叉检验。而且，对于很重要的交易文件，稳妥的方法是再让另一个人复核，那就又构成一次交叉检验，相应地，出错的概率就比较小。当然，这里的交叉检验只是理论上的一种说法，实际工作中是否能交叉检验以及如何交叉检验，需要跟主管合伙人或高级律师沟通确认，因为在真实的世界中一切皆有成本，一切皆有时限，不可能无限制地交叉检验，况且错失客户要求的交付截止期限也会酿成事故。

（三）合同的内容和要素

1. 合同结构

交易的类型众多，因而本文不可能提供关于交易文件内容和要素的一个完整清单，原则上还是从大处着眼。

首先，律师要看合同本身是单一合同还是多份合同，是主合同还是附属合同，是代理合同还是"背对背"合同。初级律师一开始接触的往往是单份合同，随着工作时间增多，会处理越来越多的复杂交易，继而发现除了主协议之外，还会有相当多的附属文件，比如并购交易除了并购协议外，还有担保协议、保证协议、融资合同。相关交易的文件有可能是伞状的结构：即一份主合同，下面又包含部门性的合同，部门性的主合同下面还包含部门交易的相应的配套合同。当然也有可能是树状的结构。因此就要求律师有宏观的格局，弄清交易背景和交易手段的实现方式以及客户要达成的商业目的。具有这样的视野会帮助自己在职业道路上走得更远。虽然律师在工作时一定要注重细节,但是千万别让自己在细节里钻牛角尖,因为那是没有意义的,一定要明白整个宏观交易结构才会给自己带来收获。

2. 合同当事人

甄别适格的合同当事人非常重要。因为这可能决定合同的性质、类别、约定内容以及当事人订立相关合同的资格。

3. 交易标的或交易事项

交易文件应当明确交易标的或事项。标的是什么产品(服务)、是买还是卖,标的的交易数量、交易价格、质量要求、交付条件等要约定清楚。整个交易的刚性要求,客户提出的细节,都是交易事项的这类条款要解决的。

4. 履行程序(时间、地点和方式)

有了"谁"(who)和"是什么"(what),还有履行程序,解决"怎样做"(how)和"何时做"(when)的问题,这都关系到交易始点和交易流程。

5. 陈述和保证,先决条件和交割后义务

陈述和保证、先决条件和交割后义务条款非常重要。尽职调查报告与交易文件哪些内容联系最多?就是这三个部分:陈述和保证、先决条件、交割后义务。一般来讲,在法律尽职调查过程中发现的法律风险可以分成三类:重大、中等及较小。陈述和保证是对公司

现有状况的陈述和保证，要在文件中写明公司是否合法存续、业务是否合规、有无提供担保、是否欠债。假如公司表明对外有欠款，但是愿意偿还，且合同对方同意继续交易，但要求欠款必须先偿还，则还款即构成达成交易的先决条件。

交割后义务，顾名思义，就是交易一方根据交易文件在交割以后应当完成的义务。以前面的欠债为例，交易一方欠款1000万元，且已经偿还900万元，还有100万元可以应收账款来偿还，但是应收账款要在交割后10天才到账，该交易方提出可否先做交割，之后再偿还欠款。交易对方评估后认为风险不大，提出姑且将这部分未履行的债务变成交割后义务，最终体现了先交割后还钱的交割后义务的安排。但如果欠款逾期未偿还，即构成欠款方的违约。

6. 违约责任和救济手段

违约但不予赔偿的法律义务是空谈，交易文件应当明确约定一方违约后，未违约方有何救济手段。

在各种交易中，交易各方通常都会约定违约责任和救济措施，无论是《民法典》规定的赔礼道歉、消除影响、金钱赔偿，还是实际履行等，均属违约方应承担的责任和义务，而违约金往往是最有效的违约救济手段。即便交易文件未约定违约责任，未违约方仍然可以根据《民法典》合同编的有关规定向违约方追究违约责任。但是，这不能成为律师遗漏违约条款的借口，因为好的违约责任的条款会使得交易相关方"三思"违约带来的法律后果，促使其严格履约。

7. 杂项条款

关于适用法律、争议解决、合同语言、交易各方通信与联络方式等条款，在很多情况下会落入交易文件的"其他条款"或"杂项条款"。法律适用条款不能随便约定，在没有涉外因素的情况下，交易各方不能约定选择适用外国法。交易文件以中外文哪种文字为准还是几种文字具有同等效力，往往是交易各方费时博弈的问题。

以上这些内容都是常见的交易文件要素，让交易文件变得有逻辑的秘诀就在于要根据交易的逻辑起草文件而不是简单罗列上述要素。无论如何，律师在起草交易文件时心中一定要有格局，明白核心商业目的及重大法律风险是关键点，其他一般性的条款只是前面所讲的"先粗后细"当中的细的内容，绝对不能为了这些细节而遗漏核心商业条款。

（四）技巧

前面讲的是"道"，这里讲的是"术"，"术"是服务于"道"的，不能背道而驰。技巧是必需的，但是重点还是要在大处着眼的基础上去完善这些技巧。

态度决定一切。律师首先要有好的态度，把做出高质量的作品作为自己的职业追求。

1. 及时沟通

有了认真和追求完美的态度还不够。理想很丰满，现实很骨感，刚刚入门的律师还是要回到现实当中，对于工作内容与范围、具体要求、截止时间等要及时与主管合伙人、律师、客户、提供版本的同事，以及有经验的同事沟通。你可能会做到最好或更好，但有的

09 交易文件起草的基本方法和原则

孙建钢（合伙人）

时候是时间不允许，有的时候则是成本不允许。如果被告知截止时间有点紧张或者客户没有那么多预算，希望出一份简单的版本，那律师就应当按照客户的指示去做；否则，即便你花费很多时间做出一份很棒的版本，因此产生了很大一笔律师费，客户也是不会承担的，对律所而言也可能构成浪费。总之，律师应当在客户规定的时间和约定的成本范围内拿出高品质的工作成果。

2. 细节

魔鬼藏在细节里。在使用模板文本时，除了要删除其中所有先前的交易信息，还要确保合同全文的定义一致，并且注意避免与市场惯用词语产生冲突。例如，以前工商局英文名称通常被称为"AIC"，改为市场监督管理局后一般被称为"AMR"。对于市场或行业惯用的定义称呼，没必要为炫技或是其他因素强行去搞古怪的东西，很可能会让人觉得你不懂行。签字页和正文要分开，因为这样会方便交易方签署。要学会利用秘书帮忙做排版和目录，以提高工作效率。当然律师自己能掌握好电脑技术则更为理想。

现在很多客户希望用微信发送文件，但以微信发送文本有的时候会走样，即便发送的是 PPT。所以建议大家同时发送一份 WORD 版和一份 PDF 版，因为 PDF 版相对来说不容易走样，不仅美观还很难被修改，可以避免被他人恶意篡改的风险。

四、起草交易文件的提高途径

（一）适时总结，温故知新

作为一名律师，要养成长期积累的习惯。及时总结、温故知新，逐渐建立起自己的版本库，针对交易类型要做自己的基础版或标准版的版本库，并不时加以更新。

（二）他山之石，拿来主义

多看国内外知名律所做的交易文件，看到好的版本要保存和细细研读，将来就可以"站在巨人的肩膀上"。

（三）修改意见，弥足珍贵

在完成交易文件初稿之后，律师要认真对待交办律师的修改意见。有的修改意见反映的可能是交办律师的工作习惯，往往能帮助年轻律师改正一些错误和盲点。因此，如果有合伙人和资深律师修改你的文件，千万不要怕因修改太多而颜面尽失。相反，修改越多，你赚到的越多，这是对初级律师进步方向的指引。有反馈，哪怕是负面的反馈，也远胜于没有反馈，要好过于永远不知道反馈，只知道做一只埋头的鸵鸟。

（四）参加谈判，换位思考，知其然并知其所以然

交易律师应当清楚自身的立场与站位：做买方律师还是卖方律师，是投资人的律师还是创始人的律师，不同的立场与站位会有很大的不同。投资人的律师会拼命为客户争取一些退出的权利，而创始人的律师则会拼命压低估值，希望投资人尽早给钱，不要那么多先决条件。交易各方起草文件后，通常不会直接签署，需要经过谈判，相互沟通和妥协，最终修改后才能签署。谈判沟通中各方持有的不同立场、观点与措辞，对律师都会很有帮助，能够引发思考。比如在某一交易中作为买方的律师，在谈判中会观察到卖方在交易当中所持的策略、观点与措辞，这时不能只是傻呵呵地听，而是一定要细细品味，去思考和咀嚼，也许下次做卖方律师时就可以择优而用。即便不一定能够有机会直接参与谈判，对合伙人改过的文件，谈过的文件，作为一个有心人，可以做一份比较版，请教主办合伙人或律师为什么会做那样的修改。

（五）守护核心利益，学会适当妥协

交易律师的目标是帮助客户去实现其商业利益，而不是摧毁他

的商业核心利益。千万不要认为你做的文件很完美，一条都不能改，那样可能会把交易谈崩了。如果交易本身的目的无法达成，再完美的文件也没有用。因此，律师要学会平衡、选择与妥协，核心的条款必须守住，有些条款则可以适当地放弃，让整个交易文件最终落地。

（六）没有完美的合同，只能在现实条件中尽力而为

以上几点更像是一种思维方法，起草交易文件的能力不能停留在简单的技术层面，而是要有宏观的认知，不时温故知新，收集好的交易版本，注重别人对你的反馈，注重换位思考，学会选择、平衡和妥协。这个过程不仅对交易文件起草、修改与谈判有所助益，针对职业发展甚至是人生规划也会有一些启迪。总之，没有完美的合同，我们只能在现实条件中尽力而为。

（七）签署不是终点，履行方为开始

签署并非终点。交易文件中的先决条件与交割后义务都是需要履行的，如果履行过程或争议解决过程中发生了一些漏洞和问题，律师都应加以总结和提高。

以"三鹿奶粉"案为例。曾经名噪一时的三鹿公司因为奶粉事件，从明星奶粉企业变成了"过街老鼠"，人人喊打，最终破产。我们的客户作为三鹿公司的供货商，无疑会担心其供货是否会变成破

产财产。而之前我们起草的合同条款帮客户解决了其担忧的问题：即客户供给三鹿公司的货物在三鹿公司支付货款之前，均属客户保留所有权的财产。这意味着只要三鹿公司未支付货款，客户所交付的货物就不属于三鹿公司的破产财产，最终帮助客户成功挽回大量的损失。这样的合同安排，律师在以后的工作中就可以举一反三，运用到类似的合同起草工作中，并时常更新。而且随着不断积累，经验会越来越多，也会越来越宝贵。

（八）注重版本的积累，学习多重的解决方案

同一个条款有对买方有利的，也有对卖方有利的，有适用于外资的，也有适用于内资的。站在不同立场与角度学习，有利于自身在今后的交易中代理不同角色的客户。

（九）培养商业意识，弄清行业规则

所有的商业律师都应该具备良好的商业意识。在"三鹿奶粉"案中，是约定先供货后付款。而在一些必需但供应短缺的商品（如流行病期间的疫苗）的买卖交易中，买方如不打全款，卖方根本不会供货的情况下，律师起草的合同里还要求卖方先供货，那客户可能会对此提出疑问。

（十）提高双语水平，受益三生三世

在中国持续扩大对外开放的前提下，掌握一门外语无疑会使涉外交易律师如虎添翼，增强其市场开发和法律服务能力。外语水平对于刚刚起步的年轻法律人尤为重要，比如大家找工作时往往会遇到英语面试，英文能力强则有助于律师获得从事涉外法律业务的竞争力。但与此同时，也希望大家学英语的时候，尽量不要去炫技。

10　交易文件谈判经验与策略

曹　翔（合伙人）

谈判本身是一个比较广的话题。严格来说，它并不是一项法律技能，而是商务能力，但作为一名交易律师，谈判能力是必备技能之一。如果外部律师可以帮助客户共同制定谈判策略、分享一些谈判技巧与经验，将可以为客户带来更高的服务价值。笔者在工作中有幸参与了一些跨境并购交易的谈判，希望在下文中结合自己过往的学习经验、实践经验和案例，向各位分享一些心得体会，以期从法律从业者角度帮助大家建立起自己的交易文件谈判的逻辑和策略，并为大家提供一些技术性启发。

本文主要包括四个部分：交易文件谈判的概述，谈判前的准备，谈判的策略与技巧，以及谈判能力的培养。

一、交易文件谈判的概述

（一）谈判的定义

谈判通常是指有关方面在一起沟通或协商，以便就某个或某些重大问题找出解决办法，或通过相互讨论对某事取得某种程度的一致或妥协的行为或过程。根据前述定义可知：

第一，有关方面指的是谈判至少要有两方，单独一方没有办法谈判，一般也称不上谈判。

第二，互相协商是指谈判应该是一个沟通的过程，无论是将各方对于事实情况的认知进行对齐，还是就具体的问题交换意见与看法，都属于协商。

第三，对于某个或某些重大问题找出解决办法，说明首先需要识别出问题，才能有具体需要谈判的对象，才知道接下来要谈什么。

第四，找出解决办法，表明谈判的目的不是争吵，而是通过交流和沟通来切实解决待定的问题。

第五，取得某种程度的一致或妥协，表明谈判并不总是完全说服某一方，另一方毫无退让；相反，谈判往往更多的是需要各方分别作出一定的妥协和让步，并最终达成一致。

（二）法律执业语境下的谈判

作为法律从业者，在法律执业语境下，比较多见的涉及谈判的场景包括：交易文件的谈判、争议解决的谈判以及与政府部门的沟通。本文将聚焦在交易文件的谈判这一场景。

（三）谈判的思维层次

谈判的思维层次，一定程度上源于上文对于谈判的定义。笔者认为，进行谈判可以有以下几个思维层次：

1. 理解、认知、解释

在这一层次，需要厘清待谈问题所涉及的客观情况，明确谈判各方的立场和诉求，识别并通过澄清与解释工作消除谈判各方对于待谈问题的认知差异，从而为下一个层次找到各方真正的分歧点奠定基础。这一层次需要关注和开展的工作一般包括以下几个方面：

（1）将商业、技术、财务术语转换成可沟通语言

谈判中经常会涉及商业、技术、财务等专业术语，甚至对于法律条款的谈判还涉及法律专业术语，这些均需要转化成容易被谈判各方充分理解（且理解一致）的可沟通语言。

以生活中比较常见的租金押一付三为例。押一付三是房屋租赁语境下较常见的术语，在谈判各方对于此项安排进行协商前，首先需要转化为具象的描述以确保谈判各方的理解是一致的（例如"押一"代表的是押一个月的租金，"付三"是指额外再支付三个月的租金，因此总共需支付四个月的租金）；只有在谈判各方对于这个概念的理解一致时，才能进入到下一层次去识别其是否确实存在分歧，以及具体的分歧点。

以技术术语为例，笔者近几年参与的数个能源基础设施投资项目中就有装机容量这一概念。装机容量属于技术术语，因此在投资方作出对于项目装机容量的要求时，首先需要对这个概念进行明确或澄清，以确保对方所理解的装机容量与我方所理解的装机容量是同一个概念，从而才有进一步谈判的基础。

再以财务语言为例，当我们在谈一个财务指标的时候要参照净资产额，那么净资产额究竟是指什么，包括报表上的哪些科目，这些都需要确保谈判各方的理解是一致的，避免谈判各方在谈判桌上互相讨论的并不是同一件事情，对本来没有分歧的问题投入不必要时间和精力。

（2）将外国语言转化为交易各方的语言

从外国语言的角度来讲，例如对于连带责任的表述，英文的表述一般为"joint and several liabilities"，逐字翻译成中文后是"共同及分别的责任"，此时中方可能会比较困惑，因此律师需要对此作出澄清，找到中国法下对应的准确中文表述。再如，笔者从业早年，带教合伙人还时常提醒注意英文中"possible""probable""likely""more/less likely""unlikely"在外国语言中的可能性差异，足见其中的学问。

10 交易文件谈判经验与策略
曹翔（合伙人）

（3）澄清顾虑

在了解谈判方的立场和诉求之后，一般还需要了解谈判方提出该项立场和诉求的具体顾虑是什么，因为很多时候当诉求以文字形式展现出来或被口头传达时，我们往往无法直接了解到其背后的具体考虑或顾虑，而只有了解到谈判方的具体顾虑以后（虽然谈判方未必总能如实且毫无保留地表达其所有顾虑），我们才能更有针对性地解决这个问题。

在笔者参与的一个并购项目的谈判中，对于出售方的责任限制条款，我方作为收购方提出了较为惯常的"欺诈例外"，即如果出售方对于相关责任的产生存在欺诈行为，则该方的责任限制将不再适用。此条款属于并购中较为通行的法律条款，但对此出售方提出，对于该方违反标的企业合法合规的陈述保证，不得援引此项欺诈例外。

对于出售方的意见，收购方实难理解，第一反应自然是出售方似乎不希望对欺诈行为负责，甚至怀疑有可能出售方隐瞒了一些信息。于是，作为收购方律师，我们请出售方作出澄清，由此了解到：出售方对于标的企业的情况掌握确实不全，但是该方确实愿意且已经将所有情况如实告知了收购方，因此出售方的真实顾虑是：不希望因为己方没有掌握相关信息从而没有披露给收购方，而被认定为存在欺诈行为。实际上，收购方本意上也确实不会因为前述情形认定出售方有欺诈的恶意行为。

据此，经过出售方澄清，可以得出：一方面，双方实际上并无分歧；另一方面，出售方的顾虑是合理的，但是与该方的实际修改意见并不相称,这种"一刀切"的方式属于矫枉过正。于是,我们便将条款修改为:如欺诈例外条款被援引,则不仅需要证明出售方存在违反陈述与保证的情形,还需证明其确实存在欺诈行为。通过这样的修改,一方面澄清了"违反陈述与保证"与"欺诈行为"本身是两个不同的问题,另一方面也体现了其存在一个递进关系,从而打消了出售方的顾虑,也真实体现了双方的本意。该方案最终取得了双方的认可,使双方就该条款顺利达成了一致。

2. 找到分歧点

此处所说的分歧点是指,谈判各方因未能达成一致而需要解决的问题。我们通常需要基于在上一思维层次中厘清待谈问题所涉及的客观情况、明确谈判各方的立场和诉求,方能准确识别分歧点。根据笔者的经验,迅速而准确地找到分歧点对提高一场谈判的效率和成功率有着至关重要的作用。

分歧点可以是非常具体直观的差异(例如对于交易价款的不同立场),也可以是较为抽象的差异(例如对于某一事项或合同某一定义的不同观念)。经验上,常见的分歧点包括不同国家及/或企业文化的差异、事实认知/商业意图的差异以及风险分担的差异等。

(1)国际/企业文化的差异

例如,在中外合资项目中,外方一般在谈判时十分注重细节,倾向于对所有合作安排有一套明确且具体的规则来约束,但中方相较而言可能会粗线条一些,更倾向于划定基本原则,而在履约层面再去明确具体的细节。再如,如果一开始就聊公司解散的情况,谈判就很难进行下去,并且中方也比较忌讳这一事项,但是从外方的

10 交易文件谈判经验与策略
曹翔（合伙人）

角度来看，往往希望将合作的整个生命周期约定清楚，这样在未来双方发生纠纷时就有据可依。当然，这也是一个动态变化的过程，近年来也能明显感受到中方越来越多关注条款细节。

（2）事实认知的差异

事实认知的差异并不罕见，但由于差异本身比较客观，一般也较容易解决。例如，买方希望卖方承担针对目标公司的某项整改义务，而卖方认为不存在缺陷，因此拒绝承担整改义务，此时只需要将目标公司客观上是否确实存在缺陷的客观事实厘清，双方的分歧可能就迎刃而解。此外，对于目标公司客观存在的缺陷，其出现真实风险的概率也会影响买卖双方的立场。对于真实风险概率较高的缺陷，买方可能倾向于保留部分价款以便于在风险最终转化为实际损害后，将保留的价款用于抵偿其遭受的损害；反之，若真实风险概率较低，买方可能更愿意考虑先完成付款而后另行向卖方索赔。此时，对于真实风险概率的判断将会有助于双方理解彼此的立场，更易于促使双方达成一致，即便该等概率判断本身存在一定程度的主观性。值得指出的是，虽然通过弥合事实认知的差异或可解决分歧，但不排除谈判双方之间在事实认知差异弥合后，还存在下文所述的风险分担的差异。

（3）风险分担的差异

对于风险分担的差异，在各类交易中是比较常见的，也更加需要通过谈判技术和创造性思维来加以解决。比如，在股权收购交易中，如果买方先打款，那么风险是打款后卖方可能不做变更登记，风险将由买方来承担；相反，如果先办理变更登记，那么风险是买方后续可能不打款,风险将由卖方来承担。当然,真实交易场景下遇到的情形远比这个例子复杂,这就需要谈判各方剖析隐藏在条款分歧背后的真实风险和差异。

3. 寻求解决方案

在识别出谈判各方之间的分歧点之后,我们便可以进入下一思维层次,即寻求解决的方案。解决分歧的方式和策略有很多,并且针对不同类型的差异各有不同的解决思路,笔者将在下文第三部分进一步展开探讨和分享。

(四)交易律师在谈判中的作用

作为交易律师,具有一定的谈判技能可以促进谈判进程,提高谈判的效率,并通过谈判策略和技巧给客户带来一定程度的优势。但不可否认的是,交易律师往往不会是(而且也不应该是)一场谈判结果的决定者,而更应该是一场谈判的促进者。笔者认为,交易律师可以在谈判中起到以下作用:

1. **识别和解读分歧**。如上文所述,交易双方在谈判中通常会有很多的分歧点。这些分歧点往往在表面上首先体现为对交易文件条款的修改。交易律师可以第一时间通过审阅对方起草的交易文件或对方对文件的修改,帮助客户解读和识别出对方的不同意见及顾虑、对客户的实质影响(即上文的第一层和第二层思维层次),从而与客户共同去寻求如何解决这些问题(即上文的第三层思维层次)。

2. **协助解决分歧**。交易律师可以基于对法律法规及行政实践的深度理解、丰富的交易经验，发挥自身的创造性思维，积极协助客户寻求解决分歧的具体方案。

3. 撮合交易。撮合交易包括一些法律层面、文本层面以及非法律层面的价值和作用。有的客户因为语言不通或为了避免不准确的表述，可能会委托律师全程参与谈判甚至作为主要的谈判人员，此时客户会希望通过自己的律师与谈判对方及其律师维持良好的沟通，以利于谈判进程的推动。然而，很多项目在谈判过程中，常常遇到有的律师同行表现出很强的胜负欲和过度的情绪化，这对于交易的达成显然是十分不利的。

二、谈判前的准备

初次参与交易文件谈判的律师经常会有一些疑问，例如在谈判前自己能够做什么，客户一般对其律师会有怎样的期待，抑或自己作为外聘律师应当提醒客户做什么。以下是笔者基于观察和实践的一些整理，以期给大家提供一些思路和启发。当然，需要提请注意的是，这些准备工作并非为每一场谈判所完全必需或者可以全部适用于每一场谈判。

（一）明确谈判目标

由于谈判是一个过程，每一场谈判往往都是整个谈判过程中的一个组成单元，因此谈判各方在每一场谈判中的目标往往不尽相同。比较直观的情形是，每一场谈判的目标是分别解决待定问题中的一部分，从而循序渐进地走完谈判过程以达成协议。然而，在实践中也不乏以其他目的作为某一场谈判的目标。例如，在谈判对手面前展示交易的诚意（通过我方已投入资源聘请外部顾问深入参与来展现），以便于为下一步实质进展起到助力作用；又如仅以充分了解对方立场为目的（而非以实质作出决策或解决待定问题为目的）进行一场谈判，甚至还有以控制交易进程和节奏为目的的谈判。由此可见，虽然整个谈判过程的最终方向是解决待定问题，但当聚焦到某一场特定的谈判时，具体的目的可能仅仅是提出问题、倾听对方诉求与意见，而非决策。据此，律师需要同客户事先沟通，以明确客户该场谈判中想要达成的目标是什么。

除了我方客户的目标外，律师也应预先评估一下谈判对手的谈判目标。当然，对于对方的谈判目标，从律师的角度来说可能会比较难以判断，因此可以考虑与客户沟通，看其是否了解对方本次谈判的目的，从而做好相应的准备工作。

此外，律师也应同步考虑各方在整个谈判进程中的共同目标。例如，很多交易会有一个相对明确的时间表，特别是在合作类交易中，如果谈判各方尽快达成协议是他们在第一时间站稳市场有利地位的一个必备条件，那么基于这样的背景，律师将更易于了解对方的谈判目标。

（二）了解谈判的环境

较为常见的谈判环境有面对面谈判和电话会议谈判。在大部分情况下，谈判的形式和地点由客户来安排。相较而言，在面对面谈判时，各方的专注度会更高；而在电话会议谈判时，各方都可能会出现不专注的情况，时间和效率都会受到不利影响。此外，在面对面谈判时，可以通过表情和肢体语言获取谈判对方的更多信息。例如，当我方在表达观点的时候，如果对方全神贯注地听，并且突然之间拿起笔来做笔记，则可以倾向于认为这一点对于对方而言比较重要；相反，如果此时对方一直在与其他人交流，表现得并不十分在意，则对方本场谈判的目的可能仅仅只是听而已。

此外，面对面谈判还会在一定程度上允许我方团队成员之间同步进行小声交流，而线上谈判则可能无法直接同步进行内部沟通，以调整谈判策略，而是可能需要借助其他文字通讯软件进行同步沟通。这些一般都建议提前考虑并且准备好相应的工具。需要强调的是，尽管多方会议通信技术在近两年有显著的发展，且运用也越来越广泛，但为了审慎起见，我们还是有必要在谈判之前提前进行必要的技术测试，以避免届时由于技术问题手忙脚乱，从而影响谈判的顺利进行。

就谈判地点而言，主场和客场也会有很大的区别。一般来说，在陌生的环境下，大部分人都需要有适应的过程。即便坐在会议室，难免也会感到有一些不适应。如果可能，可以考虑选择相似的酒店或会议室，甚至吃一顿和平日一样的早餐，带一杯平日每天都点的咖啡，以增强对环境的熟悉度，帮助自己更快进入谈判状态。此外，还有对于座席的安排问题。通常，最有话语权和决定权的或需要进行主要发言的谈判代表往往坐在正中的位置，对方可能也会这样安排。这样在沟通的时候，各方也就大体了解对方内部的决策架构或汇报顺序。

最后，在涉外交易的谈判中，还需要额外关注时差和作息差异的问题。例如美国和欧洲的谈判方各自在不同的时区，那么安排会议的时候就需要考虑这些因素，包括谈判的开始时间以及预定结束时间，因为太早或者太晚都可能对相关谈判方的专注力、耐力与情绪产生不利的影响。

（三）了解谈判参与各方

对于谈判参与各方，需要考虑具体的参与人，出席代表的职级和决策权等。以决策权为例，一般需要判断对方代表是否有权在该场谈判中作出决策，或者有多大的能力去影响其决策层认可谈判的成果；如果该谈判代表不具有决策权并且对其决策层的影响力也有限，那么对方谈判的目的可能并不是实质解决问题及达成交易，而可能有其他意图，在这种情况下，我方需要避免被对方利用以试探我方的底线。

10 交易文件谈判经验与策略
曹翔（合伙人）

此外，很多谈判还会涉及谈判各方的专业顾问的参与。我们往往也会提前获知谈判对方外部律师是谁，并事先了解与其相关的一些信息。就笔者个人的经验而言，如对方律师是擅长该类型交易的，则对于待决问题经常可以凭借双方丰富的经验，一同发挥创造力找出解决方案，并且由于双方对市场实践有相对齐平的认识，也可以省去较多的沟通成本；当然，优秀的同行在谈判桌对面一定也是擅长见招拆招的，这对我们自身的专业素养和技能也提出了更高的要求。

最后，在少数的谈判场合下，我们还可能有机会了解到谈判对方的内部分工、汇报内容甚至竞争关系，在这种情形下，合理且适当地注意甚至利用这些关系，即便不一定会对谈判带来决定性增益，但至少可以有效避免一些不必要的坑。例如，如果对方分管某个方面的谈判代表比较难沟通，则可以尝试将待决问题适当引导向另一个方面（是财务问题还是商业问题？），这样或许可以将问题从难沟通的代表手中移出，或削弱其个人立场在对方决策中的占比，从而推进谈判的进程。

（四）获取辅助信息

除了上述准备工作，实践中我们或多或少也会去获取或者利用一些辅助信息，作为谈判准备工作的一部分。例如，谈判对手所在国家的文化习惯、思维方式（对于守时性的看法、崇尚谦虚还是强势的谈判风格等），谈判各方的市场地位及优势，各方参与本次交易的背景及商业目标，参加本次交易的潜在竞争对手等。

（五）可谈性判断

有兴趣的读者可以去了解"BATNA"（Best Alternative to a Negotiated Agreement）以及"ZOPA"（Zone of Possible Agreement）等相关讨论。简而言之，BATNA 和 ZOPA 是指，买方如果可以通过其他方式以更便宜的价格购买标的物，或卖方如果可以通过其他方式以更贵的价格出售标的物，那么买方就产生了一个其在本次谈判中可接受的最高价格，或卖方就产生了一个其在本次谈判中可接受的最低价格，也即形成了买卖双方各自的谈判底线。如果在双方的谈判底线以上的可谈范围内存在重合部分，则该项谈判是具有可谈性的，因为只要落在重合部分内，即可以满足双方的预期；反之则不存在可谈性。

以笔者遇到的某个实例来说，某个中外合资企业的股东对公司的发展方向出现了分歧，导致公司多年无法作出有效的决策，最终股东面临解散并清算公司，或某一方股东退出公司并交由另一方股东继续经营。此时，外方提出建议请中方收购外方股权，中方原则上愿意考虑，并且双方初步同意按公司所享有的土地使用权及其地上厂房建筑物所有权的市场评估价值为基准，协商股权转让价格。此后，第三方评估机构对前述资产的市场价值作出评估，估值约人民币 500 万元。然而笔者注意到，一方面中方认为评估值存在虚高问题，不认可评估机构的评估结论，而另一方面外方预期的资产价值则高于人民币 500 万元，反而认为评估结论低于其原有的预期。由此可见，双方并不具备可谈范围的重合，因此该交易不存在可谈性，最终双方也意识到了这个问题，从而选择将合资公司进行了解散和清算。

当然，现实中的交易绝不会如此简单，往往还会包括其他各种各样的交易条款和条件，互相之间也会有错综复杂的勾稽关系，因此需要进行综合性的考虑和评估。

此外，需要澄清的是，以价格谈判为例，并不是双方对价格存在分歧就一定不存在可谈性，此处所说的可谈性是基于谈判底线（即必须实现的最差条件）而非谈判的立场（即理想状态下希望能够实现的条件）来决定的。

（六）准备的形式——团队准备和自我准备

除了上述一些可准备的内容以外，准备的形式一般也包括团队准备和个人准备两部分。

1. 团队准备

第一，团队准备可以安排好角色分工的问题，例如负责商务、财务、法律、技术的分工不同，在团队里的角色则不一样；甚至在一些涉外交易谈判中，笔者还遇到过韩国律师在法律角色中有诸如口头谈判和文字修改的具体人员分工，应该是为了最大程度地发挥团队不同成员各自的优势。

第二，团队准备可以确保信息统一、口径统一。特别是在项目团队人数规模较大、平行推进工作流的数量较多的大型交易情况下，谈判之前非常有必要将不同成员了解到的最新情况和项目状态同步给参与谈判的所有成员，以及在谈判的目的、口径和策略上事先形成统一。

第三，对于谈判的具体流程性安排，也可以通过团队准备来确定，例如谈判时间控制、团队着装风格等。

2. 自我准备

自我准备的内容因人而异，从律师角度而言，常见的包括提前打印足够数量的文本（如需）、规划好行程安排。如果各方选择在律师事务所进行谈判，还可以考虑为各方准备独立会议室，以便于内部讨论以及必要时向总部或上级征求意见。此外，进行技术测试以及准备白板、食品、饮品等都可以考虑。

三、谈判的策略与技巧

（一）注意谈判的方式

1. 解决问题，而不是解决对方

在谈判中我们需要关注的是问题本身，而非针对个人。在谈判

10 交易文件谈判经验与策略
曹翔（合伙人）

过程中，难免会出现责怪对方、情绪化、不守时等现象，这些都是需要努力避免的。通常我们需要着重去做的是与对方体现共鸣、尊重对方内部解释工作以及表达共同寻求对策的决心，这样才有利于问题的解决；同时，在谈判过程中持续提醒各方关注共同目标、共同利益以及公平性，也将有利于问题的解决。

2. 善于倾听，先了解各方诉求

为了进入到实质寻求解决方案的思维层次，一方面需要完成理解、认知、解释和识别分歧点的思维过程，因此首当其冲的是需要善于倾听，明确分歧何在以及对方诉求的合理性，当然同时也要倾听客户的意见，而不是急于表达我方甚至是个人的观点和立场。

另一方面，可以通过反复举例的方式，向对方不断变换场景，使对方对我们识别出的真实分歧点予以认可。这种例子可以是非常极端的情形，从而将分歧点（或者双方真正在乎的问题）充分暴露和识别出来。有时，我们还需要通过图表来说明，例如某个事项的具体流程是怎样的，双方实际上对于流程中的哪一步有不同意见，即可以通过画流程图的方式来帮助理解和澄清（此时就可以用上会前准备好的白板了）。

3. 准备及使用问题清单

问题清单（Issues List）或重大问题清单（Key Issues List）在谈判中是十分常用的工具。清单往往会包括：序号、条款编号、条款原文、各方意见、给客户的建议以及客户的反馈。不同客户的要求会不一样，因此会有很多衍生的版本。

问题清单的第一个作用就是识别和列明分歧点；第二个作用是基于清单，分项明晰谈判策略、立场，例如法律判断、商业指示、最优结果、次优结果等；第三个作用是有助于判断待定问题数量，随着序号的逐渐减少，就会很清晰地看到待定问题的减少；第四个作用是问题清单还可以在一定程度上帮助限定谈判范围，以及持续追踪待定问题的后续分工与进展。

4. 巧妙安排待定问题

上述问题清单一般会作为整个谈判进程的指引，因此其编排顺序也会在一定程度上影响谈判的效果。比如，大部分时候我们会按照条款的先后顺序对问题进行编排，这样也有利于后续对具体文件的条款逐一进行修改；同时，我们也经常会考虑将互相关联但散落在文件各处的条款进行归类并编排在一起，以利于"一揽子"解决所有相关的条款。此外，我们还会考虑优先协商讨论重大的或难度较大的问题（因为往往越谈到后面人的注意力越容易分散，谈判效率难免会下降），但同时也可能将容易达成一致的条款穿插在其中进行一定的调剂，以体现一些积极的成果和进展，从而对谈判各方的情绪和信心起到一些正面支持作用。

5. 适当提醒

即便是双赢的交易，也一定会有谈判各方立场或利益存在不一致的地方（否则也就不需要谈判了），因此在为谈判各方共同解释和说明某个问题或给出一些专业意见时，一般也建议提醒对方做一些独立的核实、判断，以及参考自己的专业顾问的意见。这一方面是职业道德的问题,另一方面,达成协议也只是具体交易或合作的开始,如果对方未能在充分掌握真实信息或独立判断的情况下达成了交易,那么即使在交易条款中我方占到了便宜,也难免在履约阶段各方出现潜在争议或不愉快。此外,适当提醒也有利于展现对己方观点的自信以及体现出一定的客观性,有时也能增进谈判各方的互信。

(二) 解决分歧的思路

1. 寻找平衡点

谈判有一种理论的分类,包括"零和谈判"和"双赢谈判"。在零和谈判中,参与博弈的各方,在严格的竞争下,一方的收益必然意味着另一方的损失,博弈各方的收益和损失相加总和永远为"零",双方不存在合作的可能。例如,在上文的股权收购交易案例中,是买方先打款还是目标公司和卖方先办理公司变更登记,实际上是在先履行的一方将承担在后履行的一方不予履行的风险,就是一种零和谈判。

而在双赢谈判中(更多体现在合作协议的谈判中),在很多待定问题上,谈判各方可能并非收益或损失的针锋相对的关系,在此类谈判中,则更应注重沟通与合作,寻求共同价值的创造。

对于零和谈判的解决思路可以是:分担风险、规避风险成本最低者优先承担、控制第一个较高的起谈点等。这些解决思路体现在常见的商业安排中,包括价格调整、保证金、资金共管、事后追责等。就上文的股权收购交易的案例而言，实践中就有先预付一部分价款，然后启动变更登记，变更登记完成后再支付余款的常见安排，实际上体现了一种分担风险的解决思路。又如，在哪一方承担通报信息给另一方的义务的问题上，往往可以考虑判断哪一方更容易了解到这些信息，或者可以以更低的成本投入取得这些信息，并由该方去承担该项义务。再如，在双方对价格产生不同意见的情况下，在先提议价格的一方往往会考虑往更有利于其自身的一侧倾斜，这样在对方砍价进行妥协后，最终价格仍更有可能落在有利于自身的一侧。

此外，也可以考虑引入客观标准，例如第三方客观判断机制和引用惯常市场操作。举例而言，在并购交易中，如果涉及交割日账目价格调整的机制，而双方可能就交割日账目的内容无法达成一致，此时通常可以考虑约定由第三方独立机构进行认定，从而避免因任何一方的单方面意见导致对另一方的不客观或不公平。再如，随着某个类型交易的逐步成熟及规模化和标准化，很多条款逐渐有了在某一时期或长期相对多见的一种或多种惯常市场操作，此时，参照惯常市场操作也是一种寻找平衡点的可选思路，甚至实践中客户也会经常询问律师，某个条款在经验上比较多见的是如何处理，这就对律师的实战经验和总结归纳能力提出了更高的要求。

在寻找平衡点时，还可以考虑使用缓冲性用语，但要注意适用法律下的认定标准。其中，常见的缓冲性用语包括"合理努力"（reasonable efforts），"商业合理努力"（commercially reasonable efforts），"最大努力"（best efforts），"需要某方同意，但不应不合理

10 交易文件谈判经验与策略
曹翔（合伙人）

地拒绝同意"（consent which shall not be unreasonably withheld）。对于某些问题进行"重大/实质性"（materiality qualifier）的限定以及"据其所知"（knowledge qualifier），也可以起到一定的缓冲性用语的效果。此外，交易文件中也常常会有"令某一方满意"的表述，有的谈判方会认为交易是平等的，因此不接受令某一方满意的表述，对此则可以考虑将其调整为"令某一方接受"，这样通过缓和文字的方法，既不影响实质也顾及了谈判对手的感受，都应当积极去探索和考虑。

原则和细节的问题也是谈判中经常遇到的问题，即我们有没有必要谈得很细的问题。对此，可以评估发生概率、风险敞口以及投入和产出比，对于较难达成一致但发生概率不大的问题，一般可以考虑通过"届时友好协商"的方式，等问题实际发生后再解决。

最后，寻找平衡点还需要考虑到分歧点之间的关联性。例如，在交易资金的安全性方面，卖方要求将交易价款进行资金共管，但同时在变更登记流程上，卖方又要求在交易价款支付完毕后再启动变更登记，则此时买方可以考虑提出实际买方履约在先，因此似无必要再事先进行交易价款的资金共管。在这个例子中，单独来看资金安全问题和登记流程问题，卖方的要求均存在一定的合理性，但联动来看，卖方的要求可能并不合理。

2. 妥协/退让准则

首先，需要清晰认识，妥协与退让（compromise）是达成协议的必要动作，一方毫无退让准备的谈判往往是不会达成协议的。

其次，即便某一方准备好进行妥协与退让，一般也需要明确妥协/退让的基本前提，即退让的一方应该清晰认识并接受退让的影响及风险，并且应当坚持不可赠送，而是需要以交换其他条件的立场提出，并尽量争取到对方在其他问题上的妥协。

再次，应当避免自我谈判（self-negotiation）。如果谈判对方提出我方提议的条款过于苛刻且要求过多，并要求我方重新修改后再发出一稿供双方讨论，作为我方客户的律师，我们应当要求对方提出具体的修改意见，以供我方进一步考虑。因为在这种情形下，如果我方自行审视及考虑删去部分原有的要求，则会发生与自己谈判的效果：一方面如果删除或修改的内容较少，会面临双方后续的进一步拉锯；另一方面，万一删除和修改的内容过多，则将大大超出对方的预期，为对方争取到更有利的条件，这显然会损害客户利益。

最后，重大问题需通盘考虑（holistic consideration），即任何问题不应逐一被单个提出和解决，而应当由谈判各方将所有待定问题一次性全面提出，而后由各方充分考虑后作出相应的妥协和让步，务必要避免我方在一个问题上让步后，对方又提出新的问题进行谈判和要求让步的情形。就此而言，也体现出上文所提到的问题清单的重要性（即限定谈判范围及追踪所有待定问题）。

3. 谈判战术

在谈判中，有时我们会运用转移矛盾点的方法。例如向对方说明某些条款是公司内部制度的要求，一方面可以缓解现场的针锋相对以及解释其存在的合理性，另一方面也可以在此类条款实质于对方无关痛痒时尽量被保留。

有时我们还会运用"威胁"战术。例如以终止交易的想法来体现某个关键条款对我方的重要性。但需要提示的是,"威胁"战术是一把双刃剑,有可能直接导致谈判破裂,或者被对方识破后谈判信用遭受不利影响。因此,所使用的"威胁"战术应该是真实可行且适度的,并且需要与客户事先进行风险评估。

"沉默"战术也时有运用。例如在谈判进行到最激烈的时候突然沉默;这种沉默可能让对方心里产生自我怀疑,产生交易将谈崩的惶恐,从而认真考虑妥协和退让,但同样需要把握好尺度和频率。

此外,线下另行沟通是一个较为常用的战术。因为有的顾虑和分歧可能并不适合在正式谈判中表达,而线下沟通则可以帮助收集这方面信息,从而更有针对性地提出解决方案。

四、谈判能力的培养

谈判能力的培养方式因人而异,笔者在此愿意向大家分享一些自己的观察和经验。

第一,需要找到适合的个人风格。 每个谈判者都有自己的优势和弱点,例如有的谈判者天生气场强大,一开口就能够镇住全场;有的谈判者虽然不善言谈,但长于察言观色、捕捉细节。因此,我们应当基于自身的优势和弱点,选择适合自己的谈判风格并重点发展。随着个人风格的形成，可以进一步在团队中与其他队友建立互补优势。

第二，需要培养自身的沟通能力。谈判的本质决定了个人谈判风格无论作何选择，沟通能力总是必不可少的。沟通能力包括聆听能力、表达能力、肢体语言、技术能力等方方面面。

第三，需要实战与归纳总结。与很多技术的培养过程一样，谈判需要有实战经验的积累，并且还要及时复盘和归纳总结。

第四，尊重每一位谈判对手、感恩每一位谈判队友，从他们身上找到闪光点。每一场谈判难免会有针锋相对、争吵得不可开交的时刻，但每一位谈判者无非都是在为自己的委托方和组织争取最大的利益，这种精神是可敬的；每一场谈判一定还有顺利解决问题，甚至看到问题清单上的待决问题最终归零这样令人欢欣鼓舞的时刻，这是互相理解和信任、直面分歧并求同存异后的硕果。笔者也在此感谢那些曾经一起战斗过的队友和对手，没有那些一起被"关"在谈判室的日日夜夜，也不会有这篇回顾的梳理和分享。

11 突围跨文化投资陷阱

史欣悦（合伙人）

近年来中国企业在海外投资的资金管理、技术研发、人才团队建设等方面的硬实力日益增强，攻城略地的速度不断加快。但是不断成长的中国投资者，往往闯过了资金、技术比拼的大风大浪，却在后续经营的小河沟翻船碰壁。以笔者接触的一些案例来看，主要问题是中国企业在跨文化经营的软实力方面"缺钙"。每种文化都存在着一些无声的语言和隐形的对手。这对其文化之内的人是不言自明的，而对新来者却似有若无，难以把握。跨国经营的软实力体现在对不同国家文化的洞悉领会，对不同商业习惯的驾轻就熟，使其在未知的水域航行也能探明潜伏的礁石，听得见无声的语言，认得出隐形的对手。我们作为中国企业海外投资的中国律师，如果能够对此有深入的了解，无疑将有助于为客户提供法律咨询之外的增值服务。

一、无声的语言易忽视

无声的语言中突出的一条就是规则意识。不同文化的人对规则的认真程度是大相径庭的。规则意识强调对程序的尊重，一旦规则确定，各方都要遵从，除非情况出现重大变化。中国企业的规则意识普遍较弱，更强调的是灵活变通，因此中国企业在一些规则意识强烈的国家投资时，容易因对规则不够重视而导致失败。A公司是中国企业在北美的子公司，经营中发现一个新的可收购项目。卖方在投标前提出了严格的程序和时间安排，投标各方都表示同意。经过一个月的尽职调查和第一次报价，A公司在投标中胜出，成为唯一谈判方。根据事先规定的程序，接下来是合同谈判和签约。但是当胜出的A公司走进合同谈判的会议室时，提出的仍是继续尽职调查的问题。对方提示了多次，尽职调查已经完成，除了某些有待复核的问题可以进一步确认，不应再讨论尽职调查。而A公司仍然不肯放弃尽职调查的讨论，回到合同谈判的话题上来。最终卖方取消了A公司的唯一谈判地位，与其他报价方展开谈判。A公司虽然在投标过程中胜出，但最终却收购失败。

A公司此次收购的失败主要有三方面的原因：一是尽职调查阶段

11 突围跨文化投资陷阱

史欣悦（合伙人）

工作不充分；二是 A 公司并没有做好合同谈判的准备，公司内部和其律师没有认真审阅合同；三是 A 公司在成为唯一谈判方后，抱有错误的优势心态，认为其他竞争者已经出局，其即可掌控接下来的程序和节奏。而从卖方的角度看，既然各方事先同意了交易的程序和时间表，交易就应按照时间表推进。在合同谈判中，卖方发现 A 公司既没有在尽职调查期间做足"功课"，也没有认真准备合同谈判，而是一再重复尽职调查问题，且要求延长排他性谈判的期限。据此卖方认为，A 公司不遵守规则，滥用优先谈判地位，是一个不专业的交易对手，于是果断取消了 A 公司的谈判资格。

与规则意识相冲突的另一种文化取向是信任关系。规则和个人之间的信任哪个优先？这在不同国家表现得也很不同。中国企业 K 公司，在北欧参加一个当地公司的合同招标。该招标合同标的大、时间长；如果签约成功，对双方而言都具有长期战略意义。在投标前，K 公司要求与北欧公司的管理层会面并晚餐，被北欧公司拒绝。北欧公司认为，作为发标方和投标方，怎么可以单独见面和吃饭呢？K 公司觉得委屈，如果我们不见面、不互相了解，如何让我们下决心投这么大的标？如果高管之间互相不熟悉、不信任，如何保证未来的合作呢？

另外一种无声的语言是对司法权威的重视程度。有些国家法院权威不高，有了诉讼可以不出庭，输了官司也可以不执行；但也有些国家的法院具有很高的权威，绝不容小视。B 公司在 C 国销售旗下产品并在该国交易所上市。由于所销售的产品存在缺陷，B 公司被用户起诉，并有更多的用户加入原告行列，发展成为集体诉讼。一审中，因 B 公司没有应诉而被判败诉，赔偿额很高。这时 B 公司才意识到问题的严重性，遂提出上诉。二审中，虽然 B 公司的抗辩理由相当有力，但由于法官对其一审不出庭的态度十分反感，使得 B 公司上诉过程艰难，在二审中依然败诉。通过这场产品责任官司，对方律师发现 B 公司缺乏应对诉讼的技巧，于是又组织投资者发起了针对其股票信息披露不实的另一场集体诉讼，B 公司疲于应诉。B 公司之所以一审未应诉，是基于在其他国家的经验判断（以往 B 公司的产品在其他国家引起的诉讼，即便不出庭输了，赔偿额也不高），而并没有对该国的状况进行了解和调查。

二、隐形的对手难辨别

隐形的对手是那些在会议室之外的机构和个人。他们虽然没有直接参加商业活动，但是他们的行动和态度会影响交易的成败。随着中国企业海外投资经验的增加，过去的一些隐形对手已经逐渐浮出水面。如反垄断机构、安全审查机构、工会等，引起了中国企业越来越多的重视。中国公司在海外经营需要清楚地认识到，除了上下游的合作伙伴、竞争者、主管政府机构外，也必须时常留意一些隐形的对手及其动向。海外投资矿产能源的项目尤其容易引起隐形对手的

11 突围跨文化投资陷阱
史欣悦（合伙人）

干涉。中国企业 D 公司在海外投资矿产和配套基础设施，获得了当地政府的支持。在前期可行性研究阶段，有外部顾问曾提出要重视本地社区和原住民的工作，但公司没有重视，导致项目开工后遭到原住民部落的阻止。D 公司遂寻求当地政府的支持，却被告知，原住民有自治的特殊权利，政府也无能为力。由于原住民问题，该项目停滞了多年，严重影响了公司的生产经营。

中国企业还要关注市场的变化，防范随时可能会出现的隐形对手。在近几年做空"中概股"的风波中，浑水等做空机构半路杀出。他们通过公开发表质疑公司数据和业绩真实性的报告达到做空获利的目的。有不少公司因此引发交易所的调查、股东的集体诉讼，甚至停止交易和退市。此类平时并未引起注意的隐形对手如果突然发起攻击，其损害程度更大、恢复难度也更高。对此，有些中国企业拿起法律武器，起诉发布做空报告的机构。但在海外的许多地方，法律之手在有的领域十分有力，而在有的领域却很少触及。发布做空报告的组织即使被起诉，大多也以"言论自由"等抗辩理由全身而退。

以在海外上市的某中国矿业企业为例。该企业遭遇了海外做空机构的攻击：做空机构在中国雇佣调查公司，以客户名义给公司打电话，打探公司最近的贸易量，指责公司出货量不实；到各地调取公司子公司注册和年检材料，利用国内国外会计准则的差异给予歪曲解释，批评公司财务造假；派人在矿山门口蹲守，给每天开出的货车计数，以计算矿石开采量，并沿途捡起洒落的矿石做品位化验，以此来说明公司公告里的产量和品位不实。虽然这些未必属于科学严

律师之道（三）
从入行到进阶

谨的调查和统计方法，对内行没有说服力，但对于普通大众却是足够让人"信服"的证据。该公司因此股价大跌，并停牌接受调查。满腹委屈的公司经过努力锁定了幕后的做空者，在国外报警并起诉，但都没有成功。

在海外收购中，因为收购引发的行业格局的变动，也可能会招致其他业内企业的反对。有些行业资源集中，互相持股、技术许可关系复杂，牵一发而动全身。因此，有些乍看上去与特定交易无直接关系的同行企业，可能突然现身，变成阻碍并购交易的"拦路虎"。前几年备受关注的庞大集团与青年汽车联合收购萨博的失败，就是一个鲜活的例证。在该交易中，卖方是世爵公司，买方是庞大集团和青年汽车，似乎与通用没有什么关联。但是通用作为萨博的前股东，向萨博许可了诸多关键技术，并附有许可期限。通用反对的原因也不复杂：经历了金融危机之后，其在华业务是核心所在，如果庞大集团与青年汽车成功将萨博国产化，对于通用在华合资企业将构成直接竞争。通用公司在公开表态中也不避讳这一考虑。其发言人曾表示，这项收购"要么会对通用与中国的关系带来负面影响，要么会对通用在全球的利益造成负面影响"。这样看来，通用反对收购有其必然性，而庞大集团与青年汽车对于这个至关重要的隐形对手的忽视，直接导致了交易的失败。在庞大集团、青年汽车与世爵签署最终协议的前夕，通用表态反对此项收购。实际上，如果没有通用的技术支持，庞大集团、青年汽车即便收购了萨博，也无法继续生产。

三、搭建团队提升软实力

如何在跨境投资中听到无声的语言，辨别隐形的对手呢？换句话说，如何提高中国企业在国际并购和后续经营的软实力呢？

一个核心的解决办法就是搭建熟悉文化的团队。文化差异问题是人的问题，选对人至关重要。在企业内部，公司在海外投资和经营中，应当把具有跨文化背景和沟通能力的人放在领导团队里，同时加强对管理者的培训，培养跨文化意识和敏感度。在企业外部，企业应该聘请专业顾问，如律师、会计师、税务师等。这些具有跨国经验的中介服务机构，一般具有良好的跨文化意识，对当地的特点和外来者常见的盲点会有较为清楚的了解，有助于防患于未然。公司与专业顾问的合作，要做到长期、深入，"临时抱佛脚"和"无事不登三宝殿"不是充分发挥顾问专业智慧的最佳方式。

总之，对内提升公司内部跨文化经营的意识和能力，对外借助"外脑"少走弯路，才能尽快让中国企业在硬实力上建立起相应的软实力，实现多元商业文化和商业习惯的融会贯通，生成中国企业的"巧实力"。

12 从诉讼律师角度看合同争议解决条款的设计

刘佳迪（合伙人）

笔者之所以选择这个题目，是因为发现经常会有做非诉业务的初级律师来问一些类似的问题，比如说合同到底应该选择适用哪个国家的法律、哪个仲裁机构等，这个问题对于非诉律师来说非常有必要。此外，在过往的争议案件的起诉过程中，笔者发现有些合同的争议解决条款给后续诉讼造成了很多麻烦，比如说合同约定不明确，导致公司起诉时法院不予受理；或者合同约定的仲裁条款写得不够完善，从而引发合同各方就仲裁条款的争议。因此，不论是诉讼律师还是非诉律师，均应考虑应该如何把合同中的争议条款设计完善。

下文将从五个方面与大家进行分享：争议解决条款的设计思路、如何选择适用法律、争议解决方式、诉讼管辖的约定和仲裁管辖的约定。

12 从诉讼律师角度看合同争议解决条款的设计

刘佳迪（合伙人）

一、争议解决条款的设计思路

（一）适用法律

争议解决条款的核心是两大要素，第一是适用法律，第二是管辖机构。这个表面上看似很简单，其实背后却暗藏很多玄机。

选择适用法律通常有两个层面：第一个层面是仲裁协议的准据法，第二个层面是实体争议的准据法。日常实践中大家接触比较多的是实体争议的准据法。以合同争议为例，因本合同履行解释引发的全部争议均适用某国法律（比如说中国法律），这是实体争议的准据法，但是大家往往会忽略仲裁协议的准据法。

在当事人之间因仲裁协议的效力而发生争议的情况下，如果当事人双方未约定仲裁协议的准据法，则会产生究竟应依据哪个管辖地的法律来判断仲裁协议的效力的问题。结合《最高人民法院关于适用〈中华人民共和国仲裁法〉若干问题的解释》第16条以及《最高人民法院关于适用〈中华人民共和国涉外民事关系法律适用法〉若干问题的解释（一）》第12条的规定，当事人没有选择涉外仲裁协议适用的法律，但约定了仲裁机构或仲裁地的，适用仲裁机构所在地或仲裁地法律；没有约定适用的法律也没有约定仲裁机构或仲裁地或者仲裁地约定不明的，适用法院地法律。

如果争议解决条款约定完善的话，会在仲裁协议里面明确约定到仲裁地。仲裁协议里通常所写的"本协议的签署履行遵循 XX 地法律"这一条款和仲裁协议的准据法没有任何关系。实际上，目前在很多国际私法实践中，越来越多的仲裁协议会把仲裁协议的准据法作为一项协议内容约定在争议解决条款中。

（二）争议解决机构

争议解决方式主要包括诉讼和仲裁。诉讼和仲裁又会涉及选择法院还是仲裁机构；法院到底是哪家法院，仲裁机构到底是什么仲裁机构；选择了仲裁机构后，应当选择怎样的仲裁规则，以及如何选择仲裁地，仲裁地到底具有何等意义。

二、如何选择适用法律

（一）涉外因素

法律适用仅为涉外案件中会出现的问题，纯国内因素的案件不

12 从诉讼律师角度看合同争议解决条款的设计

刘佳迪（合伙人）

涉及法律适用的问题。对于到底什么是涉外因素，《最高人民法院关于适用〈中华人民共和国涉外民事关系法律适用法〉若干问题的解释（一）》[以下简称《涉外民事关系法律适用法解释（一）》]第1条对涉外因素有明确规定，但由于每个案件会有一些独特性，因此在实践中也会有些争议。

涉外民事关系是指：主体（国籍、住所）涉外、标的涉外和法律事实涉外。当事人一方为外国自然人、外国公司的，属于主体涉外。如果中国国籍的自然人的经常居住地在境外，则属于住所涉外。标的涉外实际上指的是标的物涉外，比如涉外买卖合同项下的标的物位于中国境外，需要通过跨国运输的方式运送到中国境内，这就属于标的涉外的一种情形。股权转让中如果目标公司为外国公司，也属于标的涉外。法律事实涉外是指产生、变更或者消灭的法律关系相关的事实涉外，比如合同签署地、合同履行地在中国境外。

总之，唯有涉外案件才涉及法律适用的问题，如果是纯国内的争议案件，根据中国法律的规定和司法实践，是不允许选择境外法律作为争议解决的准据法的。

提问：一个合同的两个主体都是中国公司，为了适用外国法而跑到国外去签署合同，是否算作涉外？

回答：如果合同是在境外签署的，且合同签署地在境外也已在合同中明确约定，那么笔者理解该合同为涉外合同。

提问：争议一方是外商投资企业的情况下，这种案件是否属于涉外案件？

回答：对于这一问题，司法实践中已经有很多案例，均明确外商投资企业是中国境内实体，外商投资企业案件不应作为涉外案件来对待，但是有一种特殊情况例外：最高人民法院于2016年发布的《关于为自由贸易试验区建设提供司法保障的意见》明确规定，一方或者双方均为在自贸试验区内注册的外商投资企业，约定将商事争议提交域外仲裁，发生纠纷后，当事人将争议提交域外仲裁，相关裁决作出后，其又以仲裁协议无效为由主张拒绝承认、认可或执行的，人民法院不予支持。也就是说，在一些特定情况下，比如说双方或者一方为在自贸试验区注册的外商投资企业，其所涉及的争议会被人民法院认定为具有涉外因素。但笔者认为这可能不完全绝对，这只是最高人民法院司法实践中总结的倾向性意见，将来还是需要结合具体情况具体分析。

（二）选择两类法律

1. 仲裁实体争议的准据法——不要求有实际联系

选择适用法律的前提是案件具有涉外因素，即属于涉外案件，但是并非所有的涉外案件均可选择适用法律，仲裁实体争议必须有明确法律规定。比如一些票据争议，票据法不允许当事人额外选择可以适用的法律，也不允许当事人自行约定适用法律。按照票据法的规定，只能适用出票地的法律。在这种情况下，当事人无法自由选择适用法律。据此，在选择适用法律前，除了要判断是不是具有涉外因素，还要审查相应的法律关系，即到底有没有相应的实体法规定允许当事人选择涉外民事法律关系。

12 从诉讼律师角度看合同争议解决条款的设计

刘佳迪（合伙人）

《涉外民事关系法律适用法解释（一）》第 4 条明确规定：中国法律没有明确规定当事人可以选择涉外民事关系适用的法律，当事人选择适用法律的，人民法院应认定该选择无效。有一些法律，如《海商法》《票据法》以及《民用航空法》，则含有一些特殊的规定。比如《海商法》明确规定选择法律只适用各类海商合同（如海上货物运输合同、旅客海上运输合同等）；而《票据法》应仅适用于支票等。

《涉外民事关系法律适用法》还明确了哪些类型的争议当事人可以选择适用法律：代理、信托、仲裁协议、合同、产品责任、不当得利和无因管理、夫妻财产关系、协议离婚可以选择适用法律，但具有婚姻等人身属性的一些情形会有争议；侵权责任则是事后选择；知识产权的转让和许可不能选择适用法律，但知识产权侵权责任是事后选择。

《涉外民事关系法律适用法解释（一）》第 5 条规定，一方当事人以双方协议选择的法律与系争的涉外民事关系没有实际联系为由主张选择无效的，人民法院不予支持。换言之，涉外法律的选择其实并不要求系争的涉外民事关系具有实际联系，但要求当事人明示选择，至少是事先以书面的形式，由合同明确约定，或者是在争议发生后，通过书面的方式来确定相关的法律适用。

2. 仲裁协议适用法律

如前所述，根据《涉外民事关系法律适用法》第 18 条的规定，当事人可以协议选择仲裁协议适用的法律。当事人没有选择的，适用仲裁机构所在地法律或者仲裁地法律。此外，根据《涉外民事关系法律适用法解释（一）》第 12 条的规定，当事人没有选择涉外仲裁协议适用的法律，也没有约定仲裁机构或者仲裁地，或者约定不明的，人民法院可以适用中华人民共和国法律认定该仲裁协议的效力。如果当事人未在仲裁协议里约定适用法律，但明确选择了仲裁机构，则人民法院可以适用仲裁机构所在地法或者仲裁地法。在一些特定的情况下，约定仲裁协议的准据法的原因是有一些国家，比如说中国，对仲裁协议效力的判断实际上是非常严格的。但也有一些地区或者国家，对于仲裁协议的效力判断不那么严格，比如中国香港地区。如果担心仲裁协议的效力会发生争议，那么在这种情况下，当事人各方可以选择友好国家或地区（比如中国香港）的法律作为仲裁协议效力的准据法，从而保障仲裁协议的效力。

3. 选择适用法律的"负面清单"

《民法典》《涉外民事关系法律适用法》和《涉外民事关系法律适用法解释（一）》中均明确列举了不允许当事人自由选择法律适用的情形：

（1）中国法律对涉外民事关系有强制性规定的，直接适用该强制性规定；如外国法的适用损害中华人民共和国利益，则必须适用中国的法律，但这种情况当事人各方往往是没有办法预先确定的，只能作事后纠查。

（2）《民法典》及其出台之前的《合同法》（现已废止）均规定，在中国境内履行的中外合资经营企业合同、中外合作经营企业合同和中外合作勘探开发自然资源合同，必须适用中华人民共和国的法律。显然，这属于强制性法律规定。

12 从诉讼律师角度看合同争议解决条款的设计

刘佳迪（合伙人）

（3）《涉外民事关系法律适用法解释（一）》还列明了一些必须选择中国法律的法律关系的类型：涉及劳动者权益保护的、涉及食品或公共卫生安全的、涉及环境安全的、涉及外汇管制等金融安全的、涉及反垄断和反倾销的，以及应当认定为强制性规定的其他情形。

总之，在选择适用法律时，首先要识别法律关系到底是哪个类型的法律关系，以及是否属于允许当事人选择法律的法律关系。比如说继承纠纷，当事人就没有办法通过选择法律的方式去约定继承权的归属。

其次，在确定了法律关系之后，要确定是否存在涉外因素。如果希望适用外国法或者域外法，则要确保有涉外因素。如果没有涉外因素，则应适用中国法；如果涉外，则还应当看法律是否明确允许当事人选择适用法律。

最后，到底选择什么样的法律，有哪些类型、哪些内容。比如到底要不要选择实体争议的准据法及仲裁协议准据法；如果要选择的话，应该选择哪个管辖地的法律。从现有法律规定来看，选择时不需要有实际联系，当事人选择对自己有利的国家或地区的法律均可，但前提是律师在作出法律选择建议时能够切实保障客户的利益，了解在将来发生争议时，适用哪个域外法能够最大化地保护客户的利益。

尽管如此，笔者建议，律师不要轻易建议客户选择域外法，尤其是在将来的裁决要在中国进行或执行的情况下。因为在这种情况下，如果选择的是域外法，会导致有关案件存在一些不确定的因素，从而给诉讼，无论是起诉还是执行，造成很多的阻碍。如果非要选择，则应首先充分评估在未来发生争议时，客户的权益在域外法的保护下是否会比在中国法的保护下更好、会高出很多，无论如何还是应当具体问题具体分析。

▶ 争议解决条款的设计逻辑

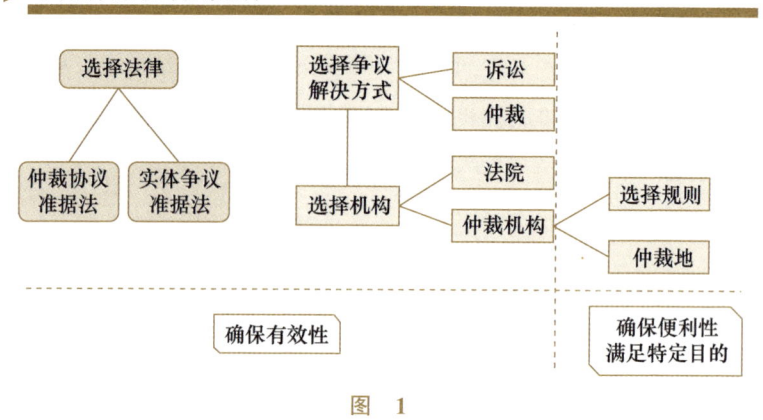

```
选择法律                    选择争议 ─── 诉讼
  ├── 仲裁协议              解决方式 ─── 仲裁
  │   准据法
  └── 实体争议              选择机构 ─── 法院          选择规则
      准据法                         ─── 仲裁机构 ─── 仲裁地

      确保有效性                      确保便利性
                                     满足特定目的
```

图 1

从图 1 可以看出，无论是确定法律，还是确定诉讼或仲裁机构，其核心要点为必须确保协议的有效性。前述三大要素是律师判断协议效力的一些要点，需要特别予以注意。而诉讼地/仲裁地和仲裁规则的选择，则是为了将来争议发生之后，确保诉讼的便利性或者仲裁的便利性，并满足当事人一方特定的目的。例如，在选择适用法律的情况下，我们希望能够选择适用原告（即我方客户）所在地的法律；而为了确保仲裁裁决将来执行起来方便，则应选择适用对方的财产所在地的法律。这些就是整体的争议解决条款的设计逻辑。

12 从诉讼律师角度看合同争议解决条款的设计

刘佳迪（合伙人）

三、争议解决方式

争议解决方式主要包括诉讼和仲裁。诉讼和仲裁到底如何选择，需要首先了解诉讼和仲裁各自的特点及二者有何不同。

第一，从程序上看， 诉讼是二审终审，仲裁则是一审终裁，不存在后续的重新裁判。当然，仲裁可能会有后续的撤销和不予执行的程序，但该撤销和不予执行程序的时间周期实际上和诉讼的时间周期不会相差太多，仲裁一审终审加上仲裁的后续的撤销或不予执行的程序，两者所需花费的时间并不会有明显差异。但是笔者认为，仲裁虽然可能有后续的撤销或不予执行，但是这个环节毕竟不属于实体审查，而是程序上的审查，对于原有裁决的影响要小很多。而诉讼则不同，二审有可能会完全推翻一审判决。再审的情况虽然也有，但毕竟不是常态。从时间周期的角度观察，笔者并不认为仲裁比诉讼的效率更高。因为在笔者接手的案件中，诉讼案件一审六个月基本上结束，再特别申请批准延长，顶多再延长数月。拿到诉讼生效判决的时间有可能会在仲裁案件之前，因为仲裁案件取决于首席仲裁员（以下简称"首裁"）写仲裁裁决的时间，仲裁案件中仲裁审理期限一延再延的情况非常常见。

笔者曾经代理过一个提交上海国际经济贸易仲裁委员会的关于建设工程争议的仲裁案件，适用的是联合国国际贸易法委员会仲裁规则，该案件2013年就开始审理，但到2020年才拿到仲裁裁决。当然这是一个特例，案件比较复杂，并且适用的是外国的仲裁规则，所以会有一些特殊情况，但是确实笔者目前处理的仲裁案件在时间上拖延的情形非常常见。当然，从程序上来讲，确实是仲裁看起来效率更高；但是从时间上来看，未必如此。

第二，从裁判者的角度来看，就诉讼案件而言，当事人不能选择法官，但在仲裁时，由三名仲裁员组成仲裁庭，各方当事人至少可以选择一名仲裁员（也称"边裁"），而首裁则是应该由双方共同选定的。不过因为实践中当事人之间往往无法就此达成协议，首裁通常是由仲裁委员会来指定的。如果所涉的法律关系行业特殊性较强，需要仲裁员必须具备特定行业知识才能够更为妥善地理解当事人各方的商业立场及法律关系，那么当事人肯定更愿意约定仲裁解决争议的方式，以确保在仲裁庭的组成中有更为熟悉商业及行业的仲裁员介入。但如果是诉讼，当事人不能选择法官，而法院分配的法官未必熟知各行各业的商业实践，所以从裁判效果来看，未必能够从商业的角度充分为当事人考虑。所以，仲裁和诉讼，各有利弊。

如果是仲裁，当事人都会选择对行业比较熟悉的仲裁员。首裁的意见分量相对较重，但实际上除了开庭过程中让首裁听到律师的意见之外，律师是不能去和首裁直接沟通意见的。这点和诉讼不同，因为在诉讼中，如果有需要特别提示法官的问题，比如说诉讼程序

12 从诉讼律师角度看合同争议解决条款的设计

刘佳迪（合伙人）

问题，代理律师会给主审法官打电话沟通。有的时候，法官可能没有注意到律师写在书面代理意见中的某个意见，那么律师通过电话的方式跟他沟通，或许他就注意到了。因此，如果走诉讼程序，可以做到多沟通和有效地沟通。但在仲裁程序中和仲裁员其实无法沟通，因为在整个仲裁审理过程中律师不可以在庭审以外的场合接触仲裁员，律师能接触的只是仲裁秘书。仲裁秘书只是程序的管理者，并不是对案件的走向有影响的人。这也是诉讼与仲裁的一个不同之处。

第三，从费用的角度看，以 1000 万元和 5000 万元作为标的，1000 万元诉讼案件的诉讼费是 8 万元左右，5000 万元案件的诉讼费差不多是 30 万元。就仲裁案件而言，国内和国外其实的案件其实不太一样，就标的为 1000 万元的案件，中国国际经济贸易仲裁委员会（CIETAC）和上海国际经济贸易仲裁委员会的仲裁费，比法院的诉讼费只高出了一点点；在标的为 5000 万元的情况下，国内仲裁案件的仲裁费用比诉讼费差不多高出了 10 万元，如果是涉外案件的话，则仲裁费用会更高一些。上海仲裁委和北京仲裁委的仲裁费相对比上海国际经济贸易仲裁委员会和北京国际经济贸易仲裁委员会要低一些，但还是会比诉讼的成本高。

第四，从保全的角度来看，向法院申请保全的效率相对来讲会高一些，因为一般都会选择在诉讼的同时去提出保全申请。那么受理案件的法院就是申请保全的法院，由法院立案之后来推进。在仲裁的情况下，需要仲裁委将当事人一方的保全申请转递到法院，法院再立案，然后指派法官去进行后续的程序。因此，从保全来讲，仲裁会稍稍有所迟延。

第五，从执行的角度来讲，境内的判决和裁决生效后，就可以进入执行程序；如果是境外判决，要看中国与法院所在国有没有签署承认与执行外国法院判决的条约。但是从仲裁裁决的角度来讲，裁决一经作出即发生效力，但是当事人一方往往会发起裁决撤销的程序，或者申请不予执行。所以仲裁裁决作出之后，尽管其是生效的裁决，也未必能够立即进入执行的程序。从外国仲裁裁决来看，如果当事人各方均为《承认及执行外国仲裁裁决公约》（《纽约公约》）的成员国，裁决执行会比较便利；而如果没有多边条约的规制，外国仲裁裁决的执行就会存在很多麻烦，有很多不确定性。

以上所做的整体比较，很难说孰优孰劣。律师应该把这些优劣之处告知客户，让他们自行判断。当然律师需要告知其大体意见，认为哪种方式效率更高，或者在某个阶段，哪种方式会更便利、更快捷，但最终选择权还是交给客户来确定。

概言之，选择仲裁或诉讼应遵循以下思路：针对客户的这一问题，律师首要要比较诉讼和仲裁这两种方式孰优孰劣，让客户来作最终决定。其次，在起草争议解决条款时，律师应明确选择一种争议解决方式，而不是既约定诉讼又约定仲裁。最后，如果是合同项下相同的法律关系，律师也要选择一种争议解决方式，例如不管是违约还是合同解除引发的争议，实质上均属合同项下的一种争议，应该适用相同的争议解决方式，否则合同项下的或诉或裁的条款是无效的。如果存在不同的法律关系，比如主合同是买卖合同，其中特别提到在某种情景下，要把信托关系加进去。如果这种信托关系和主合同关系可以分割处理,即两种法律关系处理不会相互影响或交叉,则可以在合同中去作分别的选择。但总体而言,笔者认为,争议解决条款还是统一约定比较好。因为一旦出现了任何选择性,将来发生争议的可能性就会很高。

四、法院管辖的约定

(一) 有关法律规定

在当事人选择诉讼的情况下,应该怎样约定法院管辖呢?约定管辖在《民事诉讼法》及其司法解释中均有明确规定。根据《民事诉讼法》第35条的规定,合同争议或者其他财产权益纠纷(包括因侵权而产生的财产权益纠纷)均可通过选择法院的方式来约定管辖。但是,约定管辖必须与相关争议有实际联系。与争议有实际联系的地点涉及被告住所地、合同履行地或签订地、原告住所地、标的物所在地等。同时,约定管辖也不得违反级别管辖和专属管辖的规定。

如果当事人没有选择管辖法院,则应当按照法律规定来确定管辖。如果当事人选择了两个或两个以上的法院,在现行法律下也是可以的,当事人可以向其中任一人民法院起诉,但当事人选择两个或两个以上的法院做管辖法院的约定必须明确，比如选择上海市静安区人民法院和上海市闵行区人民法院均可。如果当事人仅仅约定为上海有管辖权的法院，这种约定则属于约定不明，因为上海有管辖权的法院可能有很多。在约定不明的情况下，当事人只能适用法律的规定来确定管辖法院，如果是合同项下，则为合同履行地或被告住所地。因此，这种类型的条款务必不要写合同管辖的连接点。如果要在合同中约定，一定要写得具体明确：国内的法院一定要具体到区，而不可只写诸如上海市、北京市。

需要特别注意的是，根据《民事诉讼法》第35条的规定，约定管辖不得违反级别管辖及专属管辖的规定。级别管辖限定是指当事人不能约定将诉讼案件提交某个中级人民法院，或者是提交高级人民法院去解决。同时，在约定管辖时，要看《民事诉讼法》及其司法解释中有哪些限定，哪些类型的争议不能够突破专属管辖，比如对于不动产纠纷、港口作业纠纷、继承遗产纠纷、在中国境内履行的三资企业合同纠纷，当事人是不能突破专属管辖的相关规定的。

案例1 当事人在影片摄制合同中约定，因本协议发生的任何争议，均应提交合同履行地的法院起诉。合同第1.3条规定拍摄地点在上海和哈尔滨，合同实际履行于上海。

问题：管辖条款约定是否明确，是否可以向合同履行地的法院起诉？如果向合同履行地的法院起诉，到底哪个是合同履行地？

笔者认为这个约定有些问题。事实上，法院也认为有些问题。问题就在于合同虽然约定了向合同履行地的法院起诉，但是却没有明确合同履行地对应的到底是哪几个地区。法院认为，合同履行地

12 从诉讼律师角度看合同争议解决条款的设计

刘佳迪（合伙人）

的约定，只有当事人在合同中明确"合同履行地"这五个字或"履行地"这三个字的情况下，才能够视为约定明确。如果合同没有明确提及合同履行地，则不能作为合同履行地，必须看到"履行地"三个字。据此，尽管合同在上海实际履行，但是在立案的时候，原告无法成功立案，因为立案庭不可能做到实质上的审查。当然，原告律师可以提交一些证据证明合同确实在上海履行，当事人订立合同当时的真实意思表示就是约定在上海市履行。但在立案庭不做实质性审查的情况下，就不可能审核原告提交的合同履行的证据，不会去判断合同到底是不是在上海履行，而是清楚表明既然合同里没有明确约定履行地，那么就按照法律规定，管辖法院应为被告住所地。

这个案例告诉我们，合同约定在合同履行地法院起诉是没有问题的，但是必须同时在合同中约定具体的合同履行地，而且必须明确表述为合同履行地这几个字。同样，在合同中也要明确合同签订地是哪里，以便于当事人将来确定法院管辖。

（二）原告所在地

实践中常见原告所在地或被告所在地这种表述。如果合同约定当事人可以向原告所在地有管辖权的法院起诉，是否可以呢？答案很简单，这种约定是可以的。《民事诉讼法》及其司法解释的条文不包含"所在地"这一概念。但根据最高人民法院的司法实践，当事人在合同中约定所在地，则视为当事人约定地点即为住所地。所以

"所在地"这样的概念,在司法实践中是能够被接受的,其所指向的就是原告住所地或被告住所地。

案例2 原告的注册地址为上海市静安区,合同签署后,其注册地址发生了变更,变成上海市闵行区。

这就产生两个问题:第一个问题:合同原告或者被告所在地这样的表述到底是否为法院接受;而《民事诉讼法》规定的管辖连接点通常是住所地。住所地是指,自然人的户籍所在地或法人的注册地。如果法人的注册地和住所地与实际经营地不一致的,以实际经营地为准。

第二个问题:合同签署之后原告注册地址发生变化,会不会导致管辖发生变化?答案是否定的。《最高人民法院关于适用〈中华人民共和国民事诉讼法〉的解释》第32条有明确规定,协议签订后当事人住所地变更的,仍适用签订管辖协议时住所地的人民法院管辖,但当事人另有约定的除外。也就是说,要确保合同约定的管辖的恒定性,而不管事后是不是发生变化。正因为存在当事人为了便利管辖而去刻意变更其住所,法律上堵死了这种投机取巧行为:即使当事人住所地发生变化,也应按照原来预定的管辖来处理。

(三) 选择外国法院

首先,根据《民事诉讼法》第35条,选择的法院必须是与争议有实际联系的地点的人民法院。依照笔者的经验,外国法院会判断在合同中约定的合同履行地和合同签订地到底是哪个地点,但它并

12 从诉讼律师角度看合同争议解决条款的设计

刘佳迪（合伙人）

不会做实质上的判断，而是从形式上去判断，这和我国法院是一样的。据此，当事人不能选择与争议没有实际联系的外国法院。司法实践中形成的惯例是，外国法院的选择仅需具体到特定的国家或者法律即可，无须特定到某一法院。

其次，外国法院的选择除了须与争议有实际联系之外，也不能超出专属管辖的限定。有个案例涉及保证书，保证书中的争议解决条款规定，双方如果出现争议，会以中国台湾地区法院作为第一审管辖法院。当事人一方向中国大陆法院提起诉讼，中国大陆法院认为，该条款已经明确管辖法院为中国台湾地区的法院，构成排他性管辖的协议，排除了中国大陆法院的管辖。尽管该条款没有具体约定纠纷应当由中国台湾地区哪个法院管辖，但当事人是可以向中国台湾地区任何一个法院起诉的，这种管辖约定同样具有确定性，法院不会认为是约定不明。在另一个案例中，当事人协议约定相应的争议是由中国香港法院非专有管辖。最高人民法院认为，这种情况属于当时明确约定的非排他性的管辖条款，其他法域的法院仍然具有管辖的权力；在这种情况下，当事人向中国内地法院提起诉讼，依然会使中国内地法院对案件享有管辖权。

据此，如果合同中包含排他性或非排他的条款，需要特别提高警惕，因为如果明确了排他或者是明确锁定到某域外法域的法院，就意味着中国法院将来不会有管辖权。但是如果当事人希望保留中国法院的管辖权，律师应建议在条款里加入"非排他"三个字，以便将来发生争议时客户多一种选择。

（四）电子商务格式条款的问题

这里涉及两个问题：第一个问题是格式条款是否有效，第二个问题是电子商务的这种格式条款是否有效。此处提及的电子商务格式条款是指，买家在注册电子商务平台（如淘宝）账号的过程中会弹出协议，其中约定如果双方因履行网络服务合同发生争议，买家可以提交任何一方法院管辖，比如由被告住所地的法院管辖。这种条款在实践中可否作为有效条款来认定呢？由于这种条款为格式条款，如果淘宝没有尽到合理的提示义务，是否会导致其无效呢？

在某买家诉淘宝案件[①]中，广州互联网法院判决认为，管辖条款已经加粗加下划线标识，应视为平台已经尽到了法定的提请注意义务，而且管辖条款也没有违反级别管辖和专属管辖规定，因而是有效的。

对于从事电子商务的客户，律师在协助它们起草平台的相关协议时，应特别提示平台服务协议中的争议解决条款一定要以加粗下划线或者特别弹窗提示消费者，要求消费者以点击确认的方式尽到其法定的提示义务。否则，即便约定了相应的条款，这种约定也是无效的。如果这样加以约定，就可以起到比较好的维护客户利益的作用。比如，在某涉外案件中，当事人双方在平台服务协议中约定由中国法院专属管辖，一旦发生争议，则应当将争议提交中国法院

---

① （2020）粤 0192 民初 35139 号。

审理，从而避免境外当事人将争议提交境外法院审理，给境内的平台方增加不必要的诉讼障碍的情况发生。

（五）小结

1. 境内法院的选择

首先，要确定是否属于专属管辖。如果是专属管辖，则只能在专属管辖的法院范围内去确定解决争议的法院。

其次，如果不是专属管辖，在可以约定的情况下，怎么去约定，连接点要明确，如前面提及的合同履行地、签订地，均需在合同中加以明确约定，同时境内法院需要具体到区（县）。当事人可以明确约定两个法院，但是该约定不能模糊不清，诸如不能约定上海地区的法院，因为模糊不清会导致协议条款无效。原告所在地和被告所在地的表述可以用，但是其事后的变更不会达到变更管辖的效果。

最后，格式条款也可以用，但是应当注意要充分提示消费者。

2. 境外法院的选择

第一，要考虑是否存在涉外因素。若没有涉外因素，则不可选择境外法院。

第二，要看是否有实际联系，没有实际联系也不能选择。

第三，在可以选择的情况下，不需要明确具体到某地区或某地方法院，明确为境外的国家或法院即可。

第四，如果想保留中国法院的管辖机会，建议把"非排他"三个字写在合同条款里面。

五、仲裁管辖的约定

这部分内容包括具体约定仲裁机构、仲裁规则及仲裁地。

(一) 示例——香港国际仲裁中心 (HKIAC) 的示范仲裁条款

> **根据《香港国际仲裁中心机构仲裁规则》管理的机构仲裁：**
> 合同当事人若希望将未来产生的任何争议提交到《香港国际仲裁中心机构仲裁规则》下的仲裁解决的，可在合同中加入以下仲裁条款：
>
> "凡因本合同所引起的或与之相关的任何争议、纠纷、分歧或索赔，包括本合同的存在、效力、解释、履行、违反或终止，或因本合同引起的或与之相关的任何非合同性争议，均应提交由香港国际仲裁中心管理的机构仲裁，并按照提交仲裁通知时有效的《香港國際仲裁中心機構仲裁規則》最终解决。
>
> *本仲裁条款适用的法律为...（香港法）
>
> 仲裁地应为...（香港）
>
> **仲裁员人数为... 名（一名或三名）。仲裁程序应按照（选择语言）来进行。"
>
> 注：
>
> *选择性条款。尤其在主合同实体法和仲裁地法律不同的情况下，当事人应当增加此条款。仲裁条款的准据法可能管辖的事宜包括仲裁条款的形成、存在、范围、有效性、合法性、解释、终止、效力、可执行性以及仲裁条款当事人的资格。其不得取代适用于主合同的实体法律。
>
> **选择性条款，可约定也可不约定。

图 2

12 从诉讼律师角度看合同争议解决条款的设计

刘佳迪（合伙人）

第一，仲裁条款要有争议解决的事项。前半句解决这个仲裁条款涵盖哪些争议，"凡因本合同所引起的或与之相关的任何争议、纠纷、分歧或索赔"。需要说明的是，当事人之间的争议往往会存在合同与侵权竞合的情况。对于合同项下的争议，适用仲裁条款解决没有问题。因合同引发的侵权争议也可以适用仲裁条款解决，这在司法实践中是予以认可的。因为在同一份合同引发的侵权和合同竞合的情况下，侵权的争议仍然适用合同的争议解决条款，无法通过这种变更诉由的方式变相规避仲裁条款。在合同中加以明确约定可以避免将来就此发生任何争议。

第二，必须明确仲裁机构，如提交香港国际仲裁中心。

第三，要有仲裁规则。仲裁规则其实是可选项，可写可不写。不写则适用仲裁机构的仲裁规则，如果约定当然更为明确。"本仲裁条款适用的法律就是仲裁协议的准据法"，这是选择性条款，在合同实体法和仲裁协议准据法不同的情况下，当事人应当适用仲裁条款，为什么？因为仲裁协议就像中国法规定一样，如果未明确约定仲裁协议适用的法律且案件的仲裁地是在中国，实际上最终会导致判定案件仲裁协议的准据法就是中国法；但如果合同的实体法和仲裁协议的准据法不一致，则将会导致尽管案件在中国解决，而合同实体法约定的是境外法，中国法院要去查明境外法，就多了一道程序，会导致案件变得更复杂，所以不如在合同中予以明确约定。

第四，要明确仲裁地。

第五，要明确仲裁员、仲裁语言。

笔者认为，HKIAC 仲裁条款相对而言是比较完善的，律师在起草仲裁条款的时候可以参考。当然，笔者更建议在选择仲裁机构时，选用相关仲裁机构的示范性仲裁条款，例如上海国际经济贸易仲裁委员会、北京国际经济贸易仲裁委员会、中国国际经济贸易仲裁委员会的网站上均公布了其示范仲裁条款。合同约定使用其示范仲裁条款，则仲裁协议的效力应当是有保障的。当然，如果当事人有特殊要求也可以添加到仲裁条款中，比如仲裁庭的组成，仲裁开庭地点，仲裁程序等。但是对于确保仲裁协议效力的这些内容，笔者建议最好还是参考示范性的仲裁条款的表述。

（二）选择仲裁的解决方式

1. 仲裁机构

我国《仲裁法》规定了仲裁协议必须包含的事项，请求仲裁的意思表示自不必说，仲裁事项也要明确，且同时要明确争议提交哪个仲裁委员会解决。笔者在实践中发现一些问题，比如说当事人在合同条款中约定由北京地区的仲裁委员会解决，这种条款属于约定不明，因为北京不只有一个仲裁机构。约定不明的后果是仲裁条款无效，除非当事人事后签署补充协议（见《仲裁法》第18条）。

需要特别注意的是仲裁条款的独立性。独立性意味着无论是仲裁协议对应的合同成立、变更、解除、终止或无效均不会影响仲裁条款的效力。合同中的仲裁条款非常重要，即使这份合同将来被解除或者无效，或者没有成立，如一方已盖章但另一方没有签字，这种情况下双方之间的争议怎么解决？如果合同中已经约定了仲裁条

12 从诉讼律师角度看合同争议解决条款的设计
刘佳迪（合伙人）

款，双方在前期要约承诺过程中对已经确认的仲裁条款没有提出异议，那么，即使这份合同没有通过双方盖章的形式签署，因这份协议的成立和效力引发的争议，还是可以根据协议中已经有的仲裁条款去解决，尽管双方并没有最终签署合同。所以，仲裁协议在一份合同中非常重要，千万不能小觑。

如何帮助客户选择仲裁机构呢？律师只能从客户的角度来考虑哪一家仲裁机构对客户来说更便捷，或者对将来仲裁的审理及执行更有保障。从境内的角度来讲，境内涉外仲裁机构包括中国国际经济贸易仲裁委员会、上海国际经济贸易仲裁委员会、深圳国际仲裁院（华南国际经济贸易仲裁委员会）等，既可以审理国内的争议，也可以审理涉外的争议；而国内仲裁机构比如上海仲裁委、北京仲裁委，则仅可审理国内的争议。值得关注的是，现在很多境外的仲裁机构在上海和北京设立了相应的代表处，这些代表处可以在中国境内作出相应的仲裁裁决。如果说客户更倾向于选择一些涉外的、国际性的仲裁机构解决争议，而争议的实体（比如客户）在中国，或者说实际连接点的这些因素也在中国，则不妨考虑自贸区的仲裁机构，但前提是能够满足自贸区的这些仲裁机构的管辖范围要求。律师需要注意是否客户只有在自贸区注册，才能够选择这些仲裁机构。但是不管怎样，选择仲裁机构时必须确定仲裁机构有权管辖有关争议，要通过研究其仲裁规则来看有关争议能否交给该仲裁机构管辖，这也非常重要。

需要再次强调的是，没有涉外因素的案件，不能提交给境外的仲裁机构进行审理。还有一个问题是，当事人是否可以约定境外的仲裁机构在境内作出裁决。笔者认为，首先，只有在相关争议为涉外争议的情况下，才可以选择提交境外的仲裁机构审理。其次，境外仲裁机构的裁决能否在中国境内作出，或者当事人可否在仲裁条款中明确仲裁地在中国境内？司法实践证明，这也是可以的。

案例3 当事人在合同中约定，如果发生争议，提交国际商会仲裁委员会，在项目所在地进行仲裁。本案中，项目所在地在中国，但是当事人一方就仲裁条款的效力有异议，向法院提起诉讼。

法院认为，当事人之所以有异议，是因为各方将争议提交给了境外的仲裁机构在境内作出裁决，而在以往的司法实践中，境外的仲裁机构在境内作出裁决是有问题的，这是因为涉及境外的仲裁机构在中国境内能否合法运营、组织仲裁、作出仲裁裁决的问题。2013年有个案例，认为就境外仲裁机构在境内作出裁决的效力是存疑的。但该案例中其实有讨论，境外的仲裁机构在境内作出的裁决是否可以执行；如果执行的话，到底是用什么样的法律依据去执行；是适用《纽约公约》，还是适用中国的《民事诉讼法》来执行。

从这个案例中可以看到境外仲裁机构在境内作出的裁决，其属性是中国属性的涉外仲裁裁决。所以申请执行这个仲裁裁决的法律依据不是《纽约公约》，也不是多边条约，而是中国的《民事诉讼法》。这个问题在下文还会加以强调。总之，在合同中明确由境外仲裁机构在境内进行仲裁并作出裁决，也是有利于客户的便利性的。

2. 仲裁地

仲裁地、仲裁机构所在地以及仲裁开庭地点并不是同一个概念。

12 从诉讼律师角度看合同争议解决条款的设计
刘佳迪（合伙人）

仲裁地决定的是仲裁的国籍属性或地域的属性。合同中明确约定仲裁在哪里做出，这里指的其实是仲裁地。仲裁机构所在地只是仲裁机构的地点的概念，比如说上海国际经济贸易仲裁委员会的所在地就是上海，或者境外某个机构下的仲裁机构所在地就在境外。仲裁开庭地是指案件开庭所在的地点，与仲裁地并非同一个概念。

为什么特别需要强调仲裁地这个概念？第一，仲裁地会影响仲裁协议的效力，会影响争议的可仲裁性。它决定了仲裁协议到底会适用哪一国家或地区的法律来确定其效力。如果当事人就此有明确约定的，则没有问题；但是如果当事人并没有在合同中明确约定仲裁协议的适用法律，则要依据仲裁协议约定的仲裁地的法律来判断其可仲裁性。比如说在中国法下，有些争议是不能仲裁的，即便约定仲裁也是无效的。所以律师需要特别判断有关争议到底对应哪里的仲裁地才能确保仲裁协议的效力，或者对应哪里的仲裁地会无效，从而避免将该地点约定为仲裁地。

第二，仲裁地会影响到仲裁的"国籍"。仲裁的"国籍"会影响到裁决的效力，更会影响到裁决能否被撤销或者不予执行。如果是境外仲裁机构，当事人在合同中明确约定了仲裁地在境内，当境外仲裁机构在中国境内作出了裁决时，则该裁决性质上属于中国的涉外裁决，而非境外裁决，在中国执行起来也更为便利。在此情况下，不需要适用《纽约公约》，适用中国《民事诉讼法》即可执行该裁决，这样在程序上或许会更便利。基于以上，仲裁地必须在合同中加以特别明确。

需要注意的是，中国是不接受临时仲裁的，中国的《仲裁法》

对于有效仲裁条款的要求之一就是必须有明确的仲裁机构。中国法项下的有效仲裁条款，当事人仅可选择仲裁机构管理的案件，但不能约定临时仲裁。因为临时仲裁不是机构管理的，是三人组成仲裁庭，最终裁决是由仲裁庭作出，而不是由仲裁机构作出的。裁决书是由三个仲裁员签字签署的，上面没有仲裁机构加盖的印章，也就没有该机构的保障。在境外作出的临时仲裁裁决无法得到中国境内的法院的承认和执行，并且临时仲裁裁决即便是在中国境内作出的也是不会被接受的；但是也有例外：如果合同中明确约定仲裁地是在中国香港特别行政区，在这种情况下，这个裁决就不会被视为临时境外的裁决，而是适用《最高人民法院关于内地与香港特别行政区相互执行仲裁裁决的补充安排》（以下简称《双边安排》）的审查。这是因为仲裁地在香港，意味着是香港的裁决。根据《最高人民法院关于香港仲裁裁决在内地执行的有关问题的通知》，"当事人向人民法院申请执行在香港特别行政区作出的临时仲裁裁决、国际商会仲裁院等国外仲裁机构在香港特别行政区作出的仲裁裁决的，人民法院应当按照《双边安排》的规定进行审查。不存在《双边安排》第七条规定的情形的，该仲裁裁决可以在内地得到执行。"因此，无论是哪个国家的仲裁机构，也无论是哪个仲裁庭，或是临时仲裁庭，只要是在香港作出的仲裁裁决，均仅视为香港的裁决。既然是香港的裁决，则应当按照《双边安排》的规定来承认和执行，只要不存在《双边安排》明确的裁决不予执行情形，即便是临时仲裁庭作出的裁决，也可能在中国境内得到承认和执行。

同样，如果合同约定的仲裁地是中国境内，尽管是境外仲裁机

12 从诉讼律师角度看合同争议解决条款的设计

刘佳迪（合伙人）

构在境外所作的临时仲裁裁决，但这个裁决应视为在中国境内作出的。在这种情况下，则仍属中国的裁决，意味着应依据中国《民事诉讼法》的规定去承认和执行该临时裁决以及审查仲裁协议的相关效力。在这种情况下，如果客户特别希望境外仲裁机构作出裁决或者选择临时仲裁庭作出裁决，则律师应建议在争议解决条款中将仲裁地明确为在中国境内，这样就会解决裁决的"国籍"问题，仲裁裁决得到中国法院承认和执行的概率就会比较高。

3. 仲裁规则

笔者建议，如果选择某个机构管理仲裁案，那么最好选择适用该机构的仲裁规则。

4. 特殊问题

（1）合同转让的情形。在此情形下，原合同当事人就仲裁机构约定明确，尽管原则上合同发生转让时对受让方而言仲裁条款是有效的，但如果我们是受让方的律师，则应当提示客户是否接受原有合同中的仲裁条款或者法院选择条款。

（2）单独签署承诺函的情形。常见的情形是仲裁协议是由当事人各方在合同中明确约定的，但是有一种情况是当事人只是框架协议的签署方，而非投资协议的签署主体。投资协议的签署各方为其投资的公司和目标公司，当事人在承诺函中承诺了其接受框架协议的约束，但未明确约定接受框架协议哪一条的约束，亦未明确是否接受全部条款的约束，仅仅把框架中相关的条款在承诺函中列明某义务，却没有具体到对应的条款。那么，在这种情况下，签署的承诺函的主体到底受不受原有框架协议约定的争议解决条款的约束呢？笔者认为，只要没有在承诺函中明确接受框架协议的争议解决条款或全部协议，还是有一定空间主张不适用的。当然，从给客户的建议角度来看，律师应考虑是否希望签署承诺函的主体接受，如果其代表的是承诺函签署的主体，则不希望在合同中明确。因为如果加以明确，意味着将来签署主体就受合同约束了，在这种情况下可以考虑对合同予以模糊处理，将来合同一旦发生争议，就提管辖权异议。但如果律师代表投资方，则律师应该要求签署方在承诺函中明确必须接受，以避免将来发生这种程序的争议。

（3）仲裁裁决的执行。就仲裁执行的便利性而言，律师需要了解到仲裁在哪些情况下会被执行。中国香港地区和中国澳门地区的仲裁裁决以及法院判决在中国境内，中国内地的法院判决和仲裁裁决在中国香港地区与中国澳门地区的执行相对而言比较便利，包括仲裁前的保全在和中国香港地区的双边协定中也有一些相互承认和认可。中国大陆法院对于中国台湾地区的仲裁和裁决的结果会比较友好，但要明确一个中国原则，而中国台湾地区的法院并没有很明确的约定。

中国与很多国家签订了关于承认和执行外国仲裁裁决的双边协定，目前有 37 个已经生效，在中国外交部的网站可以查到相关信息。此外，中国也是《纽约公约》的成员之一，因此中国的仲裁裁决在《纽约公约》成员得到承认和执行的概率会比较高，但同时要注意其中相应的保留条款。目前已经有 160 个成员为《纽约公约》的缔约方，在这种情况下《纽约公约》可能会使得执行会更为便利。

12 从诉讼律师角度看合同争议解决条款的设计

刘佳迪（合伙人）

如果仲裁条款一定要约定在境外仲裁，而且仲裁地是《纽约公约》成员，境外仲裁机构是在《纽约公约》的成员境内作出仲裁裁决，那么该仲裁裁决将来在中国境内的执行就会有保障。因此，在考虑境外仲裁机构的时候，可以特别约定仲裁地在《纽约公约》成员境内。

还有一些互惠的情况，比如，目前明确能够查到中国和新加坡有互惠关系。

结语

拟订仲裁条款时，第一，需要明确无论仲裁在境内还是境外进行，没有涉外因素，则不能选择境外的仲裁机构。

第二，尽量选择机构仲裁，而不要选择临时仲裁。因为临时仲裁未来或多或少会遇到一些执行的问题以及仲裁协议效力的问题。如果仲裁协议的准据法和仲裁地在中国内地，则尤其应明确约定仲裁机构，因为没有约定仲裁机构，就会被视为无效。

第三，仲裁条款的设置尽量使用示范的仲裁条款，尽量不要自由发挥、删改，因为删除某处可能会导致条款变味，或者会导致其效力存疑。当然，仲裁庭人数、语言、组成方式等，当事人可以根据实际情况来约定，但仲裁地则必须明确约定，因为它决定了仲裁的"国籍"属性，决定了仲裁协议的效力，决定了仲裁裁决将来的执行。

第四，应尽量约定仲裁协议的准据法，如果是在中国内地进行涉外仲裁，则可以考虑对于国际仲裁协议比较友好的准据法。

第五，一份比较完善的仲裁协议，虽然不会确保争议解决顺畅，也不一定让客户能够赢得最终的胜利，但是却可以使客户既节省争议解决的时间，又避免前期的争议。因为很多仲裁案件或者是法院选择的案件，会浪费在仲裁的管辖异议或者是法院的管辖异议阶段。如果仲裁协议约定得清晰明确，那么对方在提出管辖权异议时，会缺乏充分的理由，不被法院接受。但如果客户有些特殊考量，想做一些模糊的处理，则要特殊情况特殊考虑。

13　守正创新：中级律师阶段的内功修炼和自我突破

李若晨（合伙人）

中级律师是律师职业发展进程中承上启下的关键阶段之一，如何通过修炼内功和自我突破，成为一名合格和出色的中级律师呢？笔者以为，有以下两大基本方向：守正与创新。

一、守正

笔者认为，守正的内涵是坚守正道。对于律师而言，无论级别为初级、中级还是高级以至升为合伙人后的持续发展，其正道为持续学习法律领域里的新知，不断提升自身的法律业务能力，注重实践经验的积累,并愿意为此保持高度自律和很强的抗压能力。

(一) 以业务为王,锻炼中级律师应有的业务能力

中级律师大多已在本所工作了三至五年,当然也有一些同事是在其他律所或公司工作了几年,有一些原单位的工作经验。经过了初级律师阶段的磨炼,大家都成为各自业务组里的重要骨干。因为律师本身的属性也是匠人,归根结底要以业务为王,锻炼自己应有的业务能力。我认为,一个合格的中级律师应该做到以下几点:

1. 熟悉法规、了解案例

要通过实际操作和经验积累来提高自己的业务水平和实务能力。同时,要善于总结和反思,从每个案件中吸取经验、教训,不断完善自己的工作方法和技巧。比如一个从事资本市场业务的中级律师,至少应该对公司法和证券法等行业相关的"大法",还有一些与国有资产或上市公司监管相关的基本规则要烂熟于心。作为一个中级律师,去与客户沟通交流的时候,一方面应具备假设在没有任何事先准备的情况下,能把国家到地方层面的相关规则讲得很清楚明白的能力;另一方面,在此基础上,能够进一步掌握市场主流的案例,并与客户希望咨询的情况结合起来,使得客户在除了解相关法律和监管规定之外,还能进一步了解到市场上正反两方面的案例,以便更好地做出商业上的判断和决策。只有能够做到这种程度,才是符合律所要求、令客户满意的中级律师。

13 守正创新：中级律师阶段的内功修炼和自我突破
李若晨（合伙人）

2. "以赛代练"：在能力范围内，持续用大量项目保持状态

在尽可能保持工作和生活平衡的前提下，积极参与各类案件和项目，争取更多实践机会；要通过持续接手较多项目去积累丰富的经验，提高法律专业服务的各项能力。同时，要及时且善于总结和反思每个项目或案件的经验与教训，不断完善自己的工作方法和技巧。在处于中级律师将要升到资深律师的阶段时，我所在业务组的项目非常多，自己需要同时直接处理三个 A 股上市的业务，过程非常痛苦，压力巨大。但也就是在这个过程中，自己收获甚多，业务能力得以千锤百炼，并由此积累了丰富的实践经验。

3. 关注、紧跟市场动态，深度了解近期热点

这是对律师在前两点基础之上的一个更高要求。现在市场的资讯非常丰富，不管是各种官方的文章、报道，还是在微信公众号上，都有监管机构、律师同行及研究机构发布的很多文章，可供各位学习和掌握。在这一点上，注重平时的积累非常重要。如果跟客户交流的过程中，律师能够在法规和案例的基础上分享一些观察到的市场动态和自己的分析见解，客户一定会对这个律师留下良好印象的。

4. "预则立，不预则废"：预判客户和其他方的反应和需求，做到心中不慌

不管做哪个业务领域，在与客户进行沟通之前，我们应该像下围棋一样，提前看到和推演两至三步，提前预测客户的反应，让自己心里有一个大概的预期。我们不一定要马上做什么动作，但至少要有一个基本的判断，做到心中不慌。

5. 不要因为细节失分

中级律师在成长的过程中都会有一些经验和教训。比如你花了很多的时间写了一份内容详尽扎实、文字简洁明了的备忘录，但是在发出后却发现存在低级错误，例如：备忘录的标题没写、落款日期写错或者正文有拼写错误，甚至发错或发漏了收件人。这些细节虽小，却大概率可能会因小失大。即便客户在法律方面可能不一定非常专业，但如果他能够从我们的工作成果中挑出显而易见的错误或瑕疵，也许会很大程度上抹杀了你之前的出色表现和工作成就。因此，严谨与细致永远是一个合格律师的必备品质。

6. 踏实靠谱

这一点表面看起来似乎稀松平常，但我相信，这是一个律师（无论其级别如何）应当具备的一种可贵品质。很多年轻律师的教育背景与就职履历看上去非常光鲜，却欠缺一些基本素质，诸如缺乏责任感，对他人交代的事情怠于及时和完整地反馈，工作挑肥拣瘦、挑三拣四，遇到困难时有畏难情绪、不愿或不敢承担工作中的压力等，这些在工作中都是大忌。在中级律师阶段，如果还不具备全盘掌握项目及与客户沟通的能力，我们至少需要把自己能做的事情做好。

（二）坚守本心，专注自己的领域

法律服务领域越来越细分的趋势使得一个律师不可能成为万事

13 守正创新：中级律师阶段的内功修炼和自我突破
李若晨（合伙人）

皆能的"万金油"，而必须去选择自己有兴趣的业务领域。一旦选定，就应当专注自己选定的领域，而不能频繁地在不同专业中跳来跳去，导致自己没有任何一个专业领域做到专精。当然，如果由于一些客观条件的限制，或者确实觉得目前所从事的业务领域与自身的契合度不高，你可以选择转到别的业务组。只要是在合理范围内，律所都会支持你转换到不同的业务组。但是在转换之前，你需要做好以下充分的思想和心理准备：

- 考虑清楚新的方向是否与自己的能力、性格相匹配；
- 转换后的领域最好和先前的业务领域或所学有所关联，否则从一年级重新做起，可能未必是一条高效的成长之路；
- 做好充分的知识储备，不断学习成长；
- 最重要的是，要把自己当作新人，做好从零开始的心理准备！

（三）高度自律——"今日事，今日毕"

高度自律是指一个人能够自觉地遵循一定的规则和纪律，以提高自身工作效率和生活质量。观察一个律师的情况，如果他每天都能保持高度的纪律性，那么他每天能比一般人做更多的事情。这是因为，首先，他能够专心致志地工作，不受外界干扰；其次，他在每一个项目上都设定了一个明确的目标，并按照既定的节奏进行工作；最后，他在心理上已经形成了提前完成任务的心理准备和习惯，因此能够提前完成很多事情。

高度自律对于律师来说尤为重要。作为一名律师，他的工作需要高度的专注和集中精力,因为每一个细节都可能关系到案件或项目的进展甚至胜败。只有自律,才能够保持专注,不被琐事分散注意力。此外,律师通常会同时进行很多项目,每个项目有自己的时间要求和进度安排。如果没有自律,很容易陷入拖延和无法有效管理时间的困境中。

高度自律能帮助律师养成良好的工作习惯,提高工作效率和质量。一个自律的律师能够合理地安排时间和资源,避免浪费,从而更好地完成工作任务。他会制定明确的计划和目标,按照计划有条不紊、心无旁骛地加以执行。

除了对工作的正面影响,高度自律还对律师自身的生活有积极的影响。一个自律的律师能够更好地平衡工作和生活,合理安排时间,享受生活的乐趣。他们不会因为工作而完全忽略与家庭、朋友的相处、交流或因工作而牺牲掉所有个人兴趣爱好,而是可以尽可能有效地分配时间和精力,实现工作和生活的双赢或二者之间的平衡。

总之,高度自律对于律师而言非常重要。通过保持高度的纪律性,我们才能够更好地专注于工作、提高工作效率,同时也能够更好地平衡工作和生活,提高生活质量。因此,我们应该努力培养高度自律的习惯,将其融入到日常工作和生活中。

(四)心理素质

1. 面对挫败感的坚持

作为律师,在各个阶段都可能会犯一些错误,都或多或少地会

13 守正创新：中级律师阶段的内功修炼和自我突破

李若晨（合伙人）

有些挫折感。这点在中级律师阶段与初级律师阶段是有所不同的。在初级律师阶段，不管它是和风细雨的还是疾风骤雨的，由于这样的批评大多是来自内部，因此都是可控的。但是到了中级律师阶段，由于你在项目或案件中的角色和重要性已经发生了很大变化，因此很多时候你需要直接面对客户或交易对方。很多项目是有竞争性的，你代表的是本方客户的利益，所以与其他各方的语言的沟通或私下的利益纠葛都是很直接和残酷的。很可能因为自己的疏忽，你会被对方律师甚至是被己方客户体无完肤地当面敲打和批评。这种挫败感有时非常沉重，但是这也是你在工作中逐渐获得成长的一部分，所以希望大家能够将内心修炼得越来越强大，尽量把挫败感消化掉，不要因此影响自己正常的生活和工作。

2. 耐得住寂寞

多数律师都在写字楼里工作，处于繁华场所中，就会出现反差和寂寞。因为选择了律师这个工作，周围的人都非常忙，很多时候自己在巨大压力下或在困惑时可能不容易找到很好的可以倾诉的对象。同时职业的向上发展又非一蹴而就，需要自己经年累月的艰苦努力与坚持，因此你难免感到寂寞和孤独。但是只要你认为选择律师这条路是对的，你就要学会保有强大的心理能力，鼓励自己顶住寂寞，顽强地一直走下去。

3. 抵受得住压力

律师的工作压力是很大的，不光体现在工作时长，更体现在工作的性质和内容。工作中的压力对于律师来说是常态。不管我们愿不愿意，都需要接受压力本身就是律师工作的一部分，保有乐观和积极的心态，将压力视为挑战中的机遇，在压力中寻求自我成长。

逃避压力、假装压力不存在都不是解决或化解压力的有效办法，因为压力不会自行消失。在一些对抗性的项目里，你需要和对方律师直面对抗，有时可能还要承担一些压力，去向客户勇敢地表达自己的意见。有些项目涉及的交易结构很复杂、交易主体非常繁杂繁多、时间表也非常紧凑，多重压力的叠加对于你来说是比较痛苦的，但你必须顶住压力，竭尽全力地完成。当然，你可以采取一些策略和方法来扛住或应对这种压力，以确保工作效率和自身健康。以下是笔者的一些建议：

● **做好时间管理**。首先按照事务的轻重缓急确定完成的优先级别，优先处理重要和紧急的事务；同时应制定详细的工作计划和时间表，将工作任务合理地拆解为可以管理的一个个小单元，并为此设定明确的截止日。

● **合理分配任务**。在保证项目顺利完成的前提下，将一些任务分派给合适的团队成员，以合理减轻个人的工作负荷。同时，要保持团队的高效协作。

● **寻求工作与生活的平衡**。比如通过参加健身、跑步、登山、潜水、瑜伽、冥想、阅读、听音乐、独自或与家人旅行、种花养鱼等放松身心的活动，来保持健康的生活方式，缓解工作压力，从而寻觅人生的意义、提升自身的幸福感和改善生活体验。

二、创新：自我突破

在律所工作的律师需要处理很多复杂和困难的项目案件，需要有精细的技术、很强的抗压能力和临场应变能力。本人愿意根据自己的经验和大家分享以下几个要点：

(一) 提高沟通能力，增强自身存在感

1. 主动出击、主动发声

作为中级律师必须提高沟通能力，增强自己的存在感。最好能做到不管是项目的合伙人、资深律师还是你所服务的客户在提及你的时候，首先都能想到你在某个项目上所做的贡献、具有的知识储备以及你的工作表现给他们留下的深刻印象。

要想提升自身的存在感，第一要做的就是主动出击。如果你属于内向型，等着大家来发现你的优点和能力，那么你的职业发展大概率会比较有挑战性。中级律师应该在有把握的情况下主动去发言、去发声，即便开始时表达得不太全面和有条理。但当你讲得多了，大家能够听到你的声音，你自然就会越说越顺，从而体现自己的存

在感。

2. 法律人内涵越多，说话就越自信

一个人的存在感其实是需要一定支撑的。我们作为律师说话表达出来的自信来源于自己的内涵，包括但不限于对法律法规及案例的广泛深入的理解、对市场动态的及时跟踪、在众多项目和案件中积累的丰富实务经验、对各种情况和问题处理方法的了解与把握。这种综合能力会使得法律人在为客户分析和判断复杂的法律问题时，能够基于自身对法律法规的深入理解以及丰富的实务经验，更加自信且清晰地阐述自己的观点和表达自己的意见，为客户提供具体可行的解决方案。

总之，法律人的内涵越多，他们在法律领域的知识储备、分析能力、经验积累和自我提升都会更加丰富和深厚。这些因素使得他们在言辞表达和沟通交流中更具自信，能够清晰、准确地表达自己的观点和意见。所以我们要不断努力以提升自己的内涵，假以时日就会很自然地表现出一种存在感和自信。

3. 应急情况下的表达能力

某些时候，客户当面问到的问题可能并非你所擅长，甚至你可能对此没有什么概念。你需要了解的是，律师遇到未知的问题再正常不过。在这种情况下，不能紧张慌乱而自乱阵脚，而可以试着让自己镇定和冷静下来，并试图有条不紊地表述。如果对于客户提出的问题有任何疑问，不要迟疑，应该立即请客户进一步澄清或解释说明，然后可以根据自己对有关法律法规或监管政策的宏观理解，

13 守正创新：中级律师阶段的内功修炼和自我突破

李若晨（合伙人）

向客户提供一些有用的信息线索或者思考的方向。对于超出自己能力范围的问题，可以向客户争取在现场查阅有关法律法规和监管政策及行政实践和司法判例，或者如果可以的话，向外寻求支持，比如向有经验的同事或行业专家咨询请教，以期尽快找到实际可行的解决方案。但无论如何，对于自己完全没有把握的问题，千万不能为了面子而胡乱编个答案，以致误导客户，甚至引发执业的法律风险。

（二）改进工作方式，做好升为资深律师前的准备

这个话题也同样适用于要升级为中级律师的初级律师同事们。

1. 抓重点的能力、时间管理和处理多重工作能力

在不同的工作场景中，比如合伙人和高年级同事将任务交给你去做，客户向你提出咨询问题，或者在谈判中交易对方和其律师提出了不同诉求，你需要在从中获知的纷繁复杂的信息中抓住重点，然后在此基础上开展你的工作。

时间管理和处理多重工作的能力是一个永恒的难题。所以大家要尽可能练就在有限的时间内处理多重工作的抗压能力，并且能够判断出哪一项更为紧急，哪些其实还有一些时间余量可供后续处理。

2. 多维度思考问题

很多交易项目或案件涉及经济、财务、行业、金融、科技等领域的知识，能够从法律之外的多种维度来思考问题是一个优秀律师

的必备技能。它可以帮助律师在很重要的电话会议或现场谈判中表现得有理有据，能深刻把握商业条款背后的商业本质，可以清楚地分析商业条款、规则、市场上主流的实践和案例，并向投资人和公司从不同维度解释得非常明白，提供综合的解决方案；甚至可以使律师能够转换角度：既可以代表客户解释己方诉求，也能够关注到交易对方的情绪以及合理地平衡对方的需求。这就突破了一个律师作为法律技术人员的有限角色，起到在商业谈判和沟通中的纽带作用。

3. 承担应有的责任

在初级律师阶段，很多需要完成的任务都是一些基本功。但是到了中级律师阶段，可能会承担一些更重要的任务，包括直接参与一个项目重要任务的机会、与相关方的谈判沟通等，角色的转换意味着更大的责任。中级律师应该承担应有的责任，掌握综合专业技能，包括但不限于对于这些项目上一些敏感问题或敏感事项的处理、关键点的谈判与沟通以及与客户和其他方的联系与沟通，一定不要做甩手掌柜！

4. 要有意识地持续锻炼基本功

中级律师大多已经工作了三到四年，工作得到了同事和客户的认可，但是其实你才刚刚上路。红圈所及其他律所里面的很多优秀律师已经做了二十年甚至三十年以上，还坚持在第一线工作。笔者建议，日常的工作中尽量不要发微信语音，而要把每一次小的沟通和汇报当作一个小的备忘录。你应该把要点提炼出来，然后用文字尽

13 守正创新：中级律师阶段的内功修炼和自我突破
李若晨（合伙人）

量简洁明了地表达，以持续锻炼自身的归纳总结和沟通的能力。

（三）尝试锻炼与养成自己的带队能力

中级律师在团队中扮演的是承上启下的角色，但是也应有意识地尝试去锻炼自己的领导能力，主要包括以下几个方面。

1. 了解团队

作为中级律师，如果由你牵头负责部分法律尽职调查工作，你要把工作拆解得更细致、到位。你需要了解参与尽调的初级律师同事们的忙闲程度、个人特点、之前是否做过类似行业等，从而实现有效的人员配置。如果是一个时间要求较紧的项目，或许就不能按月或按周来安排工作，而应该按天来分配初级律师的工作，盯紧其工作进度和一些需要及时解决和沟通的问题。

2. 发挥律所优良传统，逐级"传帮带"

很多复杂项目需要通过高效的团队合作完成，而高效的团队合作离不开中级律师对初级律师的"传帮带"。中级律师是从初级律师晋级而来的，了解初级律师职业发展的难点和痛点。在管理和指导初级律师时，要充分地分享信息，让其充分了解交易项目上应当知道和了解的一些关键点、时间表以及对他们工作成果的一些要求和预期，向初级律师合理分配工作任务，把握其合理的工作节奏，及时指出其不足和鼓励其发展长处，以帮助他们成长和发展。此外，中级律师还应当通过主动承担项目负责人的角色，展示自己的带队才能，提升自身在团队中的地位和影响力。

3. 身先士卒

作为中级律师，你没有任何理由在项目上懈怠，应当一直拼搏在业务和项目的前线。

4. 全力支持、无私协助

我们每天在办公室朝夕相处，一起工作的时间可能比自己陪伴家人的时间更长，彼此的脾气秉性也是不尽相同的。所以作为团队的成员，我们一定要求同存异，在工作上全力支持并且无私地互相协助，将团队合作的精神传承下去。

（四）锻炼对市场和业务的敏感度

作为中级律师，当一个项目交办到你的手上时，首先要做的就是关注怎样把这个项目按时并保质保量地完成、如何使客户对你以及你代表的团队感到满意、尽可能在服务过程中协助合伙人维护客户关系，这是我们对中级律师的一些基本要求。如果你对自己的要求更高，你还可以关注交易项目一些更高层次的东西，比如这个项目在相关领域和行业内的意义，有哪些创新，是否为行业先例。在做了一个项目后，你可以开创性地锻炼自己在相关领域或行业的能力并积累经验，从而通过这个项目为律所和业务组带来新的业务拓展关系。

13 守正创新：中级律师阶段的内功修炼和自我突破

李若晨（合伙人）

（五）寻求持续成长和发展，不断自我突破和挑战

如果做律师是自己的长期职业规划，那么中级律师仅是升级打怪过程中的一步，持续成长是律师自身发展的必由之路。为此，我们应当多参加专业协会、加入行业组织、扩大人脉圈，通过与同行和其他专业人士的交流和合作不断获得成长。中级律师还应当制定自己的职业发展规划，并为此设定明确的目标、行动计划及时间表。同时，要根据法律发展以及市场与行业的变化，结合自身兴趣和能力，及时灵活调整适合自己的发展方向和机会。

总而言之，中级律师修炼内功和自我突破是一个全方位、综合性且动态的过程，需要全面提升自己在专业方面的知识、技能、素质和经验。通过持续不断地学习和实践，提升自己的领导能力和专业能力，建立良好的职业形象和人脉关系，逐渐成为一名合格的法律专业人士。

若干热点问题——介绍与探讨

律师之道(三)

从入行到进阶

14 《民法典》时代的非典型担保

唐 越（合伙人）

本次分享的题目是"《民法典》时代的非典型担保"，旨在讨论《民法典》颁布之后对非典型担保带来的一些变化和影响，在《民法典》《最高人民法院关于适用〈中华人民共和国民法典〉有关担保制度的解释》（以下简称《担保制度司法解释》）以及2019年《全国法院民商事审判工作会议纪要》（以下简称《九民纪要》）这三个法律文件的框架下，来看看非典型担保的具体情况。

一、非典型担保的定义和种类

（一）定义

非典型担保是与典型担保相对应的概念，本身并非严格意义上的法律概念。以前的《物权法》及现在的《民法典》所确定的保证、抵押、质押等担保类型就是所谓的典型担保。但随着经济的发展，实践中逐渐出现了典型担保所不能涵盖的其他担保类型，这些担保类型被称为非典型担保。

（二）种类

非典型担保大体可以分为非典型的人的担保和物权担保。非典型的人的担保包括供应链金融中的差额补足责任、流动性支持、到期回购和债务加入等增信措施。非典型物权担保包括让与担保、新型权利质押、所有权保留、保理和融资租赁。这是我们要考察的非典型担保。当然随着担保实践的发展，以后可能还会出现其他类型的非典型担保。

本次分享一共分为六个部分，分别是：（1）非典型担保的担保功能；（2）增信措施；（3）增信措施与债务加入的异同；（4）让与担保；（5）收益权质押；（6）所有权保留/融资租赁/保理。大家可能会有疑问，所有权保留、融资租赁、保理均属独立的交易模式，它们也属于一种担保吗？答案是肯定的，由于它们具有了担保功能，因此也属于广义的非典型担保。

二、非典型担保的担保功能

在《民法典》颁布实施之前,《物权法》与《担保法》均确立了法定的担保类型,也被称为典型担保的类型,包括保证、抵押、质押、定金与留置。典型担保的特点是法律规定的,适用法律非常清楚,担保权利义务非常稳定。但是近十年来非典型担保大行其道,这种情况下非典型担保合同是否有效,是否具有担保功能和物权效力,在过去确实存在争议,司法案例体现出的法官的观点也不尽相同。

根据《民法典》第388条的规定,"设立担保物权,应当依照本法和其他法律的规定订立担保合同。担保合同包括抵押合同、质押合同和其他具有担保功能的合同。"据此,非典型担保应该可以纳入"其他具有担保功能的合同"的范畴,但《民法典》没有更细致的规定,更详细的内容在《担保制度司法解释》中可以找到。

根据《担保制度司法解释》第63条的规定,"债权人与担保人订立担保合同,约定以法律、行政法规尚未规定可以担保的财产权利设立担保,当事人主张合同无效的,人民法院不予支持。当事人未在法定的登记机构依法进行登记,主张该担保具有物权效力的,人民法院不予支持。"

与《担保制度司法解释》的规定大同小异，《九民纪要》第66条规定，"当事人订立的具有担保功能的合同，不存在法定无效情形的，应当认定有效。虽然合同约定的权利义务关系不属于物权法规定的典型担保类型，但是其担保功能应予肯定。"《九民纪要》第67条规定，"债权人与担保人立担保合同，约定以法律、行政法规未禁止抵押或者质押的财产设定以登记作为公示方法的担保，因无法定的登记机构而未能进行登记的，不具有物权效力。当事人请求按照担保合同的约定就该财产折价、变卖或者拍卖所得价款等方式清偿债务的，人民法院依法予以支持，但对其他权利人不具有对抗效力和优先性。"

非典型担保当中的物权担保，比较典型的是让与担保以及新型权利质押。《民法典》没有规定让与担保，但《担保制度司法解释》第68条不仅肯定了让与担保的效力，还确认了其在登记之后具有物权效力。《九民纪要》也规定了让与担保。新型权利质押规定在《民法典》第440条，债务人或第三人可以出质"现有的以及将有的应收账款"的权利。此外，《担保制度司法解释》第61条规定了其他类型的新型权利质押，包括基础设施、公用事业项目收益权的质押、提供服务或者劳务产生债权的质押。

《民法典》增加了几种具有担保功能的合同的登记要求。买卖合同中的所有权保留合同、保理合同、融资租赁合同，这些均属于独立交易合同，同时它们具有担保的功能。《民法典》第641条关于所有权保留和第745条关于融资租赁均增加了登记对抗的规定，意思

14 《民法典》时代的非典型担保
唐越（合伙人）

是在满足登记的情况下其具有动产抵押的担保功能。

动产抵押不以登记为抵押权的设立要件。根据《民法典》第 403 条的规定，"以动产抵押的，抵押权自抵押合同生效时设立；未经登记，不得对抗善意第三人"。按照《民法典》第 641 条和第 745 条，所有权保留和融资租赁如果不予登记，则不具有对抗第三人的效力，即采用了与动产抵押相同的处理办法，只有在登记后方具有公示效力，才能产生物权效力，才能对抗第三人，这是《民法典》有特色的地方。

在非典型担保不予登记时，债权人有没有救济手段呢？最高人民法院前任法官曹士兵是 2000 年《最高人民法院关于适用〈中华人民共和国担保法〉若干问题的解释》（以下简称《担保法司法解释》）的起草人之一，他撰写的担保法相关书籍对律师界的影响很大。按照曹士兵先生的观点，对于非典型担保，无法登记或未作登记时，债权人可以选择自力救济。例如某人把商铺的租赁权质押出去或者拿出租车的经营权做质押，拿排污权质押，以此作为担保，以上均非法定的担保类型，自然也就没地方登记，属于不能登记的非典型担保。在这种情况下，债权人可以进行自力救济。举例而言，如果收费权担保无处登记，债权人可以通过控制债务人的收费账户，凭借占有担保标的物，以账户中的存款来对抗其他债权人，这就叫自力救济。占有是合同约定的，是合法的占有。在这种情况下，尽管债权人对担保物不享有物权，但其可以凭借合法占有自力救济。

我们认为，从《九民纪要》开始，司法解释确立了非典型担保合同是有效的，除非有《合同法》规定的合同无效的情形。综上所述，第一个原则是非典型担保合同有效；第二个原则是非典型担保不是法定的担保类型，未经国家机关登记，则不具有物权效力。物权效力包括排他效力、优先效力和追及效力；如果没有物权效力，则权利人不享受这几种物权权利，但债权人可以考虑采取自力救济的方式来保护自身的利益。

三、增信措施

对非典型担保中人的担保中的增信措施，《民法典》中没有专门的法条，但是《担保制度司法解释》第 36 条对此有比较细致的规定：

"第三人向债权人提供差额补足、流动性支持等类似承诺文件作为增信措施，具有提供担保的意思表示，债权人请求第三人承担保证责任的，人民法院应当依照保证的有关规定处理。

第三人向债权人提供的承诺文件，具有加入债务或者与债务人共同承担债务等意思表示的，人民法院应当认定为民法典第五百五十二条规定的债务加入。

前两款中第三人提供的承诺文件难以确定是保证还是债务加入的，人民法院应当将其认定为保证。

14 《民法典》时代的非典型担保
唐越（合伙人）

第三人向债权人提供的承诺文件不符合前三款规定的情形，债权人请求第三人承担保证责任或者连带责任的，人民法院不予支持，但是不影响其依据承诺文件请求第三人履行约定的义务或者承担相应的民事责任。"

根据《担保制度司法解释》第 36 条的规定，增信措施如有提供担保的意思表示，这种情况下按照保证来处理。该第 36 条同时还讲到了债务加入，即具有加入债务或与债务人共同承担债务的意思表示的，应当认定其构成《民法典》第 552 条的债务加入。但债务加入和担保不是一回事。按照《担保制度司法解释》第 36 条第 3 款的规定，如果根据第三人提供的承诺文件，很难确定是保证还是债务加入时，这时候应认定为保证。大家可以思考一下为什么要认定为保证，而不认定为债务加入？我们后面会再讨论这个问题。

《九民纪要》第 91 条也提到了增信措施，把它视作一种保证合同，"信托合同之外的当事人提供第三方差额补足、代为履行到期回购义务、流动性支持等类似承诺文件作为增信措施，其内容符合法律关于保证的规定的，人民法院应当认定当事人之间成立保证合同关系。其内容不符合法律关于保证的规定的，依据承诺文件的具体内容确定相应的权利义务关系，并根据案件事实情况确定相应的民事责任。"但《九民纪要》第 91 条没有提到债务加入，相较而言《担保制度司法解释》的规定更加完整。

案例 1 2015 年 12 月中国城市建设控股集团有限公司河南公司（以下简称"河南中城建公司"）和安信信托股份有限公司（以下简称"安信信托"）签订了一份《转让及回购合同》，约定河南中城建公司将其持有的河南某高速公路建设有限公司 95% 的股权和所对应的股权收益权转让给安信信托，安信信托设立一个单一信托计划。安信信托向河南中城建公司支付了 8 亿元的股权收益权转让对价，转让的期限为两年，两年之后河南中城建公司须回购该股权收益权。回购价款等于原来的转让价款加上回购的溢价款，构成了借贷关系。河南中城建公司的母公司中城建公司给安信信托出了一份《承诺函》，承诺如果按照《转让及回购合同》的约定，安信信托未从河南中城建公司获得股权收益权的回购价款和回购溢价款，中城建公司应在发出《股权收益权受让通知书》5 个工作日内，无条件收购安信信托所持有的股权收益权。最后安信信托由于未收到相关款项，对河南中城建公司和中城建公司提起了诉讼。

本案的一审法院为上海市高级人民法院。上海市高级人民法院认为本案的争议焦点为《承诺函》的性质及效力如何认定。安信信托认为，《承诺函》属于中城建公司单方允诺的民事行为，应具有法律效力。中城建公司的抗辩理由为：该《承诺函》为一般保证，安信信托应该先追诉河南中城建公司，中城建公司具有先诉抗辩权。

上海市高级人民法院支持了安信信托的观点，认为中城建公司所作承诺系其单方允诺的法律行为，承诺其以回购股权收益权的方式，偿付河南中城建公司所欠安信信托的全部股权收益权回购价款及回购溢价款。中城建公司单方承诺为自己设定上述义务，系其真实意思表示，并未违反法律法规的禁止性规定，且该承诺已被安信信托接受。根据《合同法》第 8 条的规定，"依法成立的合同，对当事人具有法律约束力"，中城建公司关于应承担一般保证的抗辩，不予采纳。

本案上诉至最高人民法院。最高人民法院的观点为："根据《承诺函》，中城建公司在河南中城建公司未付款时即负有回购义务；且该回购义务并不以强制执行河南中城建公司无果为前提，所以中城建公司不享有先诉抗辩权，其在责任承担上也不具有顺位性。中城建公司关于其与安信公司之间成立一般保证法律关系的上诉主张，不能成立。"最高人民法院同时深入讨论了中城建公司的行为究竟是保证行为还是债务加入行为，分析了保证和债务加入之间的不同：

第一，在债务加入的情况下，承担人的债务是与原债务并列的自身债务；保证债务则为保证他人的债务，是从属于主债务的债务。

第二，在债务加入的情形下，债务承担人在承担后对债权人有清偿行为时，对于原债务人有无求偿权及其求偿范围，依据承担人与债务人之间的约定而确定。保证人在承担保证责任后，对债务人有法定的求偿权，有权向债务人追偿，而无论其与债务人是否有约定。

第三，在当事人意思表示不明时，如主要是为原债务人的利益而为承担行为的，可以认定为保证；承担人与债务有直接和实际的利益时，可以认定为债务加入。

第四，鉴于中城建公司基于何种目的承担回购义务，是否具有实际利益，是否向河南中城建公司享有求偿权及求偿范围如何，在本案中均不甚清晰，难以径直认定连带责任保证成立。最高人民法院综合判断了《承诺函》的出具过程及约定内容，最后综合判定中城建公司构成债务加入更为适宜。

回到《担保制度司法解释》第 36 条第 3 款，第三人提供的承诺文件难以确定是保证还是债务加入的，人民法院应当将其认定为保证，但是本案实际遵循了不同的思路，最高人民法院还是把《承诺函》认定为债务加入，而如果认定为债务加入，那么承担人就不享有法定的给予保证人的保护，即没有保证期间的保护，没有求偿权的保护，更没有先诉抗辩权的保护，承担人所承担的债务视为承担人自己的债务。

我们认为，《民法典》的立法趋势对担保人更加有利一点，立法者认为过度担保的现象太多了，有必要给担保人适当地松绑。包括我们刚才讲到的《担保制度司法解释》第 36 条第 3 款的规定，在无法确定是保证还是债务加入时，要将其认定为保证，也是属于为担保人松绑，立法的趋势是朝着有利于担保人的方向的。

四、增信措施与债务加入

根据《民法典》第 552 条的规定，"第三人与债务人约定加入债务并通知债权人，或者第三人向债权人表示愿意加入债务，债权人未在合理期限内明确拒绝的，债权人可以请求第三人在其愿意承担的债务范围内和债务人承担连带债务。"

14 《民法典》时代的非典型担保

唐越（合伙人）

最高人民法院民事审判第二庭编著的《〈全国法院民商事审判工作会议纪要〉理解与适用》一书对此作了更多的解释：

1. 债务加入：第三人加入到既存的债务关系中，与债务人就其债务对债权人负连带之责，相当于在债务人之外为债权人增加一个新债务人，新旧债务人之间承担连带责任。

2. 债务加入和保证的区别：（1）保证系从合同，保证人是从债务人，是为他人债务负责；债务加入系独立合同，承担人是主债务人之一，是为自己的债务负责，是单一债务人增加为二人以上共同债务人。（2）就债务数额而言，保证人约定承担主债务人不能履行的差额部分，债务加入的数额是承担人加入时的既有债务，与主债务人履行情况没有关系。（3）保证范围包括违约金、损害赔偿金和实现债权的费用；而在债务加入中，债务加入负担债务金额以原债务为限，对原债务人的违约责任不予负责。

我们建议在实践中参照以上内容来分析和判断承诺函属于债务加入还是保证。

五、让与担保

非典型担保中比较典型的物权担保是让与担保。尽管实践中让与担保比较常见，但在《民法典》里却没有关于让与担保的具体规定。最早提到让与担保的是《九民纪要》第71条中关于让与担保的规定:"债务人或者第三人与债权人订立合同,约定将财产形式上转让至债权人名下,债务人到期清偿债务,债权人将该财产返还给债务人或第三人,债务人到期没有清偿债务,债权人可以对财产拍卖、变卖、折价偿还债权的,人民法院应当认定合同有效。合同如果约定债务人到期没有清偿债务,财产归债权人所有的,人民法院应当认定该部分约定无效,但不影响合同其他部分的效力。当事人根据上述合同约定,已经完成财产权利变动的公示方式转让至债权人名下,债务人到期没有清偿债务,债权人请求确认财产归其所有的,人民法院不予支持,但债权人请求参照法律关于担保物权的规定对财产拍卖、变卖、折价优先偿还其债权的,人民法院依法予以支持。债务人因到期没有清偿债务,请求对该财产拍卖、变卖、折价偿还所欠债权人合同项下债务的,人民法院亦应依法予以支持。"

在《担保制度司法解释》第68条也涉及让与担保,大致内容与《九民纪要》中的规定相似,但更为详细和复杂:

"债务人或者第三人与债权人约定将财产形式上转移至债权人名下,债务人不履行到期债务,债权人有权对财产折价或者以拍卖、变卖该财产所得价款偿还债务的,人民法院应当认定该约定有效。当事人已经完成财产权利变动的公示,债务人不履行到期债务,债权人请求参照民法典关于担保物权的有关规定就该财产优先受偿的,人民法院应予支持。

债务人或者第三人与债权人约定将财产形式上转移至债权人名下,债务人不履行到期债务,财产归债权人所有的,人民法院应当

14 《民法典》时代的非典型担保
唐越（合伙人）

认定该约定无效，但是不影响当事人有关提供担保的意思表示的效力。当事人已经完成财产权利变动的公示，债务人不履行到期债务，债权人请求对该财产享有所有权的，人民法院不予支持；债权人请求参照民法典关于担保物权的规定对财产折价或者以拍卖、变卖该财产所得的价款优先受偿的，人民法院应予支持；债务人履行债务后请求返还财产，或者请求对财产折价或者以拍卖、变卖所得的价款清偿债务的，人民法院应予支持。

债务人与债权人约定将财产形式上转移至债权人名下，在一定期间后再由债务人或者其指定的第三人以交易本金加上溢价回购，债务人到期不履行回购义务，财产归债权人所有的，人民法院应当参照第二款规定处理。回购对象自始不存在的，人民法院应当依照民法典第一百四十六条第二款的规定，按照其实际构成的法律关系处理。"

根据前述规定，一方面，让与担保的这种形式是有效的，被让与人对财产拍卖、变卖、折价，这种处置是有效的，叫作清算处置；但若被让与人直接转移让与资产的所有权，则这种处置是无效的。这是因为担保取得的是交换价值，财产转让给被让与人，并不产生债务到期未偿，被让与的财产就要直接转让给被让与人的法律效果，但必须有清算的过程，即必须将相关财产折价、拍卖、变卖，以多退少补的方式来实现被让与人的担保物权。另一方面，让与担保完成登记与公示，才有担保物权的效力，即当事人完成财产权利变动的公示，如果债务人不履行到期债务，债权人请求参照《民法典》关于担保物权的有关规定，就该财产优先受偿的，法院应予以支持。

案例 2　一个典型的案例是黑龙江闽成投资集团有限公司（以下简称"闽成集团"）、西林钢铁有限公司（以下简称"西林钢铁"）以及第三人刘志平之间的民间借贷纠纷案。本案的基本事实为：西林钢铁多次以自己或者下属公司的名义向闽成集团借款，连本带息为 13.3 亿元，后来到期无力偿还债务。2014 年西林钢铁与闽成集团签署了《股权转让协议》，将其名下的龙郡公司 100% 的股权以及翠宏山公司 64% 的股权作为让与担保物，转给了闽成集团的员工刘志平（作为代持人）。具体而言，根据双方签订的股权转让协议，2014 年 6 月，西林钢铁把龙郡公司 100% 的股权过户到刘志平名下作为债权担保，而西林钢铁保留对龙郡公司的重大决策等股东权利。约定将来债务履行完毕之后，龙郡公司 100% 的股权要归还西林钢铁。但如债务到期西林钢铁不能清偿，闽成集团有权以龙郡公司经评估后的资产价值抵偿债务。与翠宏山公司签署的股权转让协议的内容与上述内容大同小异。从法律性质上看，这两份协议均属典型的让与担保。2017 年，双方又签署了一份合同，西林钢铁同意将龙郡公司的资产价值进行评估，去抵偿其债务。由于当时已经办理了股权变更手续，因此不需要再次变更手续。两个协议履行之后，刘志平就持有了龙郡公司 100% 的股权，意味着实现了让与担保。

双方的争议发生在翠宏山公司 64% 的股权的转让上。不同于龙郡公司，就该股权转让双方仅签订了让与担保协议，而后来由于西林钢铁一直不能偿还到期债务，闽成集团起诉要求以翠宏山公司 64% 的股权优先受偿。

一审黑龙江省高级人民法院认为，借款合同和让与担保协议内

14 《民法典》时代的非典型担保
唐越（合伙人）

容不违反法律、行政法规的效力性强制性规定，应当认定合法有效。但是关于闽成集团是否有权主张以翠宏山公司64%的股权优先受偿，黑龙江省高级人民法院认为，双方签订协议的真实目的并非实现股权转让，而是为债务人提供担保。根据物权法定和物权公示原则，该让与不具有物权效力，即不具有对抗第三人的效力；因西林钢铁与刘志平之间没有转让翠宏山公司64%股权的真实意思，该股权的实际权利人仍为西林钢铁；据此不支持闽成公司以翠宏山公司股权优先受偿的诉讼要求。

本案在最高人民法院二审时，其焦点变为刘志平持有翠宏山公司64%股权的性质和效力，闽成集团是否有权就该股权优先受偿。最高人民法院认为是否为"以虚假意思表示实施的民事法律行为"应当结合当事人在借款合同和让与担保中作出的意思表示统筹判断。约定将债务人的股权转让给债权人的合同目的是设立担保，翠宏山公司64%股权转让给刘志平是为西林钢铁向闽成集团的借款提供担保，并非设立股权转让关系。债权人和债务人的真实意思是以向债权人转让翠宏山股权的形式为债权提供担保；显现的是转让股权，隐藏的是为借款提供担保，均为债权人和债务人的真实意思表示，也不违反法律、行政法规效力性强制性规定。

关于该让与担保是否符合物权法定、物权公示、是否具有物权效力，最高人民法院援引了《关于进一步加强金融审判工作的若干意见》的规定，认为股权让与担保是否具有物权效力，应该以其是否按照物权公示的原则进行公示作为核心判断标准。目前翠宏山公司的股权在工商部门已经变更登记到刘志平名下，具有物权公示的作用及对抗第三人的效力，翠宏山股权具有排除第三人的优先物权效力。最高人民法院进一步解释，将作为担保财产的股权变更登记到担保权人名下，担保权人形式上已经成为担保标的物股权的持有者，其就作为担保财产的股权具有优先受偿的权利应当受到保护。

六、收益权质押

收益权质押也属于非典型担保中物的担保一类。《民法典》对此没有特别的规定，但《担保制度司法解释》第 61 条第 4 款明确了其包括以基础设施和公用事业项目收益权、提供服务或者劳务产生的债权以及其他将有的应收账款出质。具体规定如下：

"以基础设施和公用事业项目收益权、提供服务或者劳务产生的债权以及其他将有的应收账款出质，当事人为应收账款设立特定账户，发生法定或者约定的质权实现事由时，质权人请求就该特定账户内的款项优先受偿的，人民法院应予支持；特定账户内的款项不足以清偿债务或者未设立特定账户，质权人请求折价或者拍卖、变卖项目收益权等将有的应收账款，并以所得的价款优先受偿的，人民法院依法予以支持。"

根据以上规定，这种收益权、应收账款是可以出质的。出质之后如何实现呢？如果为应收账款设定了特定账户，质权人可以就特

14 《民法典》时代的非典型担保
唐越（合伙人）

定账户中的款项优先受偿；如果特定账户中的款项不足以清偿，或者没有特定账户，可以把收益权请求折价、拍卖或变卖，就其所得优先受偿。

关于收益权的定义，见《民法典》第 440 条第 6 项："债务人或者第三人有权处分的下列权利可以出质：……（六）现有的以及将有的应收账款"，《物权法》第 223 条也明确了哪些权利可以出质："债务人或者第三人有权处分的下列权利可以出质：……（六）应收账款"，《担保法》第 75 条也有提及："依法可以质押的其他权利"。而《担保法司法解释》第 97 条明确说明以公路桥梁、公路隧道或者公路渡口等不动产收益权出质的，按照《担保法》第 75 条第 4 项的规定处理。过去关于收益权的质押的法律依据为《担保法司法解释》第 97 条，但是在《民法典》颁布实施之后，《物权法》《担保法》以及《担保法司法解释》的相关内容均已失效，现在则要依据《民法典》相关规定和《担保制度司法解释》第 61 条的规定。

在实践中，用应收账款作为质押，实践中表现为各种收费权质押。但是在实现收费权的时候，它的债务人有时候不太好确定，这是因为收费权债务人是潜在的、不特定的。在这种情况下，要想实现债权就只能找质权人，把收费权折价或拍卖，以此获得现金来偿还债务。这就是为什么《担保制度司法解释》第 61 条规定要设一个特定账户。如果特定账户款项不足以清偿，就把收费权折价拍卖。

2020 年年底，国务院出台了《关于实施动产和权利担保统一登记的决定》，统一了动产和权利担保的登记部门。中国人民银行的征信中心网站有一个动产融资统一登记公示系统，在该系统里面，有关于应收账款质押、登记财产的描述。

下面为官方列出的动产融资统一登记公示系统的应收账款质押/转让登记财产的类型和示例[①]：

1. 销售、出租产生的债权，包括销售货物，供应水、电、气、暖，知识产权的许可使用，出租动产或不动产等

示例：质押/转让财产为：××（出质人/出让人名称）自××××年××月××日至××××年××月××日，销售××（货物名称）给××（第三方债务人名称）产生的所有应收销售货款。

2. 提供医疗、教育、旅游等服务或劳务产生的债权

示例：质押/转让财产为：××（出质人/出让人名称）自××××年××月××日至××××年××月××日期间的收费收入，收费项目包括××（以学校为例：学杂费、学生住宿费等，根据具体情况分别列出；以医院为例：门诊收费、住院收费、治疗收费、药品收费、其他收费项目等）。收费许可证为××（物价部门）颁发的行政事业性收费许可证，证号：×××，在此期间预计可收费×××元，收费账号为×××。

3. 能源、交通运输、水利、环境保护、市政工程等基础设施和公用事业项目收益权

示例：质押/转让财产为：××（出质人/出让人名称）自××××年××月××日至××××年××月××日期间的××（高速公路、隧道等）项目的收益权，项目具体名称是×××，该项目的收费依据为××（政府相

---

① 参见中国人民银行征信中心动产融资统一登记公示系统，https://www.zhongdengwang.org.cn/ms.html，最后访问日期：2024年8月19日。

关部门的批复，与政府签订的购买协议，政府相关文件通知等），该项目的评估价值为×××元。

4. 提供贷款或其他信用活动产生的债权

示例：质押/转让财产为：该笔业务为"××（资产支持专项计划名称）"业务，存续期限为自××××年××月××日至××××年××月××日。原始权益人为××（融资租赁公司名称）；受让人为××，托管银行为××（具体到分支行）；该计划的基础资产为原始权益人合同编号为×××项下的合同剩余期限内的回收款，共××家承租人，具体名单见附件。回款账户为：×××。截至××××年××月××日，该资产池剩余本金余额为×××元。

这种将有的应收账款一旦登记，就可以产生对抗第三人的效力。我们要关注它在动产融资统一登记公示系统上是否可以登记，以及登记为何种类型的应收账款。需要注意的是，有一些应收账款不能在该系统上登记，比如前述的商铺租赁权、出租车经营权就无法登记，属于当事人自己创设的一种权利担保形式。如果不能登记或无处登记，就没有物权效力。

七、所有权保留、融资租赁、保理

在所有权保留、融资租赁这些交易中，出卖人或者出租人继续保留所有权,所有权并不转移,这种安排实际上具有一种担保功能。所有权保留、融资租赁实际上具有双重意思,既是一种交易方式,同时也有担保功能。

保理也被视为具有担保功能,按照《民法典》第761条的规定,保理的是应收账款的债权,债权人将其现在的或者将有的应收账款转让给保理人,由保理人向其提供资金融通、应收账款管理或者催收服务。《民法典》把保理写入合同分则,作为一种独立的合同形式。保理合同又分为有追索权的保理和无追索权的保理。保理合同具有担保功能仅仅在于有追索权的保理。在有追索权的保理中,应收账款名义上已经从债权人转让给了保理人,但实际上是担保保理人对应收账款债权人所享有的保理中的贷款本息。有追索权的保理实际上和应收账款的质押是类似的,其功能都是为了担保债权的实现。我们认为,《民法典》对原《担保法》的修改主要集中在动产担保交易制度。所有权保留、融资租赁均属动产担保的范畴。

(一)登记对抗

《民法典》改变了动产担保的交易规则,采取了跟动产抵押权相同的一种登记对抗模式,其第403条规定:"以动产抵押的,抵押权自抵押合同生效时设立;未经登记,不得对抗善意第三人。"

《民法典》第641条及第745条也规定了登记对抗第三人的功能。根据第641条的规定,"当事人可以在买卖合同中约定买受人未履行支付价款或者其他义务的,标的物的所有权属于出卖人。出卖

14 《民法典》时代的非典型担保

唐越（合伙人）

人对标的物保留的所有权，未经登记，不得对抗善意第三人。"第745条规定："出租人对租赁物享有的所有权，未经登记，不得对抗善意第三人。"这两条其实均与动产抵押权的登记类似，用这种办法实现了动产担保的设立公示规则的统一。过去，所有权保留、融资租赁有点像是非公开的一种担保形式，但其借助登记公示方法，一经登记，即变为一种公开的担保形式。

《担保制度司法解释》针对登记对抗给出了更详细的定义和解释。其第67条规定："在所有权保留买卖、融资租赁等合同中，出卖人、出租人的所有权未经登记不得对抗的'善意第三人'的范围及其效力，参照本解释第五十四条的规定处理。"根据该第54条的规定，"动产抵押合同订立后未办理抵押登记，动产抵押权的效力按照下列情形分别处理：

（一）抵押人转让抵押财产，受让人占有抵押财产后，抵押权人向受让人请求行使抵押权的，人民法院不予支持，但是抵押权人能够举证证明受让人知道或者应当知道已经订立抵押合同的除外；

（二）抵押人将抵押财产出租给他人并移转占有，抵押权人行使抵押权的，租赁关系不受影响，但是抵押权人能够举证证明承租人知道或者应当知道已经订立抵押合同的除外；

（三）抵押人的其他债权人向人民法院申请保全或者执行抵押财产，人民法院已经作出财产保全裁定或者采取执行措施，抵押权人主张对抵押财产优先受偿的，人民法院不予支持；

（四）抵押人破产，抵押权人主张对抵押财产优先受偿的，人民法院不予支持。"

从上述条文中，我们就可以了解到在什么情况下属于"善意第三人"，什么叫作"不得对抗善意第三人"。

（二）顺位规则

根据《民法典》第768条的规定，"应收账款债权人就同一应收账款订立多个保理合同，致使多个保理人主张权利的，已经登记的先于未登记的取得应收账款；均已经登记的，按照登记时间的先后顺序取得应收账款；均未登记的，由最先到达应收账款债务人的转让通知中载明的保理人取得应收账款；既未登记也未通知的，按照保理融资款或者服务报酬的比例取得应收账款。"

《民法典》第414条列举出了三种情况："同一财产向两个以上债权人抵押的，拍卖、变卖抵押财产所得的价款依照下列规定清偿：（一）抵押权已经登记的，按照登记的时间先后确定清偿顺序；（二）抵押权已经登记的先于未登记的受偿；（三）抵押权未登记的，按照债权比例清偿。其他可以登记的担保物权，清偿顺序参照适用前款规定。""其他可以登记的担保物权"即所有权保留、融资租赁以及保理，这些均应属于"其他可以登记的担保物权"。

《担保制度司法解释》与《民法典》中的规定相呼应，其第66条第1款（权利顺位）规定，"同一应收账款同时存在保理、应收账款质押和债权转让，当事人主张参照民法典第七百六十八条的规定确定优先顺序的，人民法院应予支持。"

（三）实现担保物权程序

《担保制度司法解释》明确了担保物权可以通过非诉的特别程序或诉讼的方式实现：

第64条（实现担保物权）规定，"在所有权保留买卖中，出卖人依法有权取回标的物，但是与买受人协商不成，当事人请求参照民事诉讼法'实现担保物权案件'的有关规定，拍卖、变卖标的物的，人民法院应予准许。出卖人请求取回标的物，符合民法典第六百四十二条规定的，人民法院应予支持；买受人以抗辩或者反诉的方式主张拍卖、变卖标的物，并在扣除买受人未支付的价款以及必要费用后返还剩余款项的，人民法院应当一并处理。"

第65条第1款（实现担保物权）规定，"在融资租赁合同中，承租人未按照约定支付租金，经催告后在合理期限内仍不支付，出租人请求承租人支付全部剩余租金，并以拍卖、变卖租赁物所得的价款受偿的，人民法院应予支持；当事人请求参照民事诉讼法'实现担保物权案件'的有关规定，以拍卖、变卖租赁物所得价款支付租金的，人民法院应予准许。"

八、担保物权的设立时间和登记效力

表 1

担保物权类型	担保物权设立时间	登记效力
不动产抵押	办理抵押登记时	抵押权登记设立
动产抵押	抵押合同生效时	登记对抗善意第三人
动产质押	出质人交付质押物时	无登记要求
权利质押（有权利凭证）	出质人交付权利凭证时	无登记要求
权利质押（无权利凭证）	办理质权登记时	质权登记设立
让与担保	合同生效时	登记对抗善意第三人
所有权保留	合同生效时	登记对抗善意第三人
融资租赁	合同生效时	登记对抗善意第三人
保理（有追索权）	合同生效时	登记对抗善意第三人

15 数据保护的法律与实践

董 潇（合伙人） 史晓宇（律师）

目前，许多律师业务中常常涉及数据合规监管，特别是与数据出境有关的法律问题。这类法律的变化比较快，与很多律师业务领域存在一些交叉和配合。本次分享将讨论与数据保护相关的法律法规，以及监管实践中与律师业务相关的内容，并着重介绍在目前我国数据监管体系下，需要特别重视的法律风险。

一、我国个人信息和数据保护立法的整体进程回顾

我国个人信息保护和数据安全法律法规体系的发展历程较短，但近年来发展速度很快，通过回顾这一领域的整体发展进程，可以

发现我国的个人信息保护和数据安全领域的立法呈现显著的阶段性特征：在 2010 年前，相关法律法规比较少，直到 2012 年全国人民代表大会常务委员会发布《关于加强网络信息保护的决定》后，相关立法才逐步出台。从 2012 年到 2017 年，我国发布了一批相关的规定，重要的法律文件包括《消费者权益保护法》以及工信部和交通运输部出台的行业性规定，但此时的立法仍然呈现相对分散且不成体系的状态。在 2016 年 11 月，《网络安全法》发布，并于 2017 年 6 月 1 日正式实施。自此，我国关于个人信息保护和数据安全的立法正式进入了一个高速发展的时期，2021 年《数据安全法》和《个人信息保护法》先后正式生效，由此标志着在个人信息保护和数据安全领域我国初步形成了以《网络安全法》《数据安全法》及《个人信息保护法》为核心的法律法规体系。

当然，我们从数据合规专业律师的角度去看数据出境领域的各项规定时，除了上述效力层级较高的法律及相应的合规要求外，还有非常多的行政法规、部门规章、地方性法规和推荐性的国家标准，以上细节性的规定也会对我们向客户提供意见具有重要的参考性意义。具体到数据出境领域的专门立法，2022 年《数据出境安全评估办法》及《数据出境安全评估申报指南（第一版）》发布，2023 年《个人信息出境标准合同办法》及《个人信息出境标准合同备案指南（第一版）》发布，标志着《个人信息保护法》下确立的三大数据出境合规路径中的两条路径，即数据出境安全评估路径和个人信息出境标准合同路径在实践中正式落地。其他的个人信息保护认证路径，目前也已有专门的认证机构来落地这项业务，推动我国数据出境合规路径的体系化。

二、数据出境的基本合规要求

数据出境在我国需要满足特定的合规要求：

第一，数据出境应满足业务必要性的要件，即并非所有业务中涉及的数据均可以出境。一方面，《个人信息保护法》第 38 条将个人信息出境限定为"个人信息处理者因业务等需要，确需向中华人民共和国境外提供个人信息的"。由此可见立法者对数据出境有两个限定：一是因"业务需要"，二是"确需"，即更多的企业可能需要考量，如果数据出境并非业务开展所必需，则应当将数据储存在中国境内。另一方面，需要特别注意的是，有些特定行业对数据出境实行强监管，例如汽车、医疗和金融行业。据此，我们在提供数据出境的法律咨询时，除了应阐明法律的一般性要求之外，还必须弄清楚企业所属行业是否存在特别的监管要求。

第二，对于个人信息出境，还需要满足关于告知和同意的特殊要求。根据《个人信息保护法》第 39 条的规定，"个人信息处理者向中华人民共和国境外提供个人信息的，应当向个人告知境外接收方的名称或者姓名、联系方式、处理目的、处理方式、个人信息的种类以及个人向境外接收方行使本法规定权利的方式和程序等事项，并取得个人的单独同意。"

第三，对于个人信息出境，应当事先开展个人信息保护影响评估。一方面，《个人信息保护法》第 55 条第 4 项规定了向境外提供个人信息这一情形。另一方面，第 56 条规定："个人信息保护影响评估应当包括下列内容：（一）个人信息的处理目的、处理方式等是否合法、正当、必要；（二）对个人权益的影响及安全风险；（三）所采取的保护措施是否合法、有效并与风险程度相适应。个人信息保护影响评估报告和处理情况记录应当至少保存三年。"

第四，对于开展不同业务的企业，可能需要适用不同的数据出境路径。具体而言，向境外提供重要数据，或是关键信息基础设施运营者和处理 100 万人以上个人信息的数据处理者向境外提供个人信息，或自上一年 1 月 1 日起累计向境外提供 10 万人的个人信息或者 1 万人的敏感个人信息的数据处理者向境外提供个人信息的，需要向国家互联网信息办公室（以下简称"网信办"）申报数据出境安全评估，经审查通过后才能开展数据出境活动。

而对于其他一般的企业，则可以在实践中选择与境外接收方签订网信办发布的个人信息出境标准合同，并通过向网信办提交个人信息保护影响评估报告的方式开展个人信息出境活动。当然这个具体标准的适用要求需要根据国家网信部门的要求去动态地了解和更新。

第五，数据出境需要满足法律、行政法规或者国家网信部门规定的其他条件。比如，商品出口贸易的场景下可能需要遵守特定的

15 数据保护的法律与实践
董潇（合伙人） 史晓宇（律师）

货物清关程序；再如，对于一些特殊的数据，如人类遗传资源数据，原则上不能出境，除非经过主管机关科技部门的审批。

三、数据领域监管实践——热点透视

1. 网络安全审查

在资本市场项目中，越来越多地需要考虑数据合规这一影响因素。我们尤其要注意，网络安全审查已成为中国企业在国外上市需要特别考虑的一个流程。

(1) 关键信息基础设施的运营者采购网络产品与服务。《网络安全法》第35条规定："关键信息基础设施的运营者采购网络产品和服务，可能影响国家安全的，应当通过国家网信部门会同国务院有关部门组织的国家安全审查。"网络安全审查的审查对象最初主要是关键信息基础设施运营者，这是因为当关键信息基础设施存在漏洞而遭受网络攻击时，可能对其数量众多的用户产生严重不良影响，从而威胁社会公共安全。基于这样的背景，监管部门要求运营者在购买这些产品时应当向政府报送网络安全审查，政府会从产品供应环节安全可控的角度出发，就网络产品或服务是否存在系统安全漏洞而被第三方滥用角度去进行判断，从而允许或禁止企业采购某些网络产品和服务。

（2）数据处理。除了网络产品和服务采购，其实网络安全审查中还有一项重要的审查内容，即对数据处理活动的审查。在针对滴滴和知网进行处罚的案件中，主要的审查事项并非网络产品和服务的采购，而更多涉及对个人信息的处理活动。2022年2月15日开始实施的《网络安全审查办法》第7条规定："掌握超过100万用户个人信息的网络平台运营者赴国外上市，必须向网络安全审查办公室申报网络安全审查。"其第16条第1款规定："网络安全审查工作机制成员单位认为影响或者可能影响国家安全的网络产品和服务以及数据处理活动，由网络安全审查办公室按程序报中央网络安全和信息化委员会批准后，依照本办法的规定进行审查。"换言之，之前监管机关认为对国家安全的活动主要是关键信息基础设施运营者使用网络产品和服务，而根据《网络安全审查办法》，如果企业的数据处理活动将对国家安全产生影响，则也会纳入网络安全审查的范围。

此外，需要特别强调的是，数据处理行为并没有特意区分个人信息或其他类型的数据，都属于《数据安全法》下广义的数据，且网络安全审查主要考量的是核心数据、重要数据或者大量个人信息被窃取、泄露、毁损以及非法利用、非法出境的风险，及其被外国政府影响、控制、恶意利用的风险，以及网络信息安全风险。

（3）赴国外上市网络安全审查。关于"掌握超过100万用户个人信息的网络平台运营者赴国外上市，必须向网络安全审查办公室申报网络安全审查"的规定，在具体的案例中，也非常值得探讨。首先，关于"掌握超过100万用户个人信息"，究竟该如何理解？目

15 数据保护的法律与实践
董潇（合伙人） 史晓宇（律师）

前在《数据安全法》和《个人信息保护法》中，均不含"掌握"一词。但在《个人信息保护法》中，个人信息处理者是在个人信息处理活动中自主决定处理目的、处理方式的组织、个人，即能够对个人信息处理活动拥有决定和控制权的组织、个人。如果我们可以对应到《个人信息保护法》下上述对个人信息处理活动拥有决定和控制权的角度来理解"掌握"，那么"掌握"意味着企业可以决定个人信息处理活动的目的。但是，还有一种情况在实践中可能比较模糊，比如企业为其他组织提供数据服务或存储空间，但是被处理的数据本身并不是由其直接收集；再如企业运营某种设施，可以接触到其他组织的数据。此时这种情况是否还算作"掌握"？以上问题都需要我们在实践中结合具体的情况进行分析判断。

其次，关于"用户"的含义也需要厘清。一方面，从字面含义理解，"用户"一般指企业提供服务的对象。但是就企业受托处理的情况而言，其服务的对象并不是通常意义上的"用户"，而是委托其开展数据处理活动的企业。实践中很难说委托处理活动完全不会对国家安全产生影响。同时，如果"用户"限于企业提供服务的对象，那么意味着企业内部的员工可能并不包含在"用户"的范围内，即仅限于2C（指交易双方分别为商家和用户的情形）企业，而2B（指交易双方均为商家的情形）场景下的很多个人信息主体是否要考虑被排除在外。另一方面，"用户"是指具有中国国籍的自然人，还是可以包括外籍自然人？或是指位于中国境内的自然人，还是包括位于中国境外的自然人？以上问题都需要我们结合日常碰到的案例的具体情况，进行具体分析后才能向客户提供准确的法律意见或建议。

最后，关于数量计算的标准，在实践中可能也会有更多的细节需要讨论。比如一家企业提供的服务业态可能非常多，某一业务条线下也许涉及的用户数量非常少，但是如果纳入其他业务条线，就可能导致用户数量变化很大。这需要我们在帮助客户开展数据处理活动摸排工作时，尽可能做到全面、准确。

以上问题均表明，当我们将一般性法律规定的标准套用到具体的案例时，需要特别小心地分析具体场景的不同，这样才能帮助企业在赴海外上市的过程中，准确地分析判断其数据处理活动是否已经符合中国数据保护法律的各项规定。

2. 企业并购中的数据合规监管问题

在并购项目中，律师也会经常面临客户提出的有关数据合规的法律问题。业务整合后的业务连续性问题是很多产业投资人关注的重点，那么被收购公司如果在业务活动中存在大量的数据处理活动，则数据合规问题就可能成为收购能否最终成功的关键问题之一。

比如在我们处理的一个项目中，目标公司为商家提供数据分析的服务。据此，律师则需要从数据合规的角度判断上述业务是否合规；例如是否涉及个人信息的处理，包括敏感个人信息的处理活动是否已经取得个人的单独同意的问题。《个人信息保护法》还特别从目的限制的角度对人脸识别信息提供了更为严格的保护。其第 26 条规定："在公共场所安装图像采集、个人身份识别设备，应当为维护公共安全所必需，遵守国家有关规定，并设置显著的提示标识。所收集的个人图像、身份识别信息只能用于维护公共安全的目的，不

15 数据保护的法律与实践

董潇（合伙人） 史晓宇（律师）

得用于其他目的；取得个人单独同意的除外。"

根据该规定，在未取得个人单独同意时，人脸识别信息在公共场所的收集应为维护公共安全所必需，且仅可用于维护公共安全的目的。因此在并购项目中，我们需要考虑监管的要求，向客户提供相应的法律判断，帮助客户分析数据合规事项可能对进行中的并购交易产生的潜在影响。

3. 跨境调查、诉讼、仲裁中的数据出境问题

数据出境还有一类很特殊的情况，即涉及跨境调查、诉讼或仲裁等情况时，向境外的司法或执法机构提供境内的数据。

关于上述特殊出境情形，《个人信息保护法》及《数据安全法》均有所规定。首先，《个人信息保护法》第41条规定："中华人民共和国主管机关根据有关法律和中华人民共和国缔结或者参加的国际条约、协定，或者按照平等互惠原则，处理外国司法或者执法机构关于提供存储于境内个人信息的请求。非经中华人民共和国主管机关批准，个人信息处理者不得向外国司法或者执法机构提供存储于中华人民共和国境内的个人信息。"《数据安全法》第36条也有类似规定："中华人民共和国主管机关根据有关法律和中华人民共和国缔结或者参加的国际条约、协定，或者按照平等互惠原则，处理外国司法或者执法机构关于提供数据的请求。非经中华人民共和国主管机关批准，境内的组织、个人不得向外国司法或者执法机构提供存储于中华人民共和国境内的数据。"

上述条文有以下几个问题需要关注：第一，"外国司法或执法机构"涵盖哪些范围；第二，当涉及外国司法或执法机构调取境内数

据时，调取的方式是否包含在以上条文的规制范围内；第三，"非经中华人民共和国主管机关批准"，在实践中如何满足相关落地要求。

尤其需要关注的是，当涉及境外诉讼、仲裁或调查而需要境内律师人员向境外提供数据时，律师需要慎重判断客户是否可以提供，因为这不仅是客户需要履行的法律义务和承担的法律责任，也同样是律师需要注意的合规义务。

4. 数据分类分级

目前在法律上主要有三类数据受到监管部门的特别关注，一是核心数据，二是重要数据，三是个人信息。其中对于重要数据范围的界定，一直是近年来实践中普遍关注的焦点，也是企业在日常数据合规工作中碰到的工作难点。

关于重要数据的范围，我国曾经发布的《信息安全技术 重要数据识别指南》（征求意见稿）中对重要数据进行了明确的列举，规定具有所列举的因素之一的属于重要数据，比如反映国家战略储备、应急动员能力的数据（如战略物资产能、储备量）；支撑关键基础设施运行或重点领域工业生产（如直接支撑关键基础设施所在行业、领域核心业务运行或重点领域工业生产）的数据等。

各行各业的主管部门也在制定专门的行业规则以确定重要数据的范围。例如，就《汽车数据安全管理若干规定（试行）》（由网信办、发改委、工信部、公安部、交通运输部五部门联合发布）对汽车行业的重要数据进行了列举，规定"重要数据是指一旦遭到篡改、破坏、泄露或者非法获取、非法利用，可能危害国家安全、公共利益或者个人、组织合法权益的数据"，也举例进行了说明，例如

15 数据保护的法律与实践

董潇（合伙人） 史晓宇（律师）

（1）军事管理区、国防科工单位以及县级以上党政机关等重要敏感区域的地理信息、人员流量、车辆流量等数据；（2）车辆流量、物流等反映经济运行情况的数据；（3）汽车充电网的运行数据；（4）包含人脸信息、车牌信息等的车外视频、图像数据；（5）涉及个人信息主体超过 10 万人的个人信息；（6）其他监管部门认定的数据。

此外，该法律文件还对汽车行业重要数据的出境提出专门要求："重要数据应当依法在境内存储，因业务需要确需向境外提供的，应当通过国家网信部门会同国务院有关部门组织的安全评估。""汽车数据处理者向境外提供重要数据，不得超出出境安全评估时明确的目的、范围、方式和数据种类、规模等。"值得特别注意的是，目前监管部门要求，开展重要数据处理活动的汽车数据处理者应当在每年 12 月 15 日前向省、自治区、直辖市网信部门和有关部门报送年度汽车数据安全管理情况。

再如，在金融行业中，《金融数据安全 数据安全分级指南》附录 C 对重要数据进行了举例，规定金融行业的重要数据可包括"宏观特征数据、海量信息汇聚得到的衍生特征数据、行业监管机构决策和执法过程中的数据，以及关键信息基础设施网络安全缺陷信息等"。其中，宏观特征数据是指，可反映不可更改或长时间保持稳定的经济特征、社会特征的数据；海量信息汇聚得到的衍生特征数据是指，汇聚后覆盖多省份的金融消费者真实交易信息；行业监管机构决策和执法过程中的数据是指，行政机关、执法机关在履职或执法过程中收集和产生的不涉及国家秘密且未公开的受控数据；关键信息基础设施网络安全缺陷信息是指网络设备、服务器、信息系统等有关漏洞信息。

在工业和电信行业中,工业和信息化部发布的《工业和信息化领域数据安全管理办法(试行)》中也对工业和电信行业领域内的数据分类分级和重要数据识别进行了规定。

由于《数据安全法》第 21 条中明确规定,数据分类分级保护和重要数据目录由各地区、各部门确定,因此可以预见,未来各行业领域内的重要数据识别和判断规则会渐次出台,相关领域内的企业需要特别重视跟进相关立法动态,以便尽早安排自身业务中可能存在的数据出境合规工作。参与数据的认定和出境的合规工作的律师,需要提示客户全面考量这方面的合规要求。

16 国有产权转让法律框架介绍和实务观察

孙　桢　林　涛（合伙人）　　　刘子靖（律师）

新中国成立以来，国有企业为推动我国经济发展、民生改善、科技创新和国防建设作出了历史性贡献。在当前复杂多变的国际环境下，国有企业、国有投资经济在推动经济进一步发展中也发挥着重要带动作用。根据财政部的数据，2022年，全国国有及国有控股企业营业总收入达825967.4亿元。[①] 对国有产权转让而言，一方面要符合惯常并购市场的法规，另一方面还受制于国有资产监管的特殊要求。本文所述的国有产权转让或国有产权交易，特指企业的股东等所有者转让其对企业各种形式出资所形成权益的行为，不包括企业增加资本的行为，也不包括企业的重大资产转让行为。

[①] 《2022年国有企业营业总收入同比增长8.3%》，载中央人民政府官网，https://www.gov.cn/xinwen/2023-01/30/content_5739270.htm?eqid=e3242abd000253e4000000046474966e，最后访问日期：2024年7月22日。

一、国有产权转让的一般法律框架

（一）国有产权转让的监管体系

1. 国有资产监督管理委员会（以下简称"国资委"）监管体系 vs. 财政部监管体系

我国国有产权交易的监管格局大致可以进行二元划分，一个是财政部的监管体系，另一个是国资委的监管体系。国资委监管体系中最主要的法规为国务院国资委、财政部于 2016 年 6 月 24 日联合出台的《企业国有资产交易监督管理办法》（以下简称"32 号令"）；而财政部的监管体系主要侧重于金融企业的国有产权交易行为的审批和监管，中央文化企业的国有资产交易的监管，以及行政事业单位与其下属的企业国有资产交易的监管。

因此，在面对一个国有产权转让项目时，应该首先厘清该项目落入哪一类监管体系，受到哪个监管机构监管。比如，在面对证券公司或信托公司这类持牌金融机构的国有产权转让交易时，不可想当然地认为应当适用 32 号令的有关规定，而应仔细分析和判断该等企业是否隶属于财政部监管体系。

16 国有产权转让法律框架介绍和实务观察

孙桢　林涛（合伙人）　刘子靖（律师）

财政部对国有金融机构的产权交易出台了单独的法规，例如，《金融企业国有资产转让管理办法》和《关于规范国有金融机构资产转让有关事项的通知》。财政部及其地方机关也负责监管中央文化企业的国有产权交易，例如，财政部于2017年10月13日发布了《关于进一步规范中央文化企业国有资产交易管理的通知》（财文〔2017〕140号）。可见，如果某一国有产权转让项目涉及上述特殊行业的企业，直接套用32号令的规定可能会得出错误或不准确的结论。

2. 关注企业的特殊性质

除了事先分析判断所适用的监管体系外，在面对国有产权转让交易时，还需要关注目标公司是否为一家上市公司或是否属于落入特殊监管的行业。如果目标公司是一家上市公司，则需要研究专门针对上市公司的相关规定，比如《上市公司国有股权监督管理办法》。

此外还要关注该交易是否涉及政府投资基金。32号令第63条和第66条分别规定："金融、文化类国家出资企业的国有资产交易和上市公司的国有股权转让等行为，国家另有规定的，依照其规定。""政府设立的各类股权投资基金投资形成企业产（股）权对外转让，按照有关法律法规规定执行。"

实践中我们还注意到财政部2015年11月12日颁布了《政府投资基金暂行管理办法》，一些地方政府也出台了专门针对政府投资基金的地方性法规，比如《北京市市级政府投资基金管理办法》。因此，在遇到涉及政府投资基金的交易时，需要注意研究当地是否有特殊规定。此外，有一些属于特殊行业的企业，如高等院校的下属企业，该等下属企业的国有资产除受财政部门监管外，还受到对应的各级教育部门的监管。

3. 中央管理企业 vs. 地方管理企业

国有企业可以分为中央管理企业和地方管理企业。中央管理企业一般是国务院国资委所投资的企业，可以从公开渠道（国务院国资委官网的央企名录①）查询到中央管理企业的名单。就地方政府管理的国有企业而言，地方政府一般会颁布一些适用于其市属国有企业的地方规定，如北京市政府、天津市政府都出台了有关市属国有企业产权转让和交易行为的规定。若国有产权转让交易涉及地方国资委下属企业，需要特别留意地方性规定。

（二）产权交易的主要方式

针对一般的国有产权转让交易，32号令系最核心的一部法规。该办法对国有产权转让交易的方案报批、进场以及进场后的事项均作了原则性规定，而更加详细的操作规程通常在各产权交易所出台的具体规则或规范中体现。根据32号令，企业增资行为也首次被纳入国有资产交易的监管范围。受篇幅所限，本文更侧重于股权转让的情形，不对增资交易或重大资产转让行为另行展开论述。

---

① 《央企名录》，载国务院国有资产监督管理委员会官网，http://www.sasac.gov.cn/n2588045/n27271785/n27271792/c14159097/content.html，最后访问日期：2024年7月22日。

16 国有产权转让法律框架介绍和实务观察

孙桢　林涛（合伙人）　刘子靖（律师）

1. 进场交易

在开始提供相关项目法律服务时，需要首先判断该交易是否适用 32 号令，是否需要进场。32 号令对适用范围以及哪些交易需要进场有比较明确的规定。根据 32 号令的规定，原则上企业国有产权转让应进场交易，仅在特殊情况下可以采取非公开交易方式。

现实中，一个企业的国有成分可能多种多样，那么什么样的企业产权转让需要进场呢？32 号令对此作了相对清晰的界定。根据 32 号令第 4 条，国有及国有控股企业、国有实际控制企业包括：

（1）政府部门、机构、事业单位出资设立的国有独资企业（公司），以及上述单位、企业直接或间接合计持股为 100% 的国有全资企业；

（2）本条第（1）款所列单位、企业单独或共同出资，合计拥有产（股）权比例超过 50%，且其中之一为最大股东的企业；

（3）本条第（1）、（2）款所列企业对外出资，拥有股权比例超过 50% 的各级子企业；

（4）政府部门、机构、事业单位、单一国有及国有控股企业直接或间接持股比例未超过 50%，但为第一大股东，并且通过股东协议、公司章程、董事会决议或者其他协议安排能够对其实际支配的企业。

符合前述标准的国有及国有控股企业、国有实际控制企业，在进行产权转让时，原则上需要进场公开挂牌交易。

在做国有产权转让项目的过程中，有的同事常常可能会混淆转让方和标的企业。举例而言，A 公司是一家中外合资企业，它有两个股东，中方股东是一家国有控股企业，持有 A 公司 40% 的股份，另一个股东是一家外国公司，持股 60%。在这种情况下，如果中方股东要转让其在 A 公司中持有的股权，由于中方股东是一家国有控股企业，因此该交易需要进场。容易引发误解的情形是：A 公司转让其在子公司的股权到底要不要进场。从上述案例来看，A 公司的中方股东持股 40%，外方股东持股 60%，并且假定在公司治理方面没有特别安排，A 公司本身不会被认定为 32 号令下的国有实际控制企业。在这种情况下，A 公司转让其子公司的股权是不需要进场的。

2. 非公开协议转让

在代表买方做交易时，客户经常提出的一个问题是该交易是否可以通过协议转让（即非公开协议转让）的方式完成，而无须进场公开挂牌交易。其实非公开协议转让的适用条件在 32 号令下也有比较明确的规定，但适用条件非常严格。第一种情形是：涉及主业处于关系国家安全、国民经济命脉的重要行业和关键领域企业的重组整合，对受让方有特殊要求，企业产权需要在国有及国有控股企业之间转让的，经国资监管机构批准，可以采取非公开协议转让方式；第二种情形是：同一国家出资企业及其各级控股企业或实际控制企业之间因实施内部重组整合进行产权转让的，经该国家出资企业审议决策，可以采取非公开协议转让方式。

3. 无偿划转

根据《关于企业国有资产交易流转有关事项的通知》（国资发产权规〔2022〕39 号），国有控股、实际控制企业内部实施重组整合，经国家出资企业批准，该国有控股、实际控制企业与其直接、间接全资拥有的子企业之间，或其直接、间接全资拥有的子企业之间，可以比照国有产权无偿划转管理的相关规定划转所持企业产权。

（三）国有股权转让的流程及主要步骤

1. 基本流程

第一个步骤是转让方就拟进行的产权转让作出内部决议或决定，制定转让方案并报主管部门批准。具体而言，转让方应根据公司章程和内部管理制度就产权转让作出决议。如果该产权转让涉及职工安置方案和债权债务处置问题，则还需要经过一些其他正当程序。例如，涉及职工安置的，其安置方案须经职工代表大会或职工大会审议通过。涉及债权债务处理的，应当符合国家相关法律法规的规定，例如一定金额以上的国有债权转让也应履行审批和进场手续。

在公司内部正当程序完成之后，需要对标的企业或者针对转让标的产权进行审计和资产评估，并报主管部门批准或备案。待审计和资产评估完成以及转让方取得了所有必需的相关批准后，应当在选定的产权交易所进行挂牌交易。

选定产权交易所后，转让方应根据项目实际情况进行信息披露，即通过产权交易机构网站分阶段对外披露产权转让信息，公开征集受让方。信息披露又可分为预披露和正式披露。其中，预披露在绝大多数情况下均为非强制性的程序，但下述情形例外：因产权转让导致转让标的企业的实际控制权发生转移的，转让方应当在转让行为获批后 10 个工作日内，通过产权交易机构进行信息预披露，时间不得少于 20 个工作日。相较而言，正式披露为 32 号令项下的一个必备程序，且 32 号令要求正式披露信息时间不得少于 20 个工作日。

披露完成之后，意向方应向产权交易所缴纳保证金，接着会有一个竞价的过程，最后竞价胜出的一方即为最终确定的受让方。该受让方须与转让方签订产权交易合同。产权交易合同一般会要求受让方将相关的转让价款汇入产权交易所指定的结算账户。如果交易顺利完成，产权交易所会出具一份产权交易凭证，以起到证明交易完成的作用。

2. 若干重要环节

针对以上基本流程，以下就几个重要的环节展开一些讨论。

(1) 国有股权转让的审批

32 号令和《企业国有资产法》对审批程序的规定存在一些不同之处。《企业国有资产法》为 2008 公布，时间较早，其中含有一些较为模糊的规定，例如，《企业国有资产法》第 34 条规定"重要的国有独资企业、国有独资公司、国有资本控股公司的合并、分立、解散、申请破产……履行出资人职责的机构在作出决定或者向其委派参加国有资本控股公司股东会会议、股东大会会议的股东代表作出指示前，应当报请本级人民政府批准。"但《企业国有资产法》并未对哪些企业或公司构成"重要的国有独资企业、国有独资公司、国有资本控股公司"作进一步的界定或说明。

根据 32 号令的规定，国家出资企业的产权转让，须经国资监管机构审批。但如果国家出资企业的产权转让会导致国家不再拥有企

16 国有产权转让法律框架介绍和实务观察

孙桢　林涛（合伙人）　刘子靖（律师）

业控股权的，仅仅国资委审批是不够的，还须报同级人民政府批准。据此，国资监管是一级管一级，国家所有的企业基本上是国资委和人民政府监管，国家出资企业下面的各级子公司，通常是由国家出资企业自己制定内部产权转让管理制度来确定其审批权限（例如，上海市市属的大型国有企业的子公司转让在市属企业进行集团层面的审批即可，无须经上海市国资委审批）。

但是这里有一个例外：国家出资企业的子企业转让时，如果这些子企业本身属于重要企业（比如关系国家安全、国民经济命脉的重要行业和关键领域以及主要承担重大专项任务），在这种情况下，仅仅由国家出资企业自己单独审批可能就不适合了，还需要上报其同级的国资委批准。

实践中，很多地方市属国有企业的产权转让，很可能当地国资委不会作出审批决定，而会上报主管领导，比如副市长审批。除了关注 32 号令和《企业国有资产法》外，还要关注地方性规定，比如北京市就出台了更为详细的地方性规定。

（2）资产评估的核准和备案

一般情况下，当产权转让行为被批准后，无论是国资委的批准还是集团公司的批准，均应对产权转让标的进行资产评估，资产评估结果的有效期是一年，以评估基准日作为起算的时间点，而非以资产评估报告的出具时间作为起算时间点。

是否所有的产权转让交易均需做资产评估？答案是基本都需要。虽然对在什么情况下需要进行资产评估，32 号令没有作出详细的规定，但总体而言，基本上所有产权转让等重大资产处置或者非货币资产中的实物处置均需进行资产评估。

（3）挂牌环节

第一，对转让方而言，选择哪一个产权交易所进行挂牌是有讲究的。比如上海市或北京市市属国资企业要进行挂牌，一般是在当地的产权交易所进行，很少会到别的省份的产权交易所去挂牌。例如，北京市市属的国有企业的国有资产交易必须在北京产权交易所挂牌。

第二，在选择产权交易所时，需关注该交易所的业务范围。比如央企权益类交易（产权转让、增资等），全国仅有6家产权交易所可以承接：北京、上海、广东、重庆、山东和深圳；而能承接央企实物资产转让交易的目前也只有36家产权交易所。如果是央企作为转让方的话，只能选择有相应承接能力的产权交易所。此外，如果是地方国企作为转让方，它们往往倾向于选择自己熟悉的本地交易所，而且本地产权交易所通常会有合作专员专门对接当地国企。

（4）信息披露

如上文所述，信息披露原则上可以分为两大类，一类是预披露，另一类是正式披露。预披露和正式披露的区别在于：预披露所披露的内容相对而言较少，主要包括：

（a）转让标的之基本情况，包括企业名称、注册资本、注册地址等基本信息；

（b）转让标的，转让企业股东的股权结构，即股东名称、其分别持有的注册资本及持股比例；

（c）产权转让行为的决策以及批准的情况，批准转让行为的批

16 国有产权转让法律框架介绍和实务观察

孙桢　林涛（合伙人）　刘子靖（律师）

准文件一般都会公布出来；

(d) 转让标的企业的财务状况，以及受让方的资格条件。

正式披露比预披露的范围更广一些。除了前面提到的几项之外，还会包括交易的条件、转让底价以及对产权交易有重大影响的一些其他信息、竞价方式的选择、保证金如何支付及如何退还等。

如上文所述，预披露通常并不是一个强制性的程序，但是也有例外。强制预披露的时间与正式披露的时间均不得少于20个工作日。如果披露期限届满之后尚未征集到意向受让方，转让方可以选择延长该披露期限。对每次延长的时间，不同的产权交易机构的规定不同。

(5) 定价环节

信息披露程序完成之后，即为定价环节。如何确定价格与资产评估结果有很大关系。在首次正式信息披露的时候，转让方所定的产权转让底价不能低于资产评估结果。只有当正式披露的期限已经届满，且没有征集到意向受让方，转让方认为转让价格过高时，方可把转让底价稍降一些，可以突破资产评估结果。但是当转让底价低于资产评估结果的90%时，转让方尚需取得原主管部门批准。转让方经长期挂牌尚未征集到意向受让方，且该期限长达至少12个月时，资产评估结果将不再有效，根据法律规定转让方必须重新进行资产评估与审计，并重新完成进场程序。

此外，在并购交易中，价格调整是一个非常常见的安排，通常用于解决签约到交割期间公司价值的波动。然而，这个价格调整机制在国有产权转让的语境下存在实施的难度。32号令第23条明确规定，在受让方确定以后，所签订的合同项下的价格不能基于企业损益的理由进行调整。

国有企业产权转让的价格一般是以评估结果为底价，基于产权交易所公开竞价结果确定的。实践中，从评估基准日到报告正式出具往往需要1—2个月，评估结果上报国资委备案可能又耗时数日乃至数周。再加之挂牌前准备工作所需的时间，以及中标后、交割前可能需要完成的手续（如经营者集中申报或国家安全审查），标的公司在交割日的估值可能偏离评估价格以及中标价格。

就以上问题，实践中可以采取什么应对措施呢？第一，在做资产评估时，应尽量将一些可以预见的标的公司在未来几个月甚至一年的一些预期损益，反映到评估价格中去；第二，要尽量缩短评估基准日到挂牌日之间的窗口期。例如，从买方的角度，如果在基准日之后，发现标的公司已经发生了一个重大诉讼，则考虑要求标的公司更新一下资产评估报告，以体现公司估值可能的波动，或由交易双方商定可共同接受的补偿办法。

（6）受让方资格限定

在准备信息披露时，客户经常会关心是否可以对受让方设置资格要求，尤其在出售方已经预先征集到意向受让方的情况下。在32号令出台以前，我们经常会看到挂牌信息中包含一长串资格要求，如世界500强、中国百强、从事某一行业等。通过一系列筛选要求，往往可以将合格受让方缩小到寥寥几家，从而预先锁定受让方。

但是，在32号令出台以后，对受让方资格要求的监管开始严格起来。为了保证充分地竞争、竞价，根据现有法规，资产转让原则

16 国有产权转让法律框架介绍和实务观察

孙桢　林涛（合伙人）　刘子靖（律师）

上对受让方不能设置资格条件。就产权转让而言，如果一定要设置，则不能有明确的指向性，不得违反公平竞争原则，并且该等资格条件要求事先上报国资监管部门备案。然而，交易方仍然可以根据项目/标的公司的实际情况，合理设置、披露必要的受让方资格条件。例如：

（a）资信要求——对意向受让方的注册资本提出一个具体金额的要求；对于联合竞标的项目，对实体数量设置上限。

（b）业务协同要求——在某化工企业的转让项目中，国资转让方要求意向受让方要从事化工品行业的精炼业务，且与标的企业处于上下游，还能产生协同效应。

（c）履行合资合同/章程的规定——对于合资合同、章程中预先约定的受让方资格条件，此类要求大多可以被产权交易所、国资主管部门接纳。诸如，在某技术型企业的合资合同中曾经约定，为了保护外方的技术秘密，中方（国企）不得向外方的竞争方转让公司股权。在后续交易中，国资委和产权交易所同意通过设置受让方黑名单的方式，实施合资合同中对受让方的限制安排。

（7）保证金阶段

在意向受让方符合资格条件的前提下，并且在进入竞价流程之前，意向受让方会被要求缴纳保证金。保证金金额/比例一般会在挂牌公告中进行说明，通常不超过交易价格的30%，但是这也取决于不同的产权交易所的具体规定。比如北京产权交易所和重庆产权交易所明确规定一般不超过30%，在常州产权交易所的项目中，出现过底价45%的保证金。假设保证金净值较高，且缴纳时间较短，则在一定程度上会缩小意向受让方的范围。

（8）竞价环节

不同产权交易所会启动不同的竞价模式，比较常见的是多次报价，即意向受让方可以不断报出更高价格，最终价高者得的模式。有一种模式是一次报价，意向受让方在报出一次价格后就不能更改其报价，最后看谁报的价格更高。有一种模式是权重报价，上海产权交易所即对某些符合条件的产权交易提供这种模式，它不仅仅以价格作为判断的标准，还要考虑到一些其他的因素（且这些其他因素必须在信息披露时予以披露），并会进行综合评估。还有一种模式是北京产权交易所提供的动态报价，这种模式在市场上较少使用。在这种模式下，意向受让方在进行正式信息披露后的下一工作日的零时起，就可以开始动态报价，即不断调整其报价。但需要注意的是，以动态报价的产权交易，不得设立受让方资格条件。

（9）签约环节

竞价环节结束后，基本上可以确定最终的正式受让方，此时将依照产权交易所的具体规定进入签约环节。有的产权交易所规定受让方确定后的三个工作日内必须签产权交易合同。产权交易合同一般为一个模板文件，但是模板文件当然无法满足实际操作当中买卖双方的各种要求，比如对陈述与保证的要求。双方是否可以对产权交易合同进行适度的调整，特别是当买方要求卖方做大量的陈述与保证时，就此问题双方需要与产权交易所提前沟通。一般而言，产权交易所允许双方对产权交易合同进行适当的调整。对于诸如涉及反垄断审查或者国家安全审查等特殊问题的特别交易，产权交易合同经交易双方签署之后，仍将处于附条件生效的状态，只有双方完成该等前置审批手续后才生效。

（10）资金结算环节

一般情况下，受让方需要在产权交易合同生效的 5 个工作日内，一次性将全部交易价款划转到产权交易所的资金结算账户，之前受让方交的保证金可以抵作交易价款的一部分。但是，在股权转让交易的情况下，如果其交易价款金额较大或者一次性交付全部交易价款有困难，受让方也可以分期付款；但分期付款的安排会受到一些要求的限制，比如首期款项不得低于 30%，且付款期限不得超过一年，而且买方可能还须承担延期付款的利息。

值得关注的是，由于产权交易所提供对资金安全有一定保障的增值服务，所以原则上交易双方是通过产权交易所的结算账户来进行资金结算的。如果交易双方想要突破这种资金结算安排，则须经之前批准产权转让行为的单位另行审批。

（11）产权交易所出具交易凭证

产权交易所出具的交易凭证有三个前提条件：第一是产权交易合同业已生效；第二是双方业已付讫应付产权交易所的服务费；第三是受让方的应付交易价款业已打入产权交易所的结算账户。交易凭证在有的地方会作为相关方申请办理工商变更登记所应提交的一份必要文件。

二、常见瑕疵及法律后果

在国有产权转让交易中,最为常见的法律瑕疵包括未经资产评估,以及未通过产权交易所进行公开交易。

1. 未经资产评估

国有产权转让过程中因缺少资产评估而引发争议的案例并不少见。法院在裁判过程中,从早期侧重于就违反国资交易程序本身是否导致交易无效进行程序性审查(例如下文案例1,但早期不同法院就此裁判观点并不统一),逐渐转变为侧重于就交易是否导致国有资产流失从而损害社会公共利益进行实质性审查。若交易未违反意思自治且未导致国有资产流失,法院将更倾向于认定交易有效。

案例1 在上海浦润装潢有限公司与上海市纺织原料公司、上海纺织控股(集团)公司、利格有限公司承租人优先购买权纠纷案[最高法(2013)民申字第1301号]中,最高人民法院指出,本案系争房屋为国有资产,依据当时的《国有资产评估管理办法》及《企业国有产权转让管理暂行办法》,签订转让国有资产合同应履行必备的法定前置程序。未完成该等前置程序,则相关交易合同无效。

案例2 在南宁经济技术开发区管理委员会、南宁绿港建设投资集团有限公司合同纠纷案[(2020)最高法民申5553号]中,再审

16 国有产权转让法律框架介绍和实务观察

孙桢　林涛（合伙人）　刘子靖（律师）

申请人南宁经济技术开发区管理委员会、南宁绿港建设投资集团有限公司要求确认南宁经管委与被申请人广西博贝隆建设工程有限公司签订的《项目投资协议书》和《项目补充协议书》无效，确认申请人无需向被申请人交付申请人占有的某商务酒店。最高人民法院认为《企业国有资产法》和《国有资产评估管理办法》中关于资产评估的要求属于管理性规定，而非效力性规定，不属于合同无效的法定理由。因此法院的审查重点为当事人是否有恶意串通，损害国家、集体或者第三人利益的情形。最后，最高人民法院认为再审申请人无充足证据证明被申请人具有"恶意串通，损害国家、集体或者第三人利益"的主观恶意，因此驳回了申请人有关产权转让相关协议无效的再审申请。

案例3 在云南澄江澄阳商务有限公司（以下简称"澄阳公司"）、骏豪控股有限公司（以下简称"骏豪公司"）股权转让纠纷案［（2019）最高法民终1815号］中，澄阳公司和骏豪公司作为上诉人，要求最高人民法院驳回一审法院关于确认澄阳公司与澄江县旅游总公司（当时由澄江县旅游局控制）签署的股权转让协议无效的判决。股权转让协议约定由旅游公司以1万元的价格向澄阳公司转让目标公司23.8%的股权，双方在完成转让时未对目标股权进行资产评估；根据后续补充的评估结果，案涉股权价值约人民币4400万元。最高人民法院判决驳回上诉人的请求，确认案涉股权转让协议无效，理由并非仅因为案涉股权转让交易未进行资产评估的程序瑕疵，而是基于认定案涉交易造成国有资产重大流失，属于"损害社会公共利益"的行为，因此无效。

2. 未进场交易

对于国有产权交易未进场是否有效的问题，法院在司法实践中的裁判观点并不统一，部分法院判决认定未进场交易因违反法律强制性规定而无效，且不进场交易本身可能因违反交易原则而被认为损害社会公共利益；也有部分判决认为进场交易的相关法律规定为管理性规定而非效力性规定，在不存在违反其他效力性规定的情况下，相关交易应属有效。

案例4 巴菲特投资有限公司（以下简称"巴菲特公司"）诉上海自来水投资建设有限公司（以下简称"上海自来水公司"）股权转让纠纷案［(2009)沪高民二（商）终字第22号］（《最高人民法院公报》选编案例）中，巴菲特公司通过拍卖会取得了上海自来水公司所持有的光大银行的部分股权。但上海自来水公司提出异议，主张由于拍卖会的竞价流程不能等同于国有产权转让应完成的产权交易所的公开流程，因此该转让交易应属无效、应被撤销。在此案中，上海市高级人民法院判决认定该交易无效，理由是：根据《企业国有产权转让管理暂行办法》（已失效）第四条、第五条的规定，企业国有产权转让应当在依法设立的产权交易机构中公开进行。企业未按上述规定在依法设立的产权交易机构转让，违反了公平、公开和公正的交易原则，损害社会公共利益，应依法认定其交易行为无效。

案例5 武汉银城实业发展总公司（以下简称"银城公司"）、中国农业银行股份有限公司湖北省分行营业部（以下简称"农行营业部"）与湖北信联实业发展有限公司（以下简称"信联公司"）国有土地使用权转让合同纠纷案［(2016)最高法民申876号］中，

16 国有产权转让法律框架介绍和实务观察

孙桢　林涛（合伙人）　刘子靖（律师）

银城公司和农行营业部作为再审申请人要求确认银城公司与信联公司签署的《协议书》无效。银城公司作为国有企业在与信联公司签订《协议书》过程中，没有在湖北省产权交易中心进行交易，便向信联公司转让了作为国有资产的涉案土地。然而，最高人民法院驳回了申请人的再审申请，认定《湖北省企业国有资产监督管理条例》等规定中关于国有资产转让须在规定场所交易的规定属于管理性强制性规定，因此案涉产权交易违反上述规定不会直接导致合同无效。

三、小结

根据我们对近期案例的检索以及近年的观察，总结如下：

（1）随着整体监管趋于严格以及国有产权转让逐渐规范化，近年来涉及国资转让的案例中很少有明显的瑕疵，也很少有国资公司完全不履行有关国有产权转让的前置程序。案例的争议点更多在于操作细节，诸如受让方会质疑资产评估报告失真，转让方则辩称有一些财务数据未能考虑周全，因而导致评估值有所偏差等。

（2）从近年案例来看，法院更倾向于尊重意思自治，维持交易的效力。① 在一些案例中，即便存在着诸如未经资产评估、未进产权交易所公开交易这样的瑕疵，但法院亦未直接据此推翻交易的有效性，而是倾向于支持交易的效力。尽管存在前述观察，我们仍然建议企业关注国有产权转让交易（及历史交易）是否适当履行了法定的流程和手续，以避免由于交易效力问题造成纠纷及损失。

（3）对于特殊类型的企业，诸如金融、文化类国家出资企业、股权投资基金投资形成企业产（股）权对外转让、合伙企业的对外转让，在实践中，中央及地方还制定了大量特殊规定。在涉及特殊类型企业时，除了考虑惯常国资监管的规定外，还需要考虑特殊企业的特殊规定，例如，中央文化企业及其各级子企业国有资产进场交易应在上海和深圳两个专门的文化产权交易所进行；按照投资协议或合同约定，条款履约退出可以作为国有金融机构采取直接协议转让方式进行交易的理由（受限于按照授权机制审议决策）。

---

① （2018）最高法民终 125 号；（2015）民二终字第 399 号；（2018）京民再 60 号。

17 并购律师和资本市场律师需要了解的反垄断法知识

魏瑛玲（合伙人）

经营者集中申报是与并购交易密切相关的反垄断问题。根据《反垄断法》第 25 条和《关于经营者集中申报的指导意见》的相关规定，经营者集中是指经营者合并、经营者通过取得股权或资产的方式取得对其他经营者的单独或共同的控制权、经营者通过合同等方式取得对其他经营者的控制权或能够对其施加决定性影响，以及新设合营企业且至少有两个经营者共同控制该合营企业的情形。

经营者集中达到国务院规定的申报标准的，应当事先向国务院反垄断执法机构申报，未申报的不得实施集中。经营者集中未达到国务院规定的申报标准，但有证据证明该经营者集中具有或者可能具有排除、限制竞争效果的，国务院反垄断执法机构可以要求经营者申报。经营者未依据上述规定进行申报的，国务院反垄断执法机构有权依法进行调查。

一、经营者集中申报

(一) 事先申报制度

▶ **经营者集中申报审查概况**

■ 截至2022年年底,经营者集中审查简易案件立案共计682件,无条件批准案件共计767件(包含地方局数据)。此外,附条件批准案件共计5件。

图 3

我国从 2008 年 8 月 1 日起正式实施第一部《反垄断法》。经营者集中申报的案件从 2008 年审结 17 件,无条件批准 16 件,附条件批准 1 件,发展到 2022 年审结 772 件,无条件批准 767 件,附条件批准 5 件,案件审查数量一直处于上升状态,这表明:第一,交易

17 并购律师和资本市场律师需要了解的反垄断法知识

魏瑛玲（合伙人）

活动处于活跃状态；第二，申报的案件越来越多。

1. 批准实施经营者集中的决定

经营者集中批准决定包括无条件批准与附条件批准。图3中左列柱为立案数量，中间列柱为无条件批准的案件数量，右列柱为附条件批准的案件数量。其中，无条件批准案件为执法机构审查后认为不会对市场竞争产生影响的案件，其数量在所有案件中占绝大多数。附条件批准的案件为执法机构评估之后认为对于市场竞争存在或可能存在一定不利影响的案件，但该等影响可通过一定的救济措施减轻或消除，无需全面禁止相关交易。因此，为了让交易能继续进行，同时消除交易对市场竞争的不利影响，反垄断执法机构决定对交易附加一些限制性条件，这些条件可能包括结构性条件或行为性条件。结构性条件如资产剥离，卖方原本持有100家工厂，反垄断执法机构要求其出售其中20家，从而减小该交易方的市场力量；行为性条件包括对交易方从事交易行为时的一些要求或限制，比如要求交易方不得与其他交易相对人订立独家交易条款，在交易完成后保持现有的供应水准等。附条件批准的案件数量很少，每年通常在4—5件。

2. 禁止实施经营者集中的决定

中国正式禁止的经营者集中案件实际上只有三个，包括（1）2009年可口可乐公司收购汇源公司交易。（2）2014年马士基公司、地中海航运、达飞设立网络中心交易，该交易对于中国的航线、中美之间的航线、中欧之间的航线有封锁效应，因此该交易被禁止。

（3）虎牙公司和斗鱼国际控股公司两个游戏直播公司之间的合并交易。这两家公司实际上同属腾讯系，但斗鱼为腾讯与另外一方共同控制的公司，而虎牙为腾讯单独控制。执法机构认为，由于这两家公司市场份额过高，合并后两家公司将完全由腾讯单独控制，从而对竞争产生不利的影响，因此禁止了该交易。

3. 未获审批而撤回申报或放弃的交易

尽管截至 2022 年年底，《反垄断法》实施十几年来，反垄断执法机构只正式禁止了三个交易，但实践中还存在一些因申报后未能及时获得批准，导致交易方不得不撤回申报或宣布终止收购的交易，比如，2016 年高通拟收购恩智浦的交易、2019 年应用材料从 KKR 处收购国际电气的交易等。

（二）未依法申报的法律后果

《反垄断法》（2008）规定，对于违法实施的经营者集中（包括应申报而未进行申报即实施的集中，已申报但在未获得批准前实施的集中，违反附加限制性条件的决定、违反禁止集中的决定实施的集中），反垄断执法机构有权对交易方处以罚款［《反垄断法》（2022）生效前，法定最高罚款金额为 50 万元］。对于具有或可能具有排除、限制竞争效果的集中，反垄断执法机构还可责令交易方停止实施集中、恢复到集中前的状态等。国家市场监督管理总局于 2022 年审结并公布了 45 起未依法申报违法实施经营者集中的案件，与上一年的 95 件相比数量有较为明显的回落。在上述 45 起案件中，

17 并购律师和资本市场律师需要了解的反垄断法知识

魏瑛玲（合伙人）

有 3 起案件罚款金额为 30 万元（占比约 6%），3 起案件罚款金额为 40 万元（占比约 6%）（其中一起案件的两个交易方分别被处以 30 万元和 40 万元的罚款），40 起案件罚款金额达到顶格 50 万元（占比约 89%），平均处罚金额与 2021 年相比基本持平。由此可见，国家市场监督管理总局对未依法申报案件维持了较高处罚力度。

尤其值得注意的是，《反垄断法》（2022）大幅提升了针对违法实施经营者集中的行政处罚力度：不具有排除、限制竞争效果的经营者集中将被处以最高 500 万元的罚款，相比旧法增幅十倍；而具有或可能具有排除、限制竞争效果的经营者集中将被处以最高上一年销售额 10% 的罚款。毫无疑问，违法实施经营者集中的成本将显著提高。

《反垄断法》（2022）还明确提出将反垄断行政处罚纳入企业信用记录，并向社会公布。据此，实施违法集中的企业在遭受金钱损失的同时，还将会遭受信誉损失，并可能对其未来取得商业机会或从事一些其他商业行为造成严重不利影响。

值得特别注意的是，对于 2008 年 8 月 1 日后发生的经营者集中，如果其达到了申报标准但未进行申报，且违法实施集中的状态持续存在（比如合营企业存续至今），则行政处罚法中规定的"两年"追诉时效将不会起算，反垄断执法部门仍有权对相关经营者进行处罚。

（三）近年来经营者集中相关法律与执法实践的主要发展

1.《反垄断法》（2022）已自 2022 年 8 月 1 日起开始实施，该法显著提高了对于经营者集中应申报未申报的处罚标准。随着处罚力度大大加强，经营者集中申报的案件数量明显增加。

2. 自2022年7月起，所有申报材料都可以通过反垄断执法机构开发的经营者集中反垄断业务系统进行线上提交。

3. 国家市场监督管理总局于2022年7月公布《关于试点委托开展部分经营者集中案件反垄断审查的公告》，自2022年8月1日起，将符合特定条件的简易案件的反垄断审查下放到省级市场监督管理部门进行，目前的试点机构为北京市、上海市、重庆市、广东省和陕西省市场监督管理局。截至2022年年底，共委托试点机构审查申报案件135件，试点机构受托审查案件从立案到审结平均用时17.8天，与国家市场监督管理总局基本保持一致。

4. 对半导体、金融、文化、平台经济等行业的集中申报的审查更为严格。许多半导体相关行业的经营者集中项目附加限制性条件才能被批准，如2021年思科收购阿卡夏、SK海力士收购英特尔部分业务、2022年环球晶科收购世创等交易。

5. 重视对应报未报案件的调查和处罚（主要涉及平台经济领域）。2020年，反垄断执法机构公布的应报未报处罚案件仅12起，2021年则高达95起，2022年的已公布案件数量达到45起，估计还有一些案件审结后尚未公布。

6. 对于涉及VIE（Variable Interest Entities）架构的交易，国家市场监督管理总局可能会征求行业主管部门的意见，以确保涉外交易符合中国外商投资法律的要求。2021年2月，国务院反垄断委员会出台《关于平台经济领域的反垄断指南》，明确要求涉及VIE架构

17 并购律师和资本市场律师需要了解的反垄断法知识

魏瑛玲（合伙人）

的交易应进行申报。现在涉及 VIE 架构的交易，除非不触发申报的义务，否则均应当进行申报。

7. 收购少数股权也可能触发经营者集中申报义务。有些人认为，经营者集中申报的前提之一是必须取得对其他经营者的控制权，如果仅仅取得其少数股权或资产是不会取得控制权的。但在北京车胜科技有限公司与时空电动汽车股份有限公司设立合资企业一案[①]中，北京车胜科技有限公司虽仅持有 3.23% 的股权，但仍被认为拥有控制权，理由是其持股比例虽低，但其作为小股东却拥有足以被视为取得控制权的否决权。在上海汉涛信息咨询有限公司收购上海领健信息技术有限公司股权案[②]中，收购 6.67% 的股权被视为取得控制权。以上案例表明，并购律师不可因买方仅取得少数股权即得出无须进行经营者集中申报的结论，而应全面综合地考量某一具体交易是否会触发经营者集中申报的问题。

我们认为，资本市场律师也应充分具备反垄断合规意识。在 IPO 之前做法律尽调时，需要核查发行人的历史沿革及以往所有交易是否合法合规，其中很多方面就可能与反垄断合规有关。

（四）如何判断一项交易是否需要进行经营者集中申报？

1. 判断因素

判断某项交易是否需要经过经营者集中审查，需要考虑以下

---

① 国市监处（2021）51 号。
② 国市监处（2021）33 号。

因素：

（1）该交易是否构成经营者集中

即是否为合并、新设合资企业以及有至少两个合资方共同控制合资企业；是否为股权或资产收购，且收购方取得其单独或共同控制。需要特别注意的是，通过合同方式获得对目标公司的控制权也可能构成经营者集中。

（2）参与集中的经营者是否达到中国法律规定须申报的营业额标准

（a）参与集中的经营者中，至少两个经营者上一会计年度在中国境内的营业额均超过 4 亿元（征求意见稿提高为 8 亿元）；

（b）参与集中的所有经营者上一会计年度在全球范围内的营业额合计超过 120 亿元，或者参与集中的所有经营者上一会计年度在中国境内的营业额合计超过 40 亿元。

（3）未达申报标准的交易也可能受到经营者集中调查

根据《反垄断法》（2022）第 26 条的规定，未达到申报标准，但有证据证明该经营者集中具有或者可能具有排除、限制竞争效果的，反垄断执法机构可以要求经营者申报。经营者未进行申报的，国务院反垄断执法机构应当依法进行调查。如果反垄断执法机构认为尽管该交易没有达到申报标准，但有可能对市场竞争造成不利影响，则有权要求参与集中的经营者申报；如果届时相关交易尚未交割，反垄断执法机构会中止交易，先做反垄断审查，待审查结束后再交割。如果交易已经交割完毕，则有权要求参与集中的经营者补充申报。因此，判断某项交易是否需要进行经营者集中申报，存在

17 并购律师和资本市场律师需要了解的反垄断法知识

魏瑛玲（合伙人）

一定的复杂性。并购律师和资本市场律师在考虑某个具体交易，或者在做法律尽职调查时，判断目标公司、相关收购行为是否合法合规时，也需要引入反垄断专业律师，关注相关交易是否触发了经营者集中申报条件，如果触发，是否已进行申报。

总之，判断某一交易是否构成经营者集中的核心标准是该项交易是否导致某经营者获得其他经营者的控制权。在新设合资企业的情形下，则要判断合资企业是否被两个或以上经营者共同控制。在判断营业额标准时，必须明确所评估营业额的对象以及营业额的计算范围，即营业额的计算范围不应仅限于与交易相关的业务，而应计算相关经营者所在集团所有的业务，且集团的营业额应该追溯到其最终控制人。在各种交易结构下，须明确哪些交易方是参与集中的经营者（参与交易的经营者不一定是参与集中的经营者）。

2. 与判断交易是否需要申报无关的因素

判断某一交易是否需要申报，仅需关注两个因素：一是交易是否导致控制权变更；二是参与集中的经营者营业额是否达标。以下因素与判断交易是否需要申报无关：

（1）交易方市场占有率高低、所在市场结构是否集中、是否境外收购、是否在中国境外设立合资公司；

（2）收购方与目标公司是否存在业务重叠或其他业务联系；

（3）是否会对市场造成负面影响、行业竞争是否激烈、产能是否过剩。

3. 谁是国有企业的实际控制人——中国反垄断法下的判断标准

在涉及国企的交易中，判断参与交易的各国企是否因最终控制人同为国资委而可被视为未导致控制权发生变更,从而无须进行经营者集中申报,是一个非常棘手的问题。根据中国境内的反垄断执法实践,不同央企即便最终均上溯到国务院国资委,也不被视为属于同一控制人。通常情况下,如各交易方最终上溯至分别属于国资委直属的不同集团公司,则交易方通常被视为属于不同的最终控制人,交易将被视为构成经营者集中。但如交易方均可上溯至国资委直接持股的同一集团公司,则各交易方将被视为具有同一控制人,交易不构成经营者集中。

尽管如此,欧盟有先例将同属国务院国资委的中国广核集团有限公司和中国核能电力股份有限公司两家央企认定属于同一控制人,当然我国对此并不予认同。因此,央企在做欧盟跨境交易时,就需要考虑这个因素。但美国及其他国家目前尚未有这样的认定,我们应密切关注各个司法辖区在反垄断审查方面执法尺度及实践的发展。

4. 其他一些常见误解

(1)纯境外交易(如交易各方均为境外公司的收购)是否可以豁免申报?答案是不能。中国的反垄断法下不存在对纯境外交易的豁免,经营者集中交易达到申报标准时均须申报。例如,两家中国企业在中国境外设立一个合资公司,然后用合资公司来收购境外某国一个电厂,该交易是否会因与中国没有任何关系,而无须进行经营者集中申报呢?答案是:如这两家中国企业在中国的营业额达标,且其对共同成立的合资公司实施了共同控制,则除了需要在交易所在的境外国家进行申报之外,还需要在中国进行申报。

(2)为项目需要新设的一个没有实体业务的特殊目的公司是否

17 并购律师和资本市场律师需要了解的反垄断法知识

魏瑛玲（合伙人）

构成经营者集中？答案是不一定。例如，几家公司为投标而设立一个投标公司。如果该投标公司被其大股东单独控制，则无须进行反垄断申报。但如果两家公司成立一家股比为 50∶50 的联合体去投标，那可能就构成了经营者集中。而且如果两家公司规模足够大，营业额满足了反垄断法下的申报标准，就需要进行申报。另外，并购律师还应同时考虑该等项目进行经营者集中申报的合适时间（如投标公司设立前、完成资产收购前等）。

（3）现有企业核心股东数量的减少是否被认为是经营者集中？答案是可能。由两个以上经营者共同控制的合营企业，如果其中一个或多个经营者退出，使得合营企业被其中一个或一个以上经营者控制，也构成经营者集中，有可能需要进行经营者集中申报。

（4）通过资产收购或者合同安排取得对其他实体的控制权是否构成经营者集中？答案是肯定的。

总而言之，取得一个经营者 100% 的股权或 50% 以上有表决权的股份将必然导致控制权的变化。比较难判断的是购买或转让很少或较少的股权（比如百分之几、百分之十几、百分之二三十）的情形。在这种情形下，我们需要分析通过交易取得较少股权的经营者是否具有高管的提名和任免权；如果有，即便是小股东也会被认为享有共同控制权；此外，如果该小股东对目标公司的财务预算或经营计划具有否决权，也会被认为对目标公司有控制权。当然，每个交易的实际情况非常复杂，需要并购律师在反垄断专业律师的帮助下逐一进行审慎的个案分析。基于以上情况，当客户拟取得目标公司少数股权时，并购律师在草拟股东会、董事会或者是其下的委员会以及少数股东对经营性事项的否决权条款时，最好就是否会构成控制权的取得咨询反垄断专业律师的意见。

（五）何时应申报？

通常情况下，应该在交易协议签署后、交易实施前申报。这是因为申报的前提是要有一个确定的交易，而仅仅签署一份意向书并不能表明交易各方已经确定会进行该交易。对于特殊交易（比如上市公司公开要约收购、敌意收购）则应该在获得实际控制权之前申报。

（六）集中申报审查时限

集中申报的审查时限分为普通程序和简易程序。

1. 简易程序

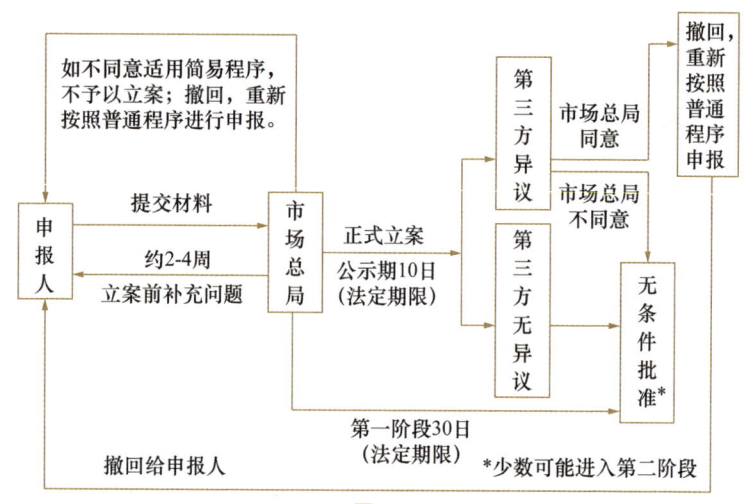

图 4

17 并购律师和资本市场律师需要了解的反垄断法知识

魏瑛玲（合伙人）

2. 普通程序

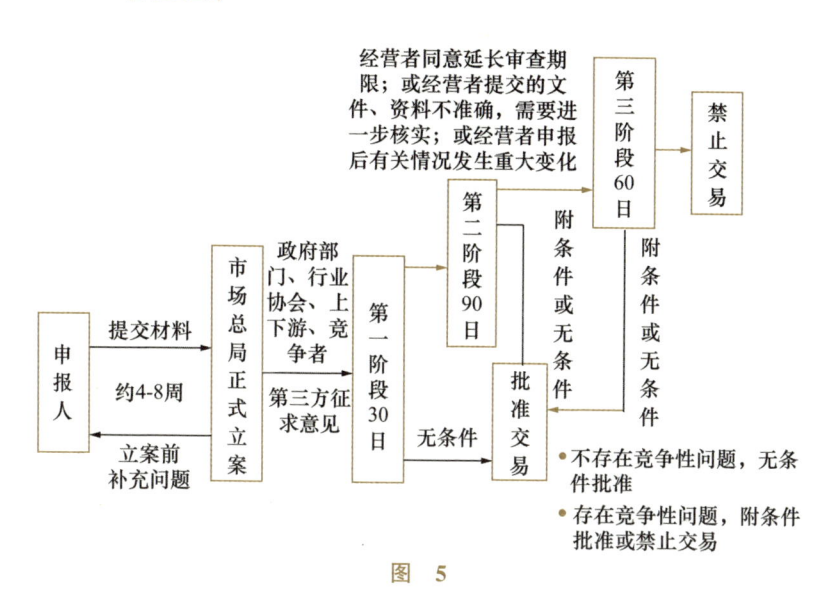

图 5

普通程序的审查时限分为三个阶段，第一阶段为30天，第二阶段90天，第三阶段60天。很多申报项目在第一阶段即可通过反垄断审查。

有些申报人可能会发生以下误解：在申报文件提交30天内，反垄断执法机构就可以终结审查。但答案是：不一定，因为提交文件和正式立案受理是两回事。第一阶段是从正式受理通知书签发之日起计算，第二阶段是从进一步审查决定签发之日起计算，第三阶段是从同意延长进一步审查决定通知书签发之日起计算。在正式受理通知书签发之前，反垄断执法机构通常会在收到提交的申请文件后，向申请人发出问题清单并要求其提供补充材料。只有在其认为申报人的申报材料均已齐全（至少在形式上齐全）后，反垄断执法机构才会正式立案处理。另外，在正式受理通知书签发之前，甚至正式受理通知书签发之后、反垄断执法机构作出最终审查决定之前，均可能存在交易方撤回并重新申报的情形。

3. "停钟"制度

从 2022 年 8 月 1 日起，"停钟"制度开始实施。所谓"停钟"制度是指在特定情形下，反垄断执法机构可以决定中止计算审查期限并书面通知经营者。这些情形包括：（1）经营者未按规定提交文件资料，导致审查工作无法进行；（2）出现对审查具有重大影响的新情况、新事实，不经核实将导致审查工作无法进行；（3）附加限制性条件需要进一步评估，且经营者同意。实践中，如果申请人一直未提供反垄断执法机构要求的全部或部分文件，反垄断执法机构则可能考虑停止计算审查时限，直到申请人提交了所要求的全部文件时，才会继续计算审查时限。

显然，"停钟"制度的实施可能导致申报准备时间的增加，交易时间表的可预期性会有所降低，且在全球多个司法辖区中申报难度增加（如适用）。这就要求律师应协助客户提交更为严谨的申报文件资料，设定合理充裕的交割时间表，确保交易条款对己方有最大限度的保护，包括交易对方的配合义务、违约条款与分手费等。

基于上述情况，除引入反垄断法律师评估是否需要进行经营者集中申报之外，并购律师还应在设计交割时间及上述重要交易条款时，咨询反垄断法律师的意见。

17 并购律师和资本市场律师需要了解的反垄断法知识

魏瑛玲（合伙人）

二、并购交易中需要注意的其他反垄断问题

（一）同业之间的交易——需关注经营者集中之外的其他问题

如果并购交易在同业之间进行（比如买方与目标公司属于竞争者），则会涉及经营者集中之外的反垄断问题。交易双方通过在尽调过程中交换敏感信息（定价、成本、库存、未来销售策略、未来推出的产品等），有可能达成横向垄断协议。为避免引发上述法律风险，律师应建议交易各方在尽调过程中建立"清洁团队"机制，以便既可以使买方做尽调，又可防止相关各方通过在尽调中了解的敏感信息达成垄断协议。

具体而言，清洁团队应由中介机构和交易各方经营、管理、决策相关人员（但不应包含各方直接从事相关业务的人员，诸如负责产品销售和营销计划、定价或策略的人员）组成，目标公司应建立数据库，将所有文件上传至数据库，且该数据库仅向清洁团队开放。竞争性敏感信息的交流仅限于在清洁团队中进行，并且清洁团队向买方管理层汇报时，应将竞争性敏感信息进行聚合

和脱敏。对于在尽调时没有做适当脱敏即进行敏感信息交换的行为，欧盟、新加坡、美国等国均有处以罚款的案例，不过我国目前尚无相关处罚的规定和执法先例。此外，财务投资人的投资则通常不会有上述反垄断问题。

（二）尽职调查

法律尽职调查过程中审阅主要业务合同时，并购律师需要特别关注以下业务合同：（1）同行业企业之间订立的业务合作协议，因其可能会产生横向垄断协议的法律风险；（2）经销商之间的协议，且含有管控价格的约定，因其会产生纵向垄断协议的法律风险；（3）如果目标公司在市场上处于第一或第二的市场支配地位，市场份额很高（如超过50%），存在一些独家安排（比如对方不能跟第三方做生意），则并购律师同样需要保持高度的敏感，因其可能产生滥用市场支配地位的法律风险。如遇到有可能产生上述问题的协议，建议引入反垄断律师对文件进行审阅以便更准确地评估风险。

（三）交易协议谈判签署阶段

如前所述，交易协议本身也会涉及反垄断问题，因此在起草、谈判与签署交易文件的过程中，律师需要考虑以下实体和程序问题：交割要件的设立、交割时间表的预期管理、交割条件履行中各方权利与义务的分配与执行、追偿机制与"分手费"的约定以及过渡期

17 并购律师和资本市场律师需要了解的反垄断法知识

魏瑛玲（合伙人）

安排。例如，交易完成的最后截止日需要考虑反垄断申报所需的时长，以确保交割之前能够取得反垄断审查机构的批准；要约定交易其他方的配合义务、要有"分手费"条款等。

（1）关于不竞争义务的约定。交易各方需要就限制的主体、时间范围、地域范围、产品或服务范围加以合理且必要的安排，以避免横向垄断协议的风险。但"合理且必要"的标准如何把握，只能在个案的基础上加以分析。例如，如果并购交易涉及的是甲产品，则通常不得限制乙产品；如买卖双方均在中国从事业务，则买方不得要求卖方在交割后不得去其他国家甚至世界任何地方做同样的生意；但如果只是要求卖方不能在中国与买方在同行业进行竞争，则这种限制可能就是合理的。此外，如果买方要求卖方在交割后永远不能再进行同行业竞争，则同样构成不合理的限制；但如果不竞争的时间限制为一至两年或两至三年，则具有一定合理性。

（2）关于过渡期安排。实践中，有很多公司可能希望一经签署交易协议即委派目标公司高管或者直接参与目标公司生产经营，但这么做会被反垄断执法机构视为提前实施了经营者集中，即"抢跑"。一旦抢跑，则有可能导致被处以数百万元罚款的后果。当然，也有些公司会希望在过渡期内享有对目标公司的一些重要的日常经营事项的否决权，但是在《反垄断法》的规定下，这些公司是不得通过这种否决机制参与到目标公司的日常经营活动中的。总之，在过渡期内，买方可以对可能导致交易标的价值减损的行为施加一定限制，但不得影响交易标的的日常经营行为，以免构成"抢跑"。如果无法确定具体事项是否落入可限制的范围内，则应该引入反垄断专业律师协助评估。

另外需要提醒注意的是，交易各方需要充分考量准备反垄断申报材料所需的时间（至少为 1 个半月—3 个月），以确保在截止日期前能够向反垄断执法机构完成申报材料的提交。例如，如果股权收购协议中约定买方应在协议签署后 3 天内完成向反垄断执法机构的申报，则显然是不现实的。

（四）交割后义务

对于新设合营企业或者在既存企业的基础上通过股权或资产收购形成的合营企业：

1. 如果合营企业的各股东互为竞争者：

（1）股东应避免借助合营企业交换敏感信息；

（2）股东不得利用合营企业的结构事先固定价格、限制产量、划分市场或客户、超出合营企业正常运营所需的范围交换商业敏感信息等。

2. 如果合营企业的股东与合营企业为竞争者：

（1）股东有权基于股东知情权获取合营企业整体经营状况的信息，例如历史销售数据、总体销量和销售金额等，以及合营企业管理（需要股东作出决策）所必需的数据，包括但不限于综合性的运营情况与计划、综合性或整合性的财务数据及预算、人事数据及其他管理型数据等；

（2）在合营企业的日常经营活动中，合营企业与其股东之间需要尽可能地避免敏感信息交换以降低协同行为的风险，对于能够影响市场竞争的敏感信息（诸如具体的产品及具体客户的价格和销售数量等），需要小心处理，以避免进行超出合营企业正常经营所需的商业敏感信息的交换。

18 中国反垄断法禁止垄断协议新规

陈晓华（顾问）

前言

我国第一部《反垄断法》自 2008 年 8 月 1 日生效以来，相关执法机构和各界专家学者积累了许多实施经验和修订意见。2021 年 10 月 23 日，在总结反垄断执法实践、借鉴国际经验、对反垄断相关制度规则作了进一步完善的基础上，全国人民代表大会常务委员会发布了《反垄断法（修正草案）》，向社会公开征求意见，在对该草案进行了两次审议之后，于 2022 年 6 月 24 日宣布修改决定通过，修改后的《反垄断法》已于同年 8 月 1 日起正式施行。

《反垄断法》在总则中明确规定经营者达成垄断协议属于一种垄断行为，第 16 条至第 21 条规定了垄断协议的定义、横向垄断协议、

18 中国反垄断法禁止垄断协议新规

陈晓华（顾问）

纵向垄断协议、组织或帮助达成垄断协议、豁免条款和行业协会等内容。

目前反垄断执法机构为国家市场监督管理总局（以下简称"总局"）和省级市场监督管理部门（与总局统称"市监局"）。总局于 2023 年 3 月 10 日颁布了一系列修订后的反垄断法实施细则，其中包括《禁止垄断协议规定》（以下简称《总局规定》），自 2023 年 4 月 15 日起实施。

以下我们将结合若干市监局近期执法案例，重点阐述《反垄断法》及《总局规定》针对禁止垄断协议方面的规定，并侧重介绍《反垄断法》修正后的相关条款的内容。

一、垄断协议的定义

《反垄断法》第 16 条规定："本法所称垄断协议，是指排除、限制竞争的协议、决定或者其他协同行为。"

《总局规定》第 5 条第 2 款、第 3 款进一步强调："协议或者决定可以是书面、口头等形式。其他协同行为是指经营者之间虽未明确订立协议或者决定，但实质上存在协调一致的行为"，并在第 6 条列举了认定其他协同行为应当考虑的因素，包括经营者的市场行为是否具有一致性，经营者之间是否进行过意思联络或者信息交流，经营者能否对行为的一致性作出合理解释，以及相关市场的市场结构、竞争状况、市场变化等情况。

《总局规定》第 16 条规定，不属于本规定第 8 条至第 15 条所列情形的其他协议、决定或者协同行为，有证据证明排除、限制竞争的，应当认定为垄断协议并予以禁止。总局认定垄断协议时应当考虑下列因素：

（1）经营者达成、实施协议的事实；

（2）市场竞争状况；

（3）经营者在相关市场中的市场份额及其对市场的控制力；

（4）协议对商品价格、数量、质量等方面的影响；

（5）协议对市场进入、技术进步等方面的影响；

（6）协议对消费者、其他经营者的影响；

（7）与认定垄断协议有关的其他因素。

《总局规定》新增了相关市场界定的规定，即相关市场是指经营者在一定时期内就特定商品或者服务（以下统称"商品"）进行竞争的商品范围和地域范围，包括相关商品市场和相关地域市场。

界定相关市场应当从需求者角度进行需求替代分析。当供给替代对经营者行为产生的竞争约束类似于需求替代时，也应当考虑供给替代。界定相关商品市场，从需求替代角度，可以考虑需求者对商品价格等因素变化的反应、商品的特征与用途、销售渠道等因素。而从供给替代角度，可以考虑其他经营者转产的难易程度、转产后所提供商品的市场竞争力等因素。

界定相关地域市场，从需求替代角度，可以考虑商品的运输特征与成本、多数需求者选择商品的实际区域、地域间的贸易壁垒等因素。从供给替代角度，可以考虑其他地域经营者供应商品的及时性与可行性等因素。

二、垄断协议的种类和相关案例

1. 横向垄断协议

《反垄断法》第 17 条明确禁止达成横向垄断协议，即禁止具有竞争关系的经营者达成固定或者变更商品价格，限制商品的生产数量或者销售数量，分割销售市场或者原材料采购市场，限制购买新技术、新设备或者限制开发新技术、新产品，或者联合抵制交易等垄断协议。

《总局规定》新增了对"具有竞争关系的经营者"的解释，明确其既包括处于同一相关市场进行竞争的实际经营者，也包括可能进入相关市场进行竞争的潜在经营者。

案例 1 江苏省市场监督管理局查处南京市 10 家瓶装液化气企业达成并实施垄断协议案［苏市监反垄断案（2023）2—11 号］

2023 年 9 月 1 日，江苏省市监局依法对南京百江液化气有限公司、南京燃博燃气有限责任公司、南京液化石油气经营有限公司等

10家企业达成并实施垄断协议案作出行政处罚决定，责令当事人停止违法行为，分别处以当事人2020年度销售额2%的罚款，10家企业罚没款金额合计827.35万元。

江苏省市监局于2021年7月接国家市场监督管理总局移交线索，反映南京百江液化气有限公司等10家瓶装液化气经营企业涉嫌实施垄断行为，经前期核查情况后于2021年7月16日立案调查。经查，该10家企业具有竞争关系且均具备燃气经营许可证，在南京市城区从事瓶装液化气经营业务，2018年至2021年间，当事人达成并实施固定或者变更商品价格、分割销售市场的垄断协议。查明的违法行为如下：该10家企业制定自律公约，明确价格管理体系，固定商品价格，实现了相关市场的分割；他们还制定处罚措施、缴纳自律保证金、通过微信沟通协调、查处通报违规行为，并制定《南京中燃百江能源有限公司经营计划的说明》，约定了暂付注资款，确保垄断协议得以实施。上述行为违反了修改前的《反垄断法》第十三条第一款第（一）项和第（三）项的规定。

2. 纵向垄断协议

《反垄断法》第18条明确禁止经营者与交易相对人达成下列垄断协议：（1）固定向第三人转售商品的价格；（2）限定向第三人转售商品的最低价格；（3）国务院反垄断执法机构认定的其他垄断协议。

对前款第（1）项和第（2）项规定的协议，《反垄断法》新增了除外条款，明确规定经营者能够证明其不具有排除、限制竞争效果的，不予禁止；经营者能够证明其在相关市场的市场份额低于国务院反垄断执法机构规定的标准,并符合国务院反垄断执法机构规定的其他条件的,不予禁止。此项新增内容,将在下文第三部分"垄断协议的豁免规定和'安全港'规则"中进一步说明。

《总局规定》详细列举了固定转售价格包括固定转售商品的价格水平、价格变动幅度、利润水平或者折扣、手续费等其他费用;限定转售商品的最低价格或者通过限定价格变动幅度、利润水平或者折扣、手续费等其他费用限定向第三人转售商品的最低价格,以及通过其他方式固定转售商品价格或者限定转售商品最低价格等行为。

案例2 士卓曼(北京)医疗器械贸易有限公司垄断协议案[京市监垄罚(2022)06003号]

北京市市监局于2021年7月对士卓曼(北京)医疗器械贸易有限公司涉嫌达成并实施垄断协议行为立案调查,并于2022年12月依法对该公司作出行政处罚决定。

根据该处罚决定,本案涉及商品属于口腔种植体(或称牙种植体、人工牙根),为Ⅲ类医疗器械。经查,当事人将终端客户分为公立医院、DSO客户(连锁型民营口腔机构)和普通民营口腔机构三种类型。2015年10月至2021年6月期间,针对大型DSO客户,当事人以上游经营者的身份,通过直接参与商谈、电子邮件、电话等方式将涉案商品销售价格传达给授权经销商执行,以此固定涉案商品的转售价格,即与交易相对人达成并实施了固定转售价格的垄断协议;针对公立医院、DSO客户(不含大型DSO客户)、普通民营口腔机构,当事人制定涉案商品在不同销售区域的转售指导价,并通过面对面告知、电话、微信、电子邮件等方式将价格信息传达给经销商，要求经销商不得低于指导价进行销售。当事人还建立"North 渠道工作管理""北京经销商价格管理群""STCN CSF RSM 沟通群"等微信群，向经销商传达价格政策。北京市市监局经询问当事人和经销商，并核对经销商的销售合同、票据，确认固定转售价格和限定最低价格的垄断协议已经得到有效实施。当事人还通过监控经销商销售价格、制定价格管理制度、处罚低价销售经销商等方式，强化了垄断协议的实施。

北京市市监局认定，当事人与交易相对人达成并实施固定转售价格、限定最低价格垄断协议的行为，违反了当时《反垄断法》第 14 条的有关规定。考虑到当事人能够积极配合调查、及时停止违法行为、主动整改并减轻了违法行为的危害后果，决定责令其停止违法行为，并处以其 2020 年度销售额 3% 的罚款，共计人民币 34385525.65 元。

3. 组织或帮助达成垄断协议

《反垄断法》第 19 条禁止经营者组织其他经营者达成垄断协议或者为其他经营者达成垄断协议提供实质性帮助。业内认为，此规定与国际惯例"轴幅协议"规定相契合。①

《反垄断法》在第一章"总则"里强调，行业协会应当加强行业自律，引导本行业的经营者依法竞争，合规经营，维护市场竞争秩序；并且在第 21 条中重申，行业协会不得组织本行业的经营者从

---

① "轴幅协议"又称中心辐射型垄断协议，通常是指产业链上下游经营者之间，借助纵向关系，使得具有竞争关系的经营者达成具有横向垄断协议效果的协议。

18 中国反垄断法禁止垄断协议新规

陈晓华（顾问）

事《反垄断法》第二章垄断协议规定所禁止的垄断行为。

根据《总局规定》第 21 条的规定，行业协会是指由同行业经济组织和个人组成，行使行业服务和自律管理职能的各种协会、学会、商会、联合会、促进会等社会团体法人。行业协会禁止从事下列行为：（1）制定、发布含有排除、限制竞争内容的行业协会章程、规则、决定、通知、标准等；（2）召集、组织或者推动本行业的经营者达成含有排除、限制竞争内容的协议、决议、纪要、备忘录等；（3）组织本行业经营者达成或者实施垄断协议的其他行为。

《反垄断法》第 19 条所述的"为其他经营者达成垄断协议提供实质性帮助"包括提供必要的支持、创造关键性的便利条件，或者其他重要帮助。根据《总局规定》第 18 条第 1 款的规定，"组织其他经营者达成垄断协议"包括以下具体情形：

（1）经营者不属于垄断协议的协议方，在垄断协议达成或者实施过程中，对协议的主体范围、主要内容、履行条件等具有决定性或者主导作用；

（2）经营者与多个交易相对人签订协议，使具有竞争关系的交易相对人之间通过该经营者进行意思联络或者信息交流，达成本规定第 8 条至第 13 条的垄断协议；

（3）通过其他方式组织其他经营者达成垄断协议。

对于组织或帮助达成垄断协议的行为以及行业协议的违法行为，《反垄断法》在第 56 条中明确了其法律责任，详见下文第五部分内容。

案例 3 北京市围棋协会组织会员单位达成并实施垄断协议案

[京市监垄罚（2023）06002 号]

北京市监局根据上级机关移交线索，于 2022 年 8 月 4 日对北京市围棋协会涉嫌组织会员单位达成并实施垄断协议行为立案调查。2023 年 9 月 1 日，北京市市监局依法对北京市围棋协会组织 8 家会员单位①，达成并实施垄断协议案作出行政处罚决定，责令北京市围棋协会和 8 家会员单位停止违法行为，对北京市围棋协会处罚款 5 万元，对 8 家会员单位分别处 2021 年度销售额 2% 的罚款，合计 11.6 万元。

经查，参加理事会的北京市东城区棋牌运动协会等 8 家会员单位均为北京市围棋业余段位或级位赛组织单位，属于具有竞争关系的经营者。北京市围棋协会于 2021 年 8 月 17 日召开理事会，就"北京市围棋协会围棋业余段位、级位证书及赛事服务费收费标准"征求理事单位意见，采用无记名投票方式进行表决，最终对收费标准建议指导价形成决议，并在其官网向"各业务相关单位"公示。在随后组织的围棋赛事中，8 家会员单位按照会议讨论的标准对证书或赛事服务费进行了一致性上调。2022 年 2 月 25 日，北京市围棋协会表决废止了收费标准。

北京市市监局认为，北京市围棋协会违反了修改前的《反垄断法》第 16 条的规定，8 家会员单位违反了修改前的《反垄断法》13 条第 1 项的规定。北京市围棋协会及 8 家会员单位的行为，推动北

---

① 包括北京市西城区武术和棋类运动管理中心、北京市丰台区围棋协会、北京市东城区棋牌运动协会、北京市怀柔区围棋协会、北京市房山区棋牌智力运动协会、北京弈和康体育文化有限公司、北京红枫叶体育文化传媒有限公司及北京博昇英华教育咨询有限公司。

18 中国反垄断法禁止垄断协议新规
陈晓华（顾问）

京市围棋业余段、级位赛赛事服务费及证书服务费上涨，排除、限制了北京市围棋业余段、级位赛服务市场的竞争，加重了参赛人员的经济负担，损害了消费者利益。

三、垄断协议的豁免规定和"安全港"规则

1. 一般豁免情形

《反垄断法》第 20 条原则规定了垄断协议的豁免情形，即经营者能够证明所达成的协议属于下列情形之一的，不适用前述垄断协议的规定：（1）为改进技术、研究开发新产品的；（2）为提高产品质量、降低成本、增进效率，统一产品规格、标准或者实行专业化分工的；（3）为提高中小经营者经营效率，增强中小经营者竞争力的；（4）为实现节约能源、保护环境、救灾救助等社会公共利益的；（5）因经济不景气，为缓解销售量严重下降或者生产明显过剩的；（6）为保障对外贸易和对外经济合作中的正当利益的；（7）法律和国务院规定的其他情形。属于前款第 1 项至第 5 项情形，不适用前述垄断协议规定的，经营者还应当证明所达成的协议不会严重限制相关市场的竞争，并且能够使消费者分享由此产生的利益。

实践中，上述反垄断法豁免规定执法机构将如何具体实施，目前尚无任何行政执法案例可供参考。

2. "安全港"规则

《反垄断法》在纵向垄断协议规定中新增了"安全港"规则，即经营者与交易相对人达成协议的，经营者能够证明参与协议的经营者在相关市场的市场份额低于国务院反垄断执法机构规定的标准，并符合国务院反垄断执法机构规定的其他条件的，不予禁止。需要说明的是，此"安全港"规则与欧盟等其他国家或地区的安全港规则存在差异。[①] 截至目前，总局尚未就此"安全港"出台相应市场份额标准和实施细则，因此在这方面，目前经营者的合规经营以及执法机关的执法均存在较大的不确定性。

四、禁止平台经济领域垄断协议规定

平台经济领域本质上和其他领域一样，均适用《反垄断法》关于禁止垄断行为的规定。但《反垄断法》特别提及平台经济领域反垄断法的实施，可见其特殊性和反垄断法执行的重要意义。《反垄断法》第9条特别指出，经营者不得利用数据和算法、技术、资本优

[①] 江苏省市场监督管理局行政处罚决定书［苏市监反垄断案（2023）2—11号］，载国家市场监督管理总局官网，https://www.samr.gov.cn/zt/qhfldzf/art/2023/art_4a48f98eacac452fae67bbc81ea988cc.html，最后访问日期：2024年7月16日。

18 中国反垄断法禁止垄断协议新规

陈晓华（顾问）

势以及平台规则等从事本法禁止的垄断行为。

《总局规定》也特别强调平台领域禁止垄断协议。一方面规定"具有竞争关系的经营者不得利用数据和算法、技术以及平台规则等，通过意思联络、交换敏感信息、行为协调一致等方式，达成横向垄断协议"；在禁止具有竞争关系的经营者就固定或者变更商品价格达成横向垄断协议的规定中，特别指出不得约定采用据以计算价格的标准公式、算法、平台规则等。在禁止具有竞争关系的经营者就分割销售市场或者原材料采购市场达成横向垄断协议的规定中，《总局规定》特别指出，前款关于分割销售市场或者原材料采购市场的规定适用于数据、技术和服务等。

另一方面，《总局规定》还明确"经营者不得利用数据和算法、技术以及平台规则等，通过对价格进行统一、限定或者自动化设定转售商品价格等方式，达成纵向垄断协议"等。

不仅如此，《总局规定》特别指出在界定相关市场时，界定平台经济领域相关商品市场，可以根据平台一边的商品界定相关商品市场，也可以根据平台所涉及的多边商品，将平台整体界定为一个相关商品市场，或者分别界定多个相关商品市场，并考虑各相关商品市场之间的相互关系和影响。

案例4 知网滥用市场支配地位案对平台经济相关市场界定 [国市监处罚（2022）87号]

国家市场监督管理总局于2022年5月对知网在中国境内中文学术文献网络数据库服务市场滥用市场支配地位行为进行立案调查。2022年12月，国家市场监督管理总局对本案作出了行政处罚决定。

以下为国家市场监督管理总局对本案相关市场界定的具体分析。

根据《反垄断法》的规定，按照《国务院反垄断委员会关于相关市场界定的指南》和《国务院反垄断委员会关于平台经济领域的反垄断指南》明确界定相关市场的原则和方法，同时考虑平台经济特点，结合具体情况，本案相关市场界定为中国境内中文学术文献网络数据库服务市场。

（一）本案相关商品市场为中文学术文献网络数据库服务市场

中文学术文献网络数据库服务，是指数据库服务经营者通过选择、汇集、编排等方式，将中文学术期刊、学位论文、会议论文等学术文献形成以数据库为载体的数字化、动态更新的产品，为中文学术期刊出版单位、高校、作者等用户提供网络出版、学术传播、文献统计等服务，并为高校、科研院所、公共图书馆及个人等用户提供数据集成、文献分类导航、知识检索、统计分析、关联排序以及在线阅读、全文下载等服务。中文学术文献网络数据库服务借助数字技术对学术文献进行系统性的数字化处理，实现检索查询精准化、阅读下载便捷化，成为知识汇聚、传播、分享的重要渠道和平台。

中文学术文献网络数据库服务市场属于多边市场，主要服务中文学术期刊出版单位、高校、科研院所、公共图书馆、个人用户等拥有学术资源和使用数据库服务的两类群体，其显著特征是具有跨

18 中国反垄断法禁止垄断协议新规

陈晓华（顾问）

边网络效应，各边用户对中文学术文献网络数据库服务的需求紧密关联。因此，界定本案相关市场需综合考虑各边用户之间的关联影响，并主要从用户的角度进行需求替代分析，同时进行供给替代分析。

1. 中文学术文献网络数据库服务与电子图书数据库服务不属于同一相关商品市场

电子图书数据库服务主要指利用计算机技术将印刷型图书资源进行数字化排版、汇集并通过互联网技术提供数据库服务。电子图书数据库服务与中文学术文献网络数据库服务在商品特性、主要功能等方面存在较大差异，两者不具有紧密替代关系。

（1）从需求替代分析，两者不具有紧密替代关系

一是两者商品特性不同。学术研究成果的重要特性是创新性和时效性，最新研究成果通常以论文形式发表在学术期刊上。中文学术文献网络数据库主要汇集学术期刊、学位论文、会议论文等学术文献，具有及时性、前沿性、动态更新等特点。用户检索相关领域最新研究成果通常会使用中文学术文献网络数据库服务。而电子图书数据库主要汇集科技图书、学术专著及各类畅销图书等图书资源，一般具有滞后性、稳定性、更新周期长等特点。证据表明，用户普遍认为两者属于互为补充关系而非替代关系。

二是两者主要功能不同。电子图书数据库服务的主要功能是将印刷型图书资源电子化汇集后进行网络传播，以在线阅读功能为基础，为用户提供书名搜索、作者搜索、字段搜索、图书收藏等基本服务。而中文学术文献网络数据库服务能够提供学术文献引文网络、

关键词、作者、机构、主题等更具深度的关联检索功能。同时，中文学术文献网络数据库服务能够提供文献引用分析、学术成果产出分析等多维度统计分析服务，为学术影响力评价提供重要依据。

（2）从供给替代分析，两者不具有紧密替代关系

进入中文学术文献网络数据库服务市场，需要获得学术期刊出版单位、高校或作者的著作权许可；同时，经营者还需根据学术文献网络数据库生产流程建设数据库基础设施，建设营销推广渠道，吸引用户从而达到所必需的临界规模。而电子图书数据库服务经营者转化为中文学术文献网络数据库服务经营者的成本很高，需要获取大量的学术资源、投入较多资金等，短期内难以实现市场进入。

因此，从需求替代和供给替代分析，中文学术文献网络数据库服务与电子图书数据库服务不具有紧密替代关系，不属于同一相关商品市场。

2. 中文学术文献网络数据库服务与学术文献网络搜索服务不属于同一相关商品市场

学术文献网络搜索服务是基于互联网搜索和大数据分析技术，根据用户需求搜索学术文献信息，并按照一定的算法、规则向用户展示检索结果的互联网信息服务。学术文献网络搜索服务可以为用户提供付费或者免费的学术文献搜索展示。由于模式、特性、功能、用途等方面的显著差异，学术文献网络搜索服务与中文学术文献网络数据库服务不具有紧密替代关系。

18 中国反垄断法禁止垄断协议新规

陈晓华（顾问）

（1）从中文学术期刊出版单位等用户需求替代分析，两者不具有紧密替代关系

一是两者基本功能不同。对中文学术期刊出版单位及作者而言，其主要需求是出版发行和论文发表，进行学术传播，提升学术影响力。中文学术文献网络数据库服务的基本功能是为学术期刊出版单位及作者提供网络出版发行服务，并提供文献数据多维度统计分析等服务，为评价学术影响力提供依据。学术文献网络搜索服务主要是对已公开出版发行的中文学术文献进行网络展示传播，并不具有网络出版发行功能，不能提供基本的网络出版发行服务。

二是两者版权使用费不同。学术期刊、学位论文等学术文献不同于通俗作品，有特定的受众范围，实现盈利的渠道和空间相对有限。中文学术文献网络数据库服务通过有偿授权模式，一般要向权利方支付一定的版权使用费；学术文献网络搜索服务由于并不提供网络出版发行服务，一般不向权利方支付版权费用。

（2）从使用用户需求替代分析，两者不具有紧密替代关系

一是两者主要功能不同。中文学术文献网络数据库服务主要为用户提供文献检索和全文查阅、下载等一站式服务。而学术文献网络搜索服务通常仅展示文献的题录、摘要等，主要是提供搜索服务，不具有全文查阅和下载等服务功能，用户如需查阅或下载全文，要点击链接跳转至第三方来源网站。

二是两者主要用途不同。中文学术文献网络数据库服务主要用于对相关学术领域进行深入学习研究或者撰写学术论文，文献的权威性、广泛性、专业性、连续性和时效性较强。而学术文献网络搜

索服务主要用于对相关学术领域现有文献进行检索。同时，学术文献网络搜索服务所展示的文献通常不设置严格的收录质量门槛，来源渠道较为复杂，文献的权威性和专业性与中文学术文献网络数据库服务差距明显。

三是两者用户及使用成本不同。中文学术文献网络数据库服务费用较高，购买主体主要是高校、科研院所、公共图书馆等机构用户，购买后提供机构内个人使用，同时具有一定数量的个人注册用户。而学术文献网络搜索服务主要面向个人用户，使用成本相对较低甚至免费，以吸引更多用户使用其平台服务。

（3）从供给替代分析，两者不具有紧密替代关系

中文学术文献网络数据库服务经营者主要通过向用户提供基础服务及增值服务营利，学术文献网络搜索服务主要通过互联网广告销售营利，两者差异较大。进入中文学术文献网络数据库服务市场需要获得网络出版资质许可，并获得学术期刊出版单位、高校或作者的著作权许可，经营者需具备特定的资质条件并经行政审批。同时，经营者还需搭建相关基础设施，建立营销渠道，进行广告宣传吸引用户。学术文献网络搜索服务经营者转为中文学术文献网络数据库服务经营者的成本很高。多年来，未出现学术文献网络搜索服务经营者实际发展为中文学术文献网络数据库服务经营者的情况。

因此，从需求替代和供给替代分析，中文学术文献网络数据库服务与学术文献网络搜索服务不具有紧密替代关系，不属于同一相关商品市场。

18 中国反垄断法禁止垄断协议新规

陈晓华（顾问）

3. 中文学术文献网络数据库服务与外文学术文献网络数据库服务不属于同一相关商品市场

外文学术文献网络数据库主要汇集外文学术文献，其在网络出版、学术传播、知识检索、全文下载等方面与中文学术文献网络数据库具有一定相似性，但两者不具有紧密替代关系。

（1）从需求替代分析，两者不具有紧密替代关系。由于研究内容、学术传播、语言偏好等方面的差异，两者均有特定的用户群体。中文学术文献网络数据库服务主要实现中文学术知识的传播、共享。高校、科研院所、公共图书馆等一般同时购买中文和外文学术文献网络数据库服务。调查发现，用户普遍认为两者属于互为补充关系而非替代关系。从供给替代分析，两者不具有紧密替代关系。

（2）外文学术文献网络数据库服务经营者要有效进入中文学术文献网络数据库服务市场，需吸引用户且达到临界规模，并需要进行基础设施、技术支持等投入以及机构、人员、资金等布局，成本较高，短期内难以实现市场进入。多年来，未出现外文学术文献网络数据库服务经营者实际发展为中文学术文献网络数据库服务经营者的情况。

因此，从需求替代和供给替代分析，中文与外文学术文献网络数据库服务不具有紧密替代关系，不属于同一相关商品市场。

4. 中文学术文献网络数据库服务构成独立的相关商品市场

根据中文学术文献网络数据库服务的基本性质、主要功能和经营模式，其无须进一步细分：

一是无须根据数据库文献领域不同进一步细分。根据学科领域不同，学术文献可以分为自然科学、工程技术、生物医学、社会科学、艺术人文等不同细分类别，数据库本身具有综合性，主要提供不同领域学术文献的综合数据库服务。由于用户对数据库服务普遍具有跨领域、综合性需求，数据库一般不按领域分拆。因此，涵盖不同学科领域的中文学术文献网络数据库服务无须进一步细分，属于同一相关商品市场。

二是无须根据数据库文献类型不同进一步细分。根据文献类型不同，学术文献可以分为学术期刊、学位论文、会议论文等不同细分类型，不同类型的学术文献是学术研究成果的不同载体，均具有学术创新性和时效性。同时，不同类型的中文学术文献均可通过综合性的数据库服务实现网络出版发行和学术传播，用户可以通过数据库服务检索、查阅、下载不同类型的中文学术文献。因此，汇集不同文献类型的中文学术文献网络数据库服务无须进一步细分，属于同一相关商品市场。

（二）本案相关地域市场为中国境内

从需求替代和供给替代分析，中国境内与境外不属于同一相关地域市场，中国境内构成独立的相关地域市场。

一是从需求替代分析，中国境内市场与境外市场不具有紧密替代关系。由于出版管理制度、用户偏好、惯用语言等原因，中国境

18 中国反垄断法禁止垄断协议新规

陈晓华（顾问）

内用户进行中文学术文献网络出版发行或者查阅、下载中文学术文献时，普遍选择中国境内中文学术文献网络数据库服务，一般不会将境外中文学术文献网络数据库服务作为替代选择。同时，中国境内中文学术文献网络数据库服务也主要面向中国境内用户，较少服务境外用户。

二是从供给替代分析，中国境内市场与境外市场不具有紧密替代关系。根据我国网络出版有关法律规定，中外合资、中外合作以及外资经营的企业不得在中国境内从事网络出版服务。因此，境外经营者不能进入中国境内市场，不会对现有的中国境内中文学术文献网络数据库服务经营者构成直接和有效的竞争约束。

三是中国境内市场无须进一步细分。中国境内各地域间不存在限制中文学术文献网络数据库服务经营者跨地域服务的政策壁垒，也不存在显著不同的用户偏好，中国境内中文学术文献网络数据库服务经营者借助互联网可以为全国范围的用户提供服务。

五、违反禁止垄断协议规定的法律责任和后果

此次《反垄断法》修改的突出特点是加大了对垄断行为的处罚力度。

1. 行政责任

针对垄断协议行为，《反垄断法》第 56 条除了重申达成并实施垄断协议的，由反垄断执法机构责令停止违法行为，没收违法所得，并处上一年度销售额 1%—10% 的罚款之外，还增加了以下法律责任：（1）对于上一年度没有销售额的，处 500 万元以下的罚款；（2）对于尚未实施所达成的垄断协议的，提高到可以处 300 万元以下的罚款；（3）另外还增加了经营者的法定代表人、主要负责人和直接责任人员等个人法律责任，即对达成垄断协议负有个人责任的，可以处 100 万元以下的罚款。

《反垄断法》还强调，对于组织或帮助其他经营者达成垄断协议的，同样适用上述规定。行业协会违法组织本行业的经营者达成垄断协议的，由反垄断执法机构责令改正，可以处 300 万元以下的罚款；情节严重的，社会团体登记管理机关可以依法撤销登记。

此外《反垄断法》还增加了加倍处罚制度，即对于垄断协议违法行为情节特别严重、影响特别恶劣、造成特别严重后果的，国务院反垄断执法机构可以在上述规定的罚款数额的 2 倍以上 5 倍以下确定具体罚款数额。此外，还增加了影响信用等后果，即经营者因违反本法规定受到行政处罚的，按照国家有关规定记入信用记录，并向社会公示。

2. 民事责任

《反垄断法》还规定，经营者实施垄断行为，给他人造成损失的，应依法承担民事责任。经营者实施垄断行为，损害社会公共利益

18 中国反垄断法禁止垄断协议新规

陈晓华（顾问）

的，设区的市级以上人民检察院可以依法向人民法院提起民事公益诉讼。

3. 宽大制度

《反垄断法》保留了自首宽大政策，即对经营者主动向反垄断执法机构报告达成垄断协议的有关情况并提供重要证据的，反垄断执法机构可以酌情减轻或者免除对该经营者的处罚。

《总局规定》则进一步详细规定了自首宽大的减免政策：经营者达成或者组织其他经营者达成垄断协议，或者为其他经营者达成垄断协议提供实质性帮助，主动向反垄断执法机构报告有关情况并提供重要证据的，可以申请依法减轻或者免除处罚。具体而言，经营者主动向反垄断执法机构报告达成垄断协议的有关情况并提供重要证据的，反垄断执法机构可以按照下列幅度减轻或者免除对其处罚：对于第一个申请者，反垄断执法机构可以免除处罚或者按照不低于80%的幅度减轻处罚；对于第二个申请者，可以按照30%—50%的幅度减轻处罚；对于第三个申请者，可以按照20%—30%的幅度减轻处罚；但是，在垄断协议达成中起主要作用，或者胁迫其他经营者参与达成、实施垄断协议，或者妨碍其他经营者停止该违法行为的，反垄断执法机构不得免除对其处罚。此外，负有个人责任的经营者法定代表人、主要负责人和直接责任人员，主动向反垄断执法机构报告达成垄断协议的有关情况并提供重要证据的，反垄断执法机构可以对其减轻50%的处罚或者免除处罚等。

根据《总局规定》的相关要求，经营者应当在反垄断执法机构行政处罚告知前，向反垄断执法机构提出申请；且申请材料应当包括以下内容：（1）垄断协议有关情况的报告，包括但不限于参与垄断协议的经营者、涉及的商品范围、达成协议的内容和方式、协议的具体实施情况、是否向其他境外执法机构提出申请等；（2）达成或者实施垄断协议的重要证据。重要证据是指反垄断执法机构尚未掌握的，能够对立案调查或者对认定垄断协议起到关键性作用的证据。

总之，修改后的《反垄断法》和《总局规定》，进一步强化了达成或实施垄断协议违法责任的震慑力，有助于推动经营者完善内部反垄断合规制度，降低法律风险。

19 《境内企业境外发行证券和上市管理试行办法》基础培训

孙小佳（合伙人）

了解《境内企业境外发行证券和上市管理试行办法》（以下简称《境外上市新规》或《新规》）非常重要。因为很多客户是人民币基金或者是美元基金，也有一些客户是公司，所有这些在市场上活跃的投资人或目标企业，均需考虑一个终极问题，即如何退出的问题。

尽管本话题属于资本市场的一个话题，资本市场的律师当然应当充分了解和掌握，但是从事非资本市场业务的交易律师对此也应当予以了解，因此本文会从这两个法律业务的角度去综合讨论。

一、《新规》的重要性

《境外上市新规》为什么这么重要？为什么引起市场上这么重大的关注？2021 年 12 月份证监会发布了新规的征求意见稿。经过一年多的准备，《新规》正式出台之后，笔者认为其有以下几点重要意义：

第一，《新规》把小红筹架构的企业境外上市首次纳入证监会正式监管，即"备案"。至少在过去的十几年里，小红筹企业的海外上市无论是去发美股还是港股，是不需要经过证监会的环节和流程的。尽管新规将证监会流程称作备案，但是大家都了解，很多时候中国监管机构的备案并不是简单地去做备案，而是会做很多实质性审查，会关注非常多的内容。下文会进行详细讨论。这个《新规》具有里程碑意义，是中国证券境外上市十几年来从未有过的重大变更，因此这个消息在市场上的影响是非常重大的。

第二，关于 VIE 架构。VIE 架构又称"协议控制"架构，它并非市场上的一个新鲜词语，但在其之前并没有像《新规》这样公开地在政府文件里面提及，从未有官方文件将其需要满足什么样的条件、需要加以哪些限制如此公开地进行充分的说明。这意味着政府

19 《境内企业境外发行证券和上市管理试行办法》基础培训

孙小佳（合伙人）

终于从过往对协议控制、VIE架构的所谓默许，或者是"睁一只眼闭一只眼"的态度，到将其提到了台面上来。

第三，中国公司在A股上市时有至少两位签字律师，需要向中国证监会提交法律意见书。但以往的小红筹上市则与之不同，中国律师是不需要向证监会提交法律意见的。但是从《新规》生效以后，从事小红筹的境外上市的中国律师，从合规的角度来讲责任加大了，同时也因备案流程带来了工作量的增加，即中国律师的角色和工作会增加很多（《新规》产生的数据合规工作也包括在内），当然这也意味着律师费可以多收一些。综上，从宏观的角度观察，《新规》对资本市场以及交易律师而言都是非常重要的。

二、《新规》的政策导向

1. 美股不容易

从2021年的"滴滴事件"发生之后，美股暂停了相当长的一段时间，大约有17个月。即便美股开始重新恢复，在整个中美关系恶化、中美似有脱钩之势的宏观大背景下，市场仍旧对中国证监会关于企业去境外（包括去美国）上市的态度是有所质疑的。不过据笔者观察，自从《新规》发布以来，市场上还是有新增美股的案例的。

从官方释放出来的信号看，至少去美股的通道是重启了，这算是一个积极的信号。在最近一年多港股的市值和换手率一直不是很理想的情况下，这是一个有效的补充。当然，基于中美关系的剧烈变化，可能中国监管机构会先鼓励上 A 股，然后是港股，美股则存在一定的障碍。

2. 《新规》的适用主体

如前所述，《新规》实施以前，小红筹不需要去证监会，不用走境内证券监管的流程，而以前境外上市 H 股是有相关监管流程的。但《新规》首次把 H 股和小红筹均纳入一个统一的文件进行约束，从 2023 年 3 月 31 日起，H 股和小红筹统一化了。

3. 适用的类 IPO 行为

需要注意的是，并不是说只有去 IPO 的时候，才需要去做备案，而是只要是股权的融资行为［不论采用的是特殊目的 SPAC（Special Purpose Acquisition Company）还是借壳方式，抑或是在美股下以类似于借壳等变通的方式最终实现了企业的上市和股权融资］，以及上市之后的再融资其实都是要适用备案的规定的。不过，GDR（Global Depository Receipts）目前应该暂时不受备案《新规》的影响。

4. 满足合规要求

作为交易律师，要具有前瞻性，要考虑企业最终是否有上市的可能。在《监管规则适用指引——境外发行上市类第 1 号》里明确规定了哪些企业不得境外发行上市，一是发改委或商务部印发的《市场准入负面清单》里禁止上市融资的，二是境内企业属于严重失信的主体的，三是在产业政策、安全生产、行业监管等领域存在法律法规和国家有关规定限制或者禁止上市融资的。为什么要把它跟VIE结合起来看？这是因为如果一个企业存在被禁止上市融资的行业领域，而拟用VIE的架构去绕开禁止上市融资的规定，这种操作具有非常大的法律风险。举例而言，属于禁止上市融资，尤其是禁止境外上市融资的行业领域，包括诸如基因检测、K12的教育以及涉及意识形态的行业，这些均属非常敏感的行业领域。需要强调的是，如果某企业拟用协议控制的架构绕开对于外商投资以及对外投资的法律限制，寄希望于将来能够上市，这条路可能是走不通的。

5. 关注VIE问题

证券律师会更关注VIE问题。因为做境外上市的律师，会知道之前VIE沟通在多数情况下有两个环节涉及VIE，一个是跟联合产权交易所（以下简称"联交所"）的预沟通，另一个是为了合法性而使用VIE。之前比较常见的是针对增值电信这一块的VIE架构，是可以安排同工信部或地方的通信管理局进行访谈的。现在由于证监会就VIE架构需要跟主管部门进行会商，在证监会备案的时候中国律师需要对此发表意见，因此整体的沟通节奏都需要提前了。

6. 关于备案时点

《新规》是从2023年3月31日起开始实施的。根据《新规》，存量企业不需要自己备案了。据此，律师需要重点了解什么算作存量企业。

很显然，如果在《新规》生效前企业已经完成了上市，那么该企业肯定属于存量企业；如果存量企业在《新规》生效前发生了股权再融资的事项，则其需要备案；但在《新规》生效时尚未申报的企业就没必要向证监会申报备案了。在《新规》生效前，从港股来讲，如果企业尚未通过聆讯，从美股来讲，企业还没有去注册生效一个招募书，那么这些企业均属于增量企业，仍然需要去做备案。目前比较模糊的是，如果企业在新规生效之前已经完成了聆讯，招股书已经生效了，在这种情况下，如果就港股而言，企业能够在6个月（就美股而言，在注册书的有效期之内）完成IPO的话，那么该企业就是存量企业。从H股的角度来讲，如果企业已经拿到了俗称的"大路条"（即证监会允许企业境外上市的批准文件），那么在"大路条"有效期之内，企业可以继续按照原定的时间去上市，而不需要做备案流程。这里可以插一个细节，就是现在H股除了要取得申请上市有关的证监会的批准文件之外，其实还需要取得全流通的批准文件。实践中可能会有一种情况，即公司的H股的"大路条"已经失效了，但是其全流通的文件仍在有效期内，这种情况该怎么处理？因为有效期的不一致，监管机构在公司去沟通的时候，如果公司全流通的路条还没有失效的话，那它可能会再等一等。

7. 沟通机制

中国律师对于企业能否采用VIE架构的判断，以及无论是跟联交所还是跟主管部门的沟通和确认，相关的流程均需提前，这主要是因为现在证监会在《新规》里把企业能不能用VIE，在产业政策和行业监管方面是否属于限制或禁止上市融资，甚至能不能用协议架构的问题交给了企业的政府主管部门。证监会在拿到备案文件的

19 《境内企业境外发行证券和上市管理试行办法》基础培训

孙小佳（合伙人）

时候，要去会商企业的行业主管部门。其潜台词是，除非是一些特殊的行业，比如金融业涉及一些特殊的审查，如安全审查，否则企业不需要先去取得主管部门的书面文件。但问题是，对于企业及其律师而言，是否真的要在备案申请提交上去后，再等着证监会帮忙沟通？如果到时候出现意外情况，企业肯定是不愿意的，尤其是在港股项目上面。港股项目里如果存在 VIE 架构，在项目启动后不久就要有跟联交所的一个书面方式的预沟通。在这种情况下，会有以下三个问题：第一，作为企业，是否应该自己主动地先与主管部门进行沟通？第二，沟通的时间是否应该发生在给联交所写预沟通函（pre-consultation letter）之前？第三，企业常常会要求中国律师对于企业能不能去境外上市、是否能够采用协议控制发表意见。

由于实践中产生的很多新问题的难点是，证监会对接的是国家一级的主管部门，而很多上市企业以及投资的时候代表的企业都是在各个地方，并没有跟自己的主管部门进行沟通的渠道，因此企业不希望在备案材料提交后再发生任何意外。有鉴于此，笔者建议企业尽早跟主管部门进行沟通。但是企业实际上是缺少相关渠道的，所以这个事情届时在实践中会怎么做需要密切观察。有些公司会涉及有多个主管部门的问题，比如说既有网文证又有直播，可能也涉及增值电信牌照，在这种情况下，笔者认为，均需了解这些主管部门对企业所属行业的看法。另外，还有一个需要律师密切观察的问题：如前所述，在证监会跟主管部门沟通时，其实最核心的是，证券会需要主管部门从行业政策和外商投资限制的角度来看以下两个方面：一是企业去境外上市会引入外商投资；二是企业采用协议控制的方式。第一点还好说，但是第二点以往其实是默许的情况，从来都没有主管部门对此做过官方表态或发表过意见，律师需要关注届时主管部门会以什么样的形式来作出表态，是否真的会发表意见明确反对或不反对协议控制。

8. 数据安全审查

从《数据安全法》出台之后，更早一点其实在"滴滴事件"之后，市场就已经感受到了美国证监会和香港联交所对于中国的网络安全审查和数据安全审查的密切关注。如果各位对"滴滴事件"有一定的了解，应该会知道滴滴公司之所以后来遭遇了中国政府的巨额处罚以及后面的一系列的故事，其实都跟当时的网络安全审查和国家安全有关。在"滴滴事件"之后，笔者参与了一个美股的项目（后来上市成功了），在全过程中，深刻感受到了美国证监会对于中国的企业要履行中国的网络安全审查和一系列流程的关切度。因为它非常担心的事情是，中国企业即便在美国成功上市了，但是后续由于中国政府的原因而导致其遭受巨额处罚甚至产生退市的风险，这对美股投资人来说也将有非常大的影响。

从港股这一块来讲，联交所在 A1 表格之后的反馈中，每一轮都会问公司是不是需要履行网络安全审查的流程，以及后续数据合规的问题。因此笔者认为，从证券上市律师角度来讲，数据合规已经成为每个项目都必然会面临的问题。最重要的一点是，《新规》要求公司在向证监会提交备案的时候，要提交其网络安全审查的履行情况。履行情况分为两种可能性，一是需要做网络安全审查，二是可能不需要做网络安全审查。这两种可能性都会带来具体问题：一方

19 《境内企业境外发行证券和上市管理试行办法》基础培训

孙小佳（合伙人）

面，如果需要做网络安全审查，是否要等审查做完？公司是否一定要拿到书面意见？众所周知，网络安全审查的流程所需时长差不多是60—100个工作日，且提交网络安全审查的时候需要准备好招募书，相当于企业的招募书写完之后要做网站。网络安全审查需要60—100个工作日，然后企业才能提交证监会备案，整个环节下来会非常影响上市的时间。另一方面，如果不需要做网络安全审查（众所周知，现在上港股，除非公司属于关键基础设施的运营者，否则基本上是不需要做网络安全审查的），现在在港股项目上的操作方式是，网络安全审查下面有认证中心负责受理审查材料，该中心会打电话给出反馈意见，明确上市项目不需要做网络安全审查，那么上市项目就可以继续进行了。在证监会备案的情况下，因为是电话咨询方式，那么在备案的时候，企业需要提交其网络安全审查的履行情况。现在的问题是，企业届时是否提供该认证中心的书面咨询的记录就足够了，大家需要对此予以密切关注。

数据安全审查对于证券律师来讲有特别大的影响，增加了以下工作量：一是需要给证监会提交法律意见书，二是需要提交专项核查报告。那么问题就来了：法律意见书采用什么格式，是否可以完全按照H股的法律意见书去做？经与同行讨论，笔者认为业内同行尚未对法律意见书定稿，但是大的基本原则应该是，小红筹项目不会照抄H股法律意见书。目前的思路是希望尽量简化，因为在证监会的监管规则里面，对于法律意见书律师需要对哪些事项发表意见其实是有明确规定的。作为交易和融资律师来讲，在前期做法律尽调的时候应该细看《新规》里中国律师需要发表法律意见的相关的点，尤其是其中比较重要的点，即小红筹的搭建过程中的合规问题。作为交易律师，这么做可以防患于未然。

9. 股东核查问题

在 H 股和 A 股项目中已经有股东核查了，但是 H 股项目的股东核查比 A 股的标准会低很多。对于小红筹上市项目的股东核查，现在有几个困惑点，比如股东的在持控制和特殊权利安排应如何去界定，因为小红筹公司的上市主体肯定均适用境外法律，那么在股东核查的时候涉及的上述关键词，就是我们如何去界定是中国律师的工作还是境外律师的工作的标准。另外在小红筹项目中股东核查的穿透、打开肯定是有困难的，因为中间这些架构肯定不像我们做 A 股项目时的传统核查这么容易。

证监会在小红筹项目上对股东的关注点到底是什么？一个大原则是小红筹的股东核查肯定不会像 A 股一样严要求、高标准，基本上标准和 H 股差不多，甚至也会视情况有一些变动。证监会对股东核查的关注点是，是否存在通过境外的自然人来替境内自然人（比如政府官员或者政府官员的关联人士）代持进行利益输送（如境内的体制内人士通过这样的方式将自己的资产向海外转移）或绕开外资进入的敏感的行业，或会影响到国家安全以及国计民生的公司的限制性规定的情形。还有一点是，证监会也比较关注企业会不会有控制权形态的变化。控制权的问题其实也跟上述两点是相关的。

10. 员工激励

员工激励主要的问题在于，目前的证监会的备案《新规》里关于员工激励核查的所用的整个措辞还是偏 A 股的，那么也就意味着这是从中国境内的法律和角度来看员工激励的；但其实很多境外的

19 《境内企业境外发行证券和上市管理试行办法》基础培训
孙小佳（合伙人）

ESOP（Employee Stock Ownership Plans），比如 RSU（Restricted Share Unit）跟 A 股语境下面的期权也好股权也好，并不能完全地去套用。而 RSU 其实又是在境外价格中非常常见的一种股权激励工具，所以企业该如何对应它的行权，授予、实施股权激励计划？在面对 RSU 的时候如何对应来鉴定这些时点？对于中国律师来讲，需要对这些问题都有一些更穿透本质的认知。

11. 如何准备法律意见书

在小红筹架构里，必然会面临很多需要律师发表意见的事项属于域外法的问题，中国律师肯定不会对那些域外的结论发表意见；但是因为小红筹需要向证监会提交法律意见书，所以我们肯定会面临这个问题。

本文所讨论的上述问题，对于没有一定行业经验或者是没有实操过上市项目的律师而言，如果仅仅阅读法条本身，则未必能够从条文中解读出来或者未必能够想到。在协议控制、限制与禁止上市的行业政策以及禁止与限制外商投资行业和外商投资安全审查方面，大家在工作中会因为不同的角度遇到问题，而很多投资人和客户可能会比市场上很多人更早能够接触各种各样的消息和监管部门对有关领域的态度，与他们保持密切沟通会有助于我们律师对当下市场或监管实践的进一步了解。

20 上市公司对外担保相关的法律问题漫谈

孙凤敏（合伙人）

以下分享共分为五个部分：缘起，上市公司对外担保的主要法律规定，上市公司对外担保的审批要点，上市公司对外担保的信息披露，以及上市公司对外担保的相关疑问。

一、话题缘起

笔者做过很多境内外债券项目，为了避免信息披露的复杂性，境外债券项目中通常会选择空壳公司作为发行人，一般是境外的特殊目的公司（以下简称"SPV"），但也因此存在资质不够、资金成本过高的情况。为了降低债券发行成本，发行人通常采取一些增信

20 上市公司对外担保相关的法律问题漫谈
孙凤敏（合伙人）

措施，比如由境内的母公司给境外的 SPV 提供跨境担保。而一旦境内担保主体是 A 股上市公司，即涉及上市公司的对外担保，上市公司的董事会办公室部门，包括债券项目的中介机构，都会变得异常紧张，频繁地向中国律师询问上市公司对外担保的审议和披露问题。

在针对上市公司的对外担保进行法律研究的过程中，我们发现，此前证监会关于对外担保的一些规定，包括 2005 年发布的《关于规范上市公司对外担保行为的通知》（证监发〔2005〕120 号）和 2017 年发布的《关于规范上市公司与关联方资金往来及上市公司对外担保若干问题的通知》（证监会公告〔2017〕16 号）中有很多重复或者相互矛盾之处，实践操作也非常不一致。但是近两年监管机构勤勉尽职，出台了许多关于上市公司对外担保的新规，包括但不限于《上市公司监管指引第 8 号——上市公司资金往来、对外担保的监管要求》，对原有的证监发〔2005〕120 号和证监会公告〔2017〕16 号之间的矛盾之处或者重复之处进行了整合和澄清。在这些新规的加持下，上市公司对外担保的相关规定逐渐变得清晰明朗起来，大大便利了相关的实践操作。

二、主要法律规定

上市公司对外担保相关的主要法律规定如下：

(1)《民法典》；

(2)《最高人民法院关于适用〈中华人民共和国民法典〉有关担保制度的解释》（以下简称《担保制度司法解释》）；

(3)《全国法院民商事审判工作会议纪要》（以下简称《九民纪要》）；

(4) 证监会：《上市公司监管指引第 8 号——上市公司资金往来、对外担保的监管要求》；

(5) 上海证券交易所：《上市公司自律监管指引第 1 号——规范运作（2023 年 12 月修订）》；

(6) 深圳证券交易所：《上市公司自律监管指引第 1 号——主板上市公司规范运作（2023 年 12 月修订）》；

(7) 深圳证券交易所：《上市公司自律监管指引第 2 号——创业板上市公司规范运作（2023 年 12 月修订）》；

(8) 上海证券交易所、深圳证券交易所各板块股票上市规则。

其中，第（1）项至第（3）项为关于对外担保的一些基础性的法律法规或指导意见。尤其是《民法典》用了一整个分编去讲担保物权，然后又用合同编的一整个章节去讲担保合同。从《民法典》的相关篇幅可以看得出来，对外担保其实是一个非常复杂的话题。下面我们将讨论上市公司这个特殊的主体在对外担保方面需要适用的一些特殊规定以及需要注意的一些特殊问题。

除了要遵守第（1）项至第（3）项关于对外担保的一些基础性规定之外，上市公司还需要遵守证券监督管理部门的相关规定。因此，第（4）项至第（8）项为证监会和交易所关于上市公司对外担保的主要规定，分别是刚才提到的证监会、上海证券交易所以及深圳证券交易所的一些监管指引，当然还包括各个上市板块的股票上市规则。

为方便起见，下文我们主要以在上海证券交易所上市的上市公司对外担保为例进行讨论。无论是上海证券交易所还是深圳证券交易所，其规定基本趋同，只有一些细节上的微小差异。大家在遇到具体问题的时候，应当查询研究相关交易所的具体监管指引。

三、审批要点

（一）必须经过董事会或股东大会的审议

需要再三强调的是，上市公司对外提供担保，无论金额大小，均须根据其章程规定提交其董事会或者股东大会进行审议。

1. 对非关联担保的审议

上市公司为非关联方提供担保，即所谓的非关联担保。对于非关联担保，担保事项除应当经全体董事的过半数审议通过外，还应当经出席董事会会议的三分之二以上董事审议通过。对符合《上海证券交易所股票上市规则（2024年4月修订）》规定的特定情形的担保，还应在董事会审议后提交股东大会审议。

2. 对关联方担保的审议

上市公司为关联方提供的担保,即关联担保。关联担保除应当经全体非关联董事的过半数审议通过外,还应当经出席董事会会议的非关联董事的三分之二以上董事审议同意,并提交股东大会审议。与非关联担保相比,关联担保具有以下特殊性:一是董事会审议时,关联董事不能参与决议,所以在计算表决比例的时候要剔除关联董事,只有非关联董事才能够参与表决;二是所有的关联担保均须提交股东大会审议,而不考虑担保金额大小、担保具体事项及具体关联关系。

(二)特定情形须经股东大会审批

根据相关法律法规规定,以下 7 种特定情形的对外担保须经上市公司股东大会审议批准:

(1) 上市公司及其控股子公司的对外担保总额,超过上市公司最近一期经审计净资产 50% 以后提供的任何担保;

(2) 上市公司及其控股子公司对外提供的担保总额,超过上市公司最近一期经审计总资产 30% 以后提供的任何担保;

(3) 按照担保金额连续 12 个月内累计计算原则,超过上市公司最近一期经审计总资产 30% 的担保;

(4) 为资产负债率超过 70% 的担保对象提供的担保;

(5) 单笔担保额超过最近一期经审计净资产 10% 的担保;

(6) 对股东、实际控制人及其关联方提供的担保;

20 上市公司对外担保相关的法律问题漫谈

孙凤敏（合伙人）

（7）交易所或公司章程规定的其他担保。

从以上7种情形可以看出，第（1）项至第（5）项均以对外担保金额门槛来衡量对外担保是否要上股东大会审议，但是细看之后大家可能会有一个疑问：净资产50%或总资产30%等金额前面都没有修饰限定，那么这些金额是以合并口径还是单体口径计算？从法律上如何把握？我们来仔细研读一下相关规定：第（1）项和第（2）项的表述均为"上市公司及其控股子公司"的"对外担保总额"超过一定比例的情形应该由股东大会审议，据此我们认为上市监管机构是把上市公司作为一个整体去看待的，因而应当从合并口径出发来进行判断。

此外，细心的读者可能发现，除了第（4）项之外，第（1）项至第（5）项均有时间节点，均明确了财务数据的时间节点为"最近一期经审计"，而第（4）项却没有规定任何的时间节点。因为财务数据是在实时变化的，没有时间节点的财务数据没有任何意义，使用起来会存在争议。笔者认为，深圳证券交易所《上市公司自律监管指引第2号——创业板上市公司规范运作》或许可以为我们寻找这个问题的答案提供一点思路。该自律监管指引明确规定，"对于应当提交股东大会审议的担保事项，判断被担保人资产负债率是否超过70%时，应当以被担保人最近一年经审计财务报表、最近一期财务报表数据孰高为准"。虽然其他板块并没有对问题进行澄清，但是笔者理解实操中上市公司是可以借鉴创业板的这个监管口径的。

（三）关联回避

股东大会在审议为股东、实际控制人及其关联方提供担保的议案时，该股东或者受该实际控制人支配的股东，不得参与该项表决，该项表决由出席股东大会的其他股东所持表决权的半数以上通过。

（四）反担保

上市公司为控股股东、实际控制人及其关联方提供担保的，控股股东、实际控制人及其关联方应当提供反担保，即关联担保必须提供反担保，而非关联担保则没有这样的要求。

（五）"一揽子"审批对外担保额度

上市公司向其控股子公司提供担保，如每年发生数量众多、需要经常订立担保协议而难以就每份协议提交董事会或者股东大会审议的，上市公司可以对资产负债率为70%以上以及资产负债率低于70%的子公司进行分类，分别预计两类子公司未来12个月的新增担保额度，并提交股东大会审议，从而实现对外担保的"一揽子"审批，避免逐笔审批给上市公司的公司治理带来压力。

上市公司向其合营或联营企业提供担保且被担保人不是上市公司的董事、监事、高级管理人员、持股5%以上的股东、控股股东或实际控制人的关联人，如每年发生数量众多、需要经常订立担保协议而难以就每份协议提交董事会或者股东大会审议的，上市公司可以对未来12个月内拟提供担保的具体对象及其对应新增担保额度进行合理预计，并提交股东大会审议。

值得注意的是，根据相关法律法规规定，前述担保事项实际发生时，上市公司应当及时逐笔披露，且任一时点的担保余额不得超过股东大会审议通过的担保额度。也就是说,虽然监管部门出于减轻上市公司压力的初衷设置了"一揽子"审批制度,但是并没有设置"一揽子"披露制度,当"一揽子"审批额度内的具体担保事项发生时,上市公司还是要逐笔履行信息披露义务。

(六)担保额度调剂

一旦"一揽子"对外担保额度审批之后,由于资金需求、市场情况的变更,担保额度的使用或者需求可能发生一些变化,相关法律法规允许担保额度在不同公司之间进行调剂。但是,为了控制上市公司的总体对外担保的风险,其担保额度的调剂应当遵循相关规定。

1. 上市公司控股子公司之间担保额度的调剂

该等调剂仅可发生在资产负债率70%以上的子公司之间,资产负债率70%以下的子公司之间,或者资产负债率70%以下的子公司自资产负债率70%以上的子公司处调剂额度,但资产负债率为70%以上的子公司不能从资产负债率为70%以下的子公司处调剂担保额度。

2. 上市公司合营或联营企业之间担保额度的调剂

同时满足以下条件的,可以在上市公司合营或联营企业之间进行担保额度调剂:

(1)获调剂方的单笔调剂金额不超过上市公司最近一期经审计净资产的10%;

(2)在调剂发生时资产负债率超过70%的担保对象,仅能从资产负债率超过70%(股东大会审议担保额度时)的担保对象处获得担保额度;

(3)在调剂发生时,获调剂方不存在逾期内未偿还负债等情况。

为了让大家更直观地理解上市公司对外担保审批,我们将上海证券交易所对外担保信息披露的公告格式统计如下(表2)。从表2中可以看出,上市公司对外担保需要披露的细节非常多,只有足够细致的公司内部审批才足以支持如此详尽的披露,大而空的审批则显然无法满足以上的信息披露要求。

表2 担保预计基本情况

担保方	被担保方	担保方持股比例	被担保方最近一期资产负债率	截至目前担保余额	本次新增担保制度	担保额度占上市公司最近一期净资产比例	担保预计有效期	是否关联担保	是否有反担保
一、对控股子公司的担保预计										
1. 资产负债率为70%以上的控股子公司										
2. 资产负债率为70%以下的控股子公司										
二、对合营、联营企业的担保预计										
1. 资产负债率为70%以上的合营、联营企业										
2. 资产负债率为70%以下的合营、联营企业										

（七）展期续保应重新审批

上市公司担保的主债务到期后需展期并继续由其提供担保的，应当作为新的对外担保，重新履行审议程序和信息披露义务。特别是在"一揽子"对外担保审批的场景下，主债务到期后需展期并继续由上市公司担保的，只要该担保额度仍在"一揽子"担保审批的额度内，则无须重新履行担保审议程序。

（八）同比例担保

上市公司为其控股子公司、参股公司提供担保，该控股子公司、参股公司的其他股东应当按出资比例提供同等担保等风险控制措施。如该股东未能按出资比例向上市公司控股子公司或者参股公司提供同等担保等风险控制措施，上市公司董事会应当披露主要原因，并在分析担保对象经营情况、偿债能力的基础上，充分说明该笔担保风险是否可控以及是否损害上市公司利益等。换言之，上市公司不禁止其在没有其他股东担保的情形下单独为子公司提供担保，但是这种情形会比较困难且欠缺合理性，上市公司董事会需要解释其原因，而且这个被担保对象的资质必须是好的。

(九) 非关联担保变成关联担保

公司因交易或者关联交易导致被担保方成为公司的关联人，在实施该交易或者关联交易的同时，应当就存续的关联担保履行相应审议程序和信息披露义务。董事会或者股东大会未审议通过前述关联担保事项的，交易各方应当采取提前终止担保等有效措施。

(十) 定期核查

上市公司董事会应当建立定期核查制度，对上市公司担保行为进行核查。上市公司发生违规担保行为的，应当及时披露，并采取合理、有效的措施解除或者改正违规担保行为，降低公司损失，维护公司及中小股东的利益，并追究有关人员的责任。

四、上市公司对外担保的信息披露

上市公司对外担保信息披露分为两种类型：临时披露和定期披露。

20　上市公司对外担保相关的法律问题漫谈

孙凤敏（合伙人）

（一）临时信息披露的相关规定

根据《上海证券交易所股票上市规则（2024年4月修订）》的规定，"上市公司发生'提供担保'交易事项，除应当经全体董事的过半数审议通过外，还应当经出席董事会会议的三分之二以上董事审议通过，并及时披露"——此处没有明确金额要求，可以理解为无论上市公司对外担保金额是多少，均须披露。

此外，如发生特定情形，上市公司也应当及时给予披露。比如，对于达到披露标准的担保，如果被担保人于债务到期后15个交易日内未履行还款义务，或者被担保人出现破产、清算或者其他严重影响其还款能力的情形，上市公司应当及时披露；违规担保行为也属于应及时披露的特定情形。上市公司发生违规担保行为的，不仅应当及时披露，还应采取合理、有效措施解除或者改正违规担保行为，降低公司损失，维护公司及中小股东的利益，并追究有关人员的责任。

（二）定期披露相关规定

除临时披露外，对外担保还需要进行定期信息披露，即就其对外担保，上市公司应当每年在其年度报告中披露相关重大合同及其履行情况。根据《上市公司监管指引第8号——上市公司资金往来、对外担保的监管要求》和《公开发行证券的公司信息披露内容与格式准则第 2 号——年度报告的内容与格式（2021 年修订）》的规定：

公司应当披露重大合同及其履行情况，包括但不限于重大担保。报告期内履行的及尚未履行完毕的担保合同，包括担保金额、担保期限、担保对象、担保类型、担保物以及全部担保总额及其占公司净资产的比例等。上市公司独立董事应在年度报告中，对上市公司报告期末尚未履行完毕和当期发生的对外担保情况、执行本章规定情况进行专项说明，并发表独立意见。

（三）披露形式及内容

针对上市公司对外担保，主流的披露方式是逐笔披露。如果因担保发生频次较高，逐笔披露确有不便的，上市公司可以按月汇总披露其为子公司提供的对外担保以及子公司之间发生的对外担保，但应当充分论述原因及合理性。这类特殊的信息披露机制，既满足了投资人的知情权，又不至于出现上市公司频繁发布公告从而导致这些公告丧失其聚焦效应的情形。

需要再次重申的是，上市公司进行年度担保预计的，并不能进行年度担保披露，而应在担保预计额度内发生具体担保事项时，披露实际发生的担保情况，披露本次担保的基本情况、担保余额等主要信息，并就担保对象的财务状况、资产负债率等是否发生显著变化作出特别提示。不同的交易所都有相关的格式指引，应根据实际情况查询相关规定。

（四）披露时点

上市公司及相关信息披露义务人应当在法定的期限内披露重大信息，而不得随意选择披露时点。上市公司及相关信息披露义务人应当在涉及的重大事项触及下列任一时点时及时（一般是两个交易日内）履行信息披露义务：

（1）董事会或者监事会作出决议；

（2）签署意向书或者协议（无论是否附加条件或期限）；

（3）公司（含任一董事、监事或者高级管理人员）知悉或者应当知悉该重大事项发生；

（4）上市公司及相关信息披露义务人应当同时向所有投资者公开披露重大信息，确保所有投资者可以平等地获取同一信息，不得提前向任何单位和个人泄露。

五、上市公司对外担保的相关疑问

（一）关于担保效力/执行力的讨论

需要注意的是，以下关于上市公司对外担保效力的讨论，将仅仅聚焦于从上市监管的层面讨论哪些行为会影响到上市公司对外担保的效力，而不去讨论担保合同中是否存在《民法典》规定的法定无效情形。换言之，以下讨论是以假定上市公司担保合同不存在《民法典》规定的法定无效情形为前提的。

根据《担保制度司法解释》第9条的规定：

"相对人根据上市公司公开披露的关于担保事项已经董事会或者股东大会决议通过的信息，与上市公司订立担保合同，相对人主张担保合同对上市公司发生效力，并由上市公司承担担保责任的，人民法院应予支持。

相对人未根据上市公司公开披露的关于担保事项已经董事会或者股东大会决议通过的信息，与上市公司订立担保合同，上市公司主张担保合同对其不发生效力，且不承担担保责任或者赔偿责任的，人民法院应予支持。

相对人与上市公司已公开披露的控股子公司订立的担保合同，或者相对人与股票在国务院批准的其他全国性证券交易场所交易的公司订立的担保合同，适用前两款规定。"

以上内容是关于上市公司对外担保效力非常重要的规定。值得注意的是，针对第9条第2款规定的情形，如果上市公司未对其对外担保进行信息披露，即可以主张对外担保不对其发生效力，从而无须承担担保责任。但是，这并不意味着上市公司不需要承担任何法律责任，因为从证券监管的层面来看，上市公司在履行了内部的审批手续之后没有进行及时披露应承担相关法律责任；情节严重的可能会构成虚假陈述，投资者（股民）可以要求上市公司赔偿其因

20 上市公司对外担保相关的法律问题漫谈

孙凤敏（合伙人）

此而遭受的损失。除此之外，上市公司还可能承担罚款等行政责任。

在实操中，对于上述条款的适用可能会产生一些疑问：

(1) 审查标准。作为上市公司对外担保的相对人，其审查标准是什么？法律对于相对人的注意义务的标准是什么？相对人是否可以依赖上市公司董事会已通过的决议与上市公司签订担保合同？相对人是否有义务了解相关法律规定或者上市公司章程对于担保交易的要求？从目前最高人民法院的意见来说，笔者认为，相对人不能以不清楚上市公司的章程或者不清楚交易所和监管机构的相关规定为理由，单纯依赖于上市公司董事会的审批与上市公司签订担保合同。最高人民法院民二庭在其编写的《〈全国法院民商事审判工作会议纪要〉理解与适用》一书中提到："债权人不得以不知道交易所规则、上市公司章程、规定哪些事项须经股东大会决议为由主张自己构成的善意；债权人有义务去了解交易的规则和上市公司的章程。"由此可知，法律法规和司法实践均对相对人提出了更高的审查标准，否则相对人就要承担上市公司不承担担保义务的后果。

(2) 审查力度。如果上市公司采取"一揽子"对外担保的审批机制，并错误地将对外担保"一揽子"予以信息披露，相对人是否需要获取并计算上市公司历史上已发生的历次对外担保情况，并由此计算当下拟发生的对外担保是否在"一揽子"信息披露的额度内呢？笔者认为答案同样是肯定的，因为"一揽子"的审批并没有豁免逐笔披露，从最初"一揽子"审批的总额度和后续逐笔披露的公告里可以计算出上市公司的担保余额，相对人是有能力、有途径去做这样的审查的。如果上市公司信息披露不规范，并没有逐笔披露

"一揽子"审批额度内的对外担保,导致相对人无法核查上市公司对外担保余额,则建议相对人在交易文件层面做一些相关的保护,比如促使上市公司作出相关的陈述与保证、出具相关确认函等。

(3)后补公告。大家对此疑问也比较多。从《担保制度司法解释》第9条中可以看到,通常比较规范的逻辑顺序应该是董事会/股东大会决议→对外公告→签订担保合同。但是,实践中可能发生担保合同签订在先、上市公司公告在后的情况。从目前的司法实践来看,大部分法院是认可后补公告情形下对外担保合同的效力的。当然,更稳妥的方式是在担保合同中明确约定将上市公司完成内部决议并公告作为该合同生效的一个先决条件。

(二)关于上市公司子公司的对外担保

根据《上市公司监管指引第8号——上市公司资金往来、对外担保的监管要求》的规定:"上市公司控股子公司对于向上市公司合并报表范围之外的主体提供担保的,应视同上市公司提供担保,上市公司应按照本章规定执行"。同时,各地交易所又对前述8号指引作了一些补充,以上海证券交易所的《上市公司自律监管指引第1号——规范运作(2023年12月修订)》为例:"上市公司控股子公司为上市公司合并报表范围内的法人或者其他组织提供担保的,上市公司应当在控股子公司履行审议程序后及时披露,按照本所《股票上市规则》应当提交上市公司股东大会审议的担保事项除外。"

综上可知,监管机构将上市公司子公司的对外担保区分为两种

20 上市公司对外担保相关的法律问题漫谈

孙凤敏（合伙人）

情形，一种是对体系内公司的担保，一种是对体系外公司的担保。对体系外公司的担保应视同上市公司提供对外担保，应该按照上市公司对外担保的流程予以审议、披露，审议层级在上市公司董事会/股东大会；对体系内公司的担保，即使发生风险暴露的情形，也是在上市公司体系内的暴露，故审批及披露标准相对较低，可以先在上市公司控股子公司层面进行审议，如果达到《股票上市规则》应当提交上市公司股东大会审议标准的，再提交上市公司股东大会审议。

图书在版编目(CIP)数据

律师之道. 三,从入行到进阶／君合律师事务所著. 北京：北京大学出版社, 2025. 3. -- ISBN 978-7-301-36010-1

Ⅰ. D926.5

中国国家版本馆 CIP 数据核字第 2025JG0091 号

书　　　名	律师之道（三）：从入行到进阶
	LÜSHI ZHI DAO（SAN）：CONG RUHANG DAO JINJIE
著作责任者	君合律师事务所　著
责任编辑	吴佩桢
标准书号	ISBN 978-7-301-36010-1
出版发行	北京大学出版社
地　　　址	北京市海淀区成府路 205 号　100871
网　　　址	http://www.pup.cn
新浪微博	@北京大学出版社　@北大出版社法律图书
电子邮箱	编辑部 law@pup.cn　总编室 zpup@pup.cn
电　　　话	邮购部 010-62752015　发行部 010-62750672
	编辑部 010-62752027
印　刷　者	大厂回族自治县彩虹印刷有限公司
经　销　者	新华书店
	880 毫米×1230 毫米　A5　12.25 印张　273 千字
	2025 年 3 月第 1 版　2025 年 3 月第 1 次印刷
定　　　价	66.00 元

未经许可，不得以任何方式复制或抄袭本书之部分或全部内容。
版权所有，侵权必究
举报电话：010-62752024　电子邮箱：fd@pup.cn
图书如有印装质量问题，请与出版部联系，电话：010-62756370